JN258754

パフォーマンスがわかる12の理論

鹿毛雅治 編

「クリエイティヴに生きるための**心理学**」入門！

Ψ
金剛出版

パフォーマンスがわかる12の理論

「クリエイティヴに生きるための心理学」入門!

目次

「パフォーマンスの心理学」への招待――鹿毛雅治　009

Theory 1
成らぬは人の為さぬなりけり――モティベーション……鹿毛雅治　033

Theory 2
思考のパフォーマンスを高める――思考／メタ認知……三宮真智子・山口洋介　063

Theory 3
「両刃の剣」の使いよう――感情……遠藤利彦　093

Theory 4
練習でのパフォーマンスに満足してしまうなかれ――記憶と運動の学習理論……村山 航　125

Theory 5
最高のパフォーマンスを発揮するために――自己認知／意識……外山美樹　153

Theory 6
よりよく学ぶためのヒント――自己調整学習……犬塚美輪　177

Theory 7 意識と無意識のパフォーマンス——潜在意識……及川昌典 211

Theory 8 ストレスとのつきあいかた——ストレスマネジメント……田上明日香・鈴木伸一 241

Theory 9 行動からパフォーマンスを考える——行動分析学……坂上貴之 273

Theory 10 パフォーマンスの生態学——アフォーダンス／生態学的アプローチ……野中哲士 301

Theory 11 集団の愚かさと賢さ——コミュニケーション／協同……飛田 操 329

Theory 12 リーダーシップをどのように発揮すればよいのか——リーダーシップ……蔡 芢錫 357

あとがき——389

索引／著者一覧／編者略歴——巻末

パフォーマンスがわかる12の理論

「クリエイティヴに生きるための心理学」入門!

「パフォーマンスの心理学」への招待

鹿毛雅治

1 はじめに——「パフォーマンス」に向き合う

「コスト・パフォーマンス」という言葉をしばしば耳にする。最近では「コスパ」という略称までも流通しているようだ。

コストは「費用」、パフォーマンスは「効果」の意味で、漢字にすると「費用対効果」なのだといぅ。「ガソリン一リットルあたり何キロ走れるか」という自動車の燃費や、「値段の割においしい」といったレストランの評価のように、「投資」の効率性を端的に表現する用語が「コスパ」であり、この言葉の流行はいかにも現代を象徴しているように思われる。

自動車やレストランのメニューのようなモノやコトばかりではない。「パフォーマンス」が問われているという事情はわれわれ人間も同様である。むしろ、この言葉に関しては「ダンス・パフォーマンス」、「最高のパフォーマンス」、「派手なパフォーマンス」などヒトの営みやその達成に関わって用いられることも多く、しかもそのパフォーマンスについては「ダンス・コンテスト」のように評価対象になることも少なくない。しかもそれは一部の特別な人たち（ダンス・パフォーマーなど）だけの問題ではない。発表やスピーチ、レポートの出来・不出来から日常の仕事ぶり、成績・業績に至るまで、現代人のパフォーマンスは個人的な関心事であるばかりでなく他者や社会からも注目されており、われわれのコスパ（給与対効果？）さえも人事査定されているという由々しき現状もある。

目を転じてみれば、パフォーマンスは人間の社会的文化的営みそのものだともいえる。何かを成し遂げたり、創り出したりする活動は、われわれの日常に活気や豊かさをもたらす具体的な実践活動なのである。芸術やスポーツの世界、あるいは感性や直観が必要不可欠となる職人技の世界で卓越性やユニークさが求められるのはもちろんであるが、われわれのありふれた日常においても、自分なりにやり方を工夫して成功したり、自分だけのオリジナルな何かを創り出したりして生活しているのではなかろうか。パフォーマンスとは達成と創造に関わる身近な現象でもあるのだ。

それでは、われわれはパフォーマンスにどう向き合っていけばよいのだろうか。心理学の理論を学ぶことを通してパフォーマンスという現象についての理解を深めることは、そのような現代を生きるうえでの一助になるのではなかろうか。本書のねらいはそこにある。

② そもそも「パフォーマンス」とは何か？

日常語として普及している「パフォーマンス」ではあるが、われわれはその印象やイメージに流されて何気なく使っているというのが実際のところかもしれない。他の多くのカタカナ語と同様、「パフォーマンス」も「わかったようでわからない言葉」のひとつなのである。そもそも「パフォーマンス」とはどういう意味なのだろう。

1 辞典では——日常用語として

そこでカタカナ語辞典や米語辞典のいくつかを引いてみた。代表的な定義を表1にまとめたので参照されたい。

カタカナ語（日本語）としてのパフォーマンスの意味は一見多様にみえるが、およそ次のような三つの意味にまとめられそうだ。

A　行為や動作そのもの

表1　パフォーマンスの意味：辞典から

カタカナ語辞典[1]	パフォーマンス	①上演。演奏。演技。②催物。余興。③業績。成果。④行為。動作。手順。⑤車の走行距離。⑥機械の性能。
カタカナ語辞典[2]		①上演。音楽、演劇などを人前で行うこと。言語やその他の媒体によらず、直接肉体で表現すること。②人目を引く行為。目立つ行為。③性能。機能。業績。効率。
米語辞典[3]	perform	①やり始めて最後までやりとげる。②遂行する、実現する。③観客の前でパフォーマンスをする。
	performance	①（何かを）実現する行為。②プレゼンテーション（観客の前でのダンスや劇など）。③実現されたこと。accomplishment (達成されたものごと。成果) という意味。
米語辞典[4]	performance	どの程度、何か、あるいは誰かがうまくいっている（successful）か、どの程度、彼（あるいは彼女）がうまくやっているか、あるいは物事がうまくいっているか。

（注）1『カタカナ外来語略語辞典第五版』（自由国民社［2013］）
2『カタカナ語新辞典改訂三版』（新星出版社［2011］）
3 The American Heritage Dictionary 3rd Ed.
4 Longman Dictionary of American English

B　成果や業績、さらにはそれを支える性能、機能、効率
C　演技や演奏、そこから転じた人目を引くような目立つ行為

一方の米語辞典ではperformanceに加え、performという動詞形についても調べてみた。それらをまとめると、次のような三つの意味があり、カタカナ語辞典で示されている語義にほぼ重なる。

A'（困難で複雑な何かを）やり遂げる、あるいは実現する行為
B'　実現あるいは達成されたものごとや成果
C'　演技などのプレゼンテーション

2　心理学では──学術用語として

心理学の世界に目を転じてみよう。パフォーマンスは学術論文の頻出語のひとつであり、心理学にはそれを規定するさまざまな要因を探ってきた歴史がある。

そこで、いくつかの心理学事典でも調べてみた（表2参照）。（ある意味当然ではあるが）一般の辞典に比べてより精緻にこの概念をとらえていることがみてとれる。心理学的な観点からみた「パ

フォーマンス」の最大公約数的な意味は「特定の課題を遂行する行動それ自体」であることがまずわかる。それに加えて「達成」や「業績」といった成果を意味する場合もあり、「能力」や「学習」といった概念とは異なって観察可能な現象を指しているのである。

以上、「パフォーマンス」の語義を探ってみた。[1] それらの要点を振り返ってみると、「パフォーマンス」とは次のように総括することができそうだ。

①目に見える行動である
②達成、成果、業績を意味している
③能力や学習と区別される概念であると同時に、それらと密接に関連しあっている現象である

端的に表現するなら、「可視化された達成行動のプロセスや成果」の総称だといえるだろう。以上を踏まえつつ、「パフォーマンスの心理学」についてその概要を紹介していこう。

表2　心理学事典によるパフォーマンスの定義

心理学事典[1]	「パフォーマンス」を学習心理学として、あるいは社会心理学・産業心理学としての用語という2つに分けて解説。まず前者としては、「学習」の実際の現れとして観察可能な「遂行」または「遂行行動」という意味があること、後者としては、①演劇における演技（performance）という視点から相互行為を分析したGoffman, E.による「対面的な相互行為において、ある特定の参加者が何らかの仕方で他の参加者に影響を及ぼすすべての行為」という意味と、②「企業における従業員の勤務成績や、作業を遂行した結果としての業績、成績」という意味があると指摘。
APA[2]	①何らかの結果を生じさせたり、環境に影響を及ぼしたりする活動あるいは反応の集合。②特定の課題に直面した際の、生命体（performer）の行動。
Penguin[3]	「パフォーマンス」とは、第一義的には「行動」を意味するが、以下のようなニュアンスが含まれている。すなわち、①パフォーマンスは「達成（achievement）」のことであり、そこには行動の適切さに関する基準（言い換えるなら、ある状況で求められる特定の反応）が含まれている。②「能力（competence）」や「学習」という概念が観察困難で潜在的な構成概念あるいは心理プロセスであるのに対して、パフォーマンスは、顕在的で観察可能な行動を強調する言葉である。

（注）1 安藤清志『心理学事典』（有斐閣［1999］）
2 APA Dictionary of Psychology（2007）
3 The Penguin Dictionary of Psychology（1985）

③ パフォーマンスの心理学

近年、書道のパフォーマンスが注目を集めている。全国の高校生による「書道パフォーマンス甲子園」まで開催され、映画化もされた（猪股隆一（監督）「書道ガールズ!! わたしたちの甲子園」（二〇一〇年公開））。ダンスの要素を組み込みつつ音楽に合わせて大小の筆をフル活用し、四×六メートルの巨大な白紙にチームが一丸となってオリジナリティあふれる作品を躍動的に創り上げていく姿は、まさにパフォーマンスの名に値する。

書く過程をパフォーマンスしてみせることは、以前から書家が行っていたそうだが、文字を素材とした造形芸術とされる書道では、長らくその作品こそが成果物として位置づけられ、観賞や評価の主たる対象とされてきた。それに対して、書道パフォーマンスでは「揮毫《きごう》する姿の美」「パフォーマンス度」などが評価観点として設定され、創り上げられた成果物のみならず、創造する行為のプロセスをも併せてパフォーマンスと位置づけられている。成果とそれに至るプロセスが一体のものとしてとらえられている書道パフォーマンスは、パフォーマンスの意味を理解するうえでの好例だろう。

では、どのような心理学的要因がパフォーマンスに影響を及ぼしているのだろうか。書道パフォーマンスの例でいえば、一人ひとりのメンバーの「能力」や「パーソナリティ（性格）」はもとより、本番での緊張や不安、活動の最中における思考や努力といった「心理状態」や、会場での応援、審査員やライバルチームのまなざしといった「人的・社会的環境」、さらには会場の温度や湿度、明るさ、静けさといった「物理的な環境」が挙げられるだろう。

　パフォーマンスが生み出される心理学的な枠組みは図1のように描くことができる。パフォーマンスは課題と当人の心理状態が相互作用するなかで時間的推移とともに生み出されるプロセスであり、その現在進行形で生じる多様な現象が成果へと結びついていく。しかも、そこでの心理状態は心理特性に規定されるとともに、環境に埋め込まれたかたちでダイナミックに生起していると考えられる。

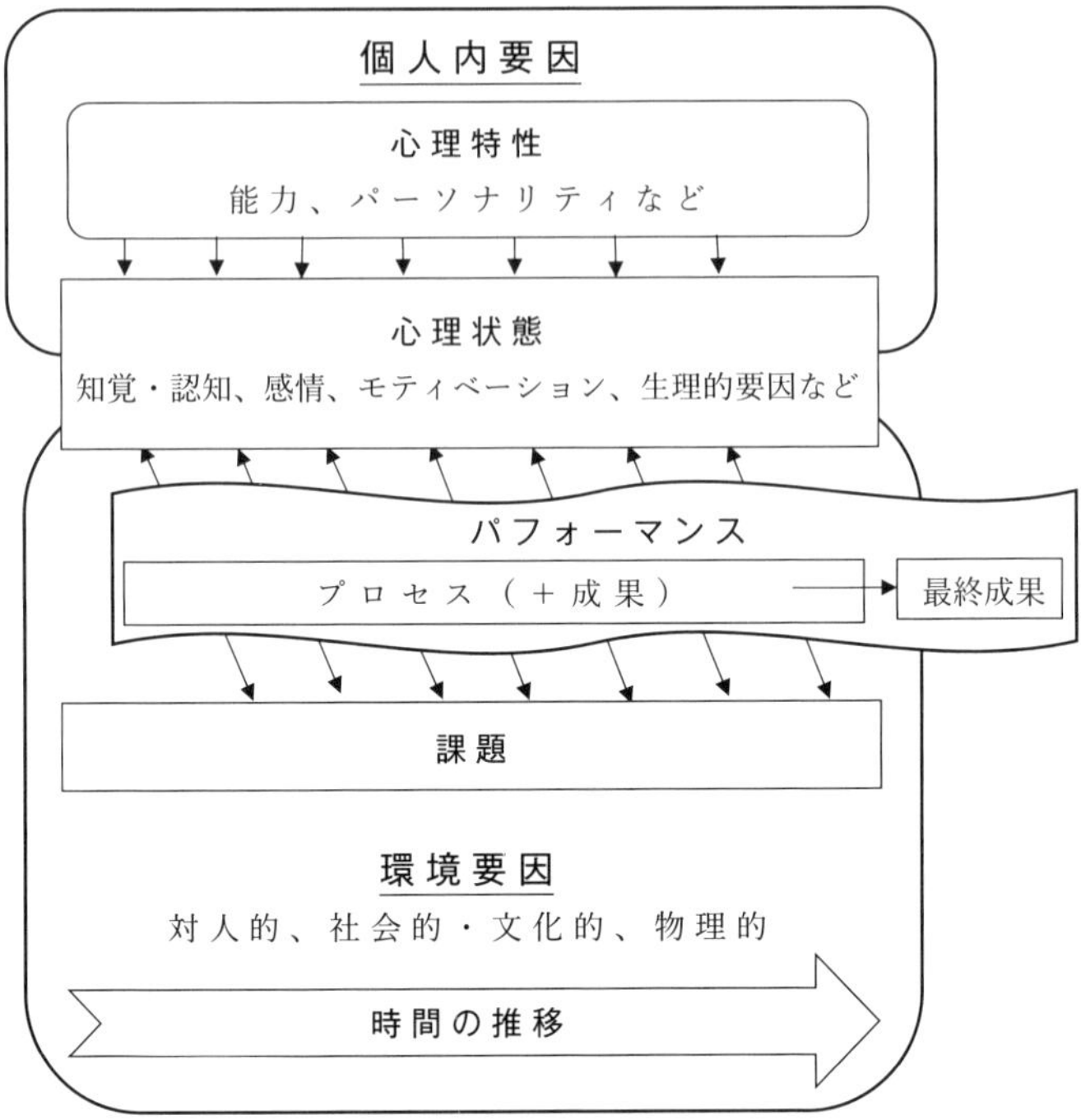

図1　パフォーマンスが生み出されるダイナミックなプロセス

④「適性」とパフォーマンス

1 適性

パフォーマンスが、当人の「心理特性」、すなわち、知識や技能といった能力、あるいは慎重さ、忍耐力といったパーソナリティに規定されるというのは自然な考え方であろう。書道パフォーマンスの例でいえば、一人ひとりのメンバーに高度や技能や慎重な態度がなければ決して成功しないだろう。

心理特性といっても広範な概念なので、ここでは「適性」という用語を使うことにしよう。適性(aptitude)とは特定の課題環境において成功する可能性を高める(あるいは低める)ような個人の性質を指し、パフォーマンスに影響を及ぼす個人差変数の総称である。つまり、特定のパフォーマンスの実現可能性を左右する当人の「ポテンシャル」を意味する。そこには生得的な資質だけではなく、生後に体験したさまざまな出来事を通して身に付けた能力も含まれる。

たとえば、適性は知性とパーソナリティの両方に関わる時間的に安定した個人差として構造的にとらえることができるという(図2参照)。そこにはパフォーマンスを規定する知情意の要因、すな

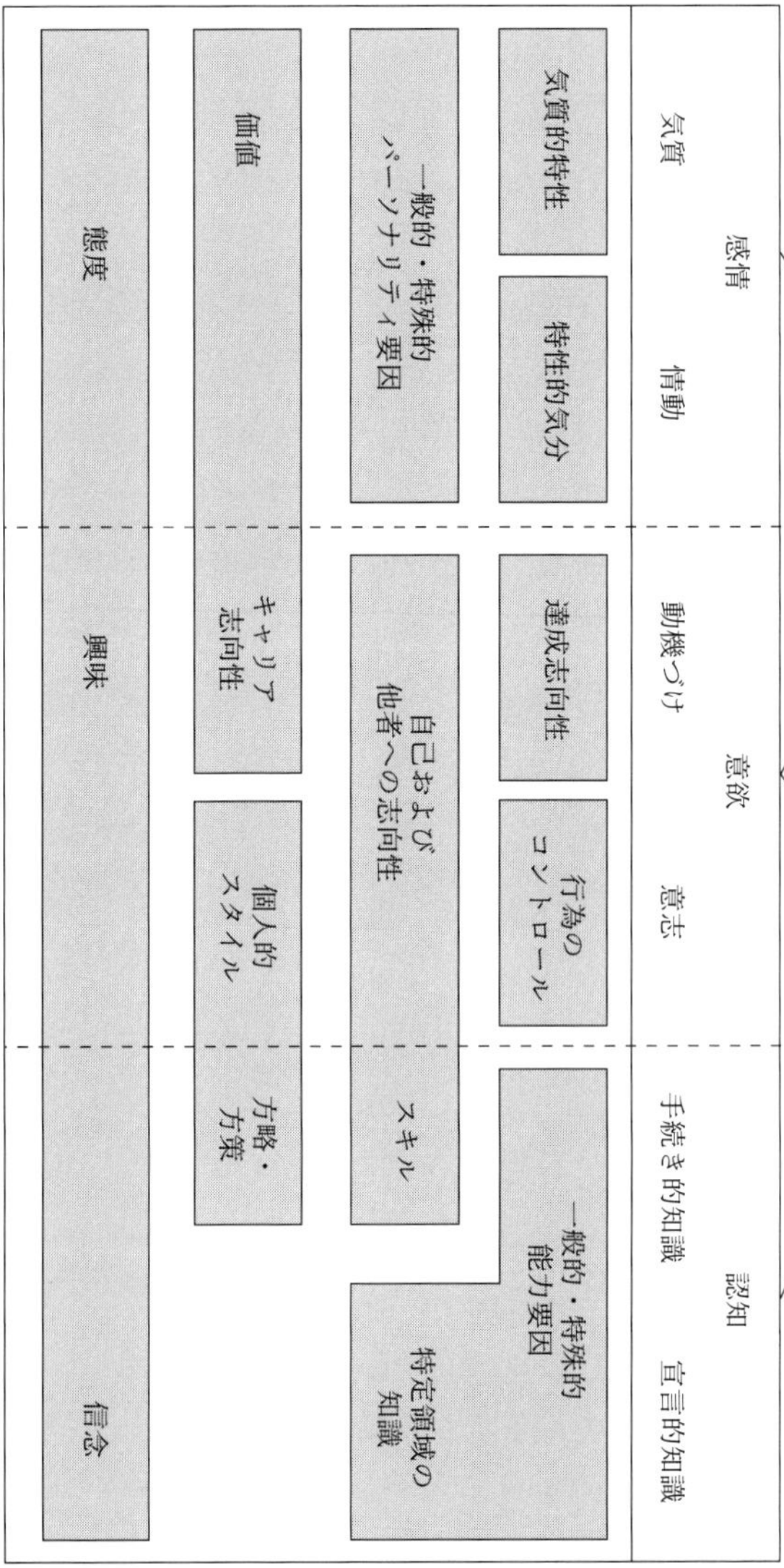

図2　個人差に関わる概念の分類（Snow, Corno & Jackson, 1996）

わち、認知特性（知識、スキルなど）、感情特性（気質、パーソナリティ要因など）、意欲特性（興味、指向性など）がリストアップされている。

2 パーソナリティ――「やり抜く力」をめぐって

長らく適性の代表は知能検査で測定されるような「知能」であった。知能が多岐にわたるパフォーマンスを予測するのは事実であろう。知能は学業成績と強く関連しているだけではなく、仕事のパフォーマンスをも予測するとされている（Neisser et al., 1996 ; Gottfredson, 1997など）。ただ一方で、パーソナリティに代表される非認知的な適性も無視できない。たとえば、性格の五因子（Big Five (Goldberg, 1900)）と学業成績との関連については、「誠実性」（セルフコントロールや達成への意志、真面目さ、責任感の強さ）、「経験への開放性」（知的好奇心の強さ、想像力、新しいものごとへの親和性）で相関（二変数の関連性を示す統計的な数値）が高く、特に「誠実性」は中等教育での成績を統制してもなお、高等教育での学業成績を知能と同等程度予測することが示されている（Poropat, 2009）。仕事のパフォーマンスについても、「誠実性」が職種を問わず強力な予測因だったが、五因子のひとつである「外向性」（外界に向けて積極的に働きかける傾向性）がマネージャーや営業職といった社会的相互作用を含む職種のパフォーマンスを予測していた（Barrick & Mount, 1991）。

以上の知見から、総じて「誠実性」のパーソナリティ、つまり自制的で勤勉な人がパフォーマンスに秀でていることがうかがえるが、この点に関連して注目を集めているのが「マシュマロ・テスト」である（ミッシェル 2015）。マシュマロ・テストとは、幼児を対象として一九六〇年代にスタンフォード大学で行われた実験のことである。そこでは研究者が部屋に戻るまで幼児は一人で待たされることになるのだが、彼らはその際「目の前にあるお菓子（たとえばマシュマロ一つ）を直ちに食べてしまうか、それともそれを我慢してより多くのお菓子（たとえばマシュマロ二つ）をもらうか」というジレンマ状況に置かれてひそかに観察された。しばらく経ってから、目の前のマシュマロの誘惑に打ち克った子どもと誘惑に負けてしまった子どもを追跡調査すると、その実験時の「自制心」が、その後の多種多様な成功（大学適性検査の成績、対人的な適応の高さ、ストレスへの適切な対処、肥満の少なさなど）を予測したというのである。

さらに近年、パフォーマンスの規定因として「Grit」が注目されている。Grit とは「長期的な目的へと向かう根気強さ（*perseverance*）と熱意（*passion*）」を意味する非認知的な特性を指す（ダックワース 2016 ; Duckworth el al., 2007）。それは「興味の一貫性」（consistency of interest／関心事が時間的に変化せずに継続する）と「耐性的な努力」（perseverance of effort／継続的に一生懸命、勤勉に取り組む）の二因子によって構成されており、五因子説の「誠実性」と強く関連する一方で、知能とはまったく別の特性であることが示されている。「根気強さ＋熱意」、いわば「やり抜く力」が一生のさまざまな局面でパフォーマンスに好影響を及ぼすというのだ。

3 習慣化と態度形成

知能や性格といった適性は生まれつきのもので変わらないのではないか。われわれはこのように考えがちであるが、そのような「決定論」は悲観的にすぎる。遺伝子が多くの適性に対して影響を及ぼしているというのは確かだが、その影響については知能や性格を一義的に規定するというほど単純ではなく、「当人に固有の生来の資質と特定の環境との出会い」というユニークな体験を通して多様な適性が形成されるというのもまた事実だからである（安藤 2011）。

Grit のような「やり抜く力」は良質の「習慣」や「態度」によって支えられており、これらは体験によって身に付く学習可能な適性である。習慣とは、体験を通して「刺激」と「反応」が結びつけられることによる「学習された振る舞い」のことを指す。たとえば、「外出時にドアの鍵をかける」といった行動は、刺激（玄関の外側）と反応（施錠）の結びつきにもとづく習慣であり、それは体験の繰り返しを通じて学習されたものである。この「施錠」は行動的習慣の例であるが、たとえば、「難しい文章はゆっくり読み返す」というように、注意を向ける、考える、覚えるといった心理的習慣（知覚的、認知的、感情的な習慣）もある。これらの習慣はいずれも、特定の行動が意図的に繰り返されたり、行動の生起にポジティブな（あるいはネガティブな）感情が何度も随伴したりする（伴って生じる）ことによって身に付く（習慣化）。そして、ある刺激や状況が契機となって一連の行動が自動的に生じるようになるのである（デュヒッグ 2013）。ここでの大切なポイントは、習慣化によって意識的な努力の負担を伴わずに（つまり、「意志」の力を借りずに）、特定の状況下でそれに応じた行動をすることが可能になる（自動化する）という点であろう。

一方、態度のはたらきも重要である。態度とは「ある人が、ある対象（人、モノ、コト）に対して、どのように感じ、考え、かつ振る舞うかという主体の一般的な反応準備状態」のことを指す（猪股 1982）。たとえば、われわれは「人前でのプレゼンテーション（プレゼン）」という課題に対して何らかの態度をもっているに違いない。それまでの体験を通して、プレゼンに対して「苦手だ」「できれば避けたい」といったネガティブな態度を身に付けている人は、その取り組みにより多くの意志の力が必要とされるに違いない。それに対して、プレゼンに対して「得意だ」「やりがいがある」といったポジティブな態度を体得している人は、それに後押しされるかのように自然に取り組むことができるだろう。このようにポジティブな態度形成は当人の「やり抜く力」をサポートすることになるのである。

また当然のことながら、特定の課題に特化した個別具体的な「知識」や「スキル」もパフォーマンスに関係しており、それらも学習可能な適性である。もちろん課題にもよるが、人は生来の資質とはある程度無関係に、努力次第で特定の知識やスキルを身に付けることができ、ひいてはパフォーマンスの質を高めることが期待できるのだ。

5 「心理プロセス」とパフォーマンス

1 パフォーマンスの三つの局面

その場その時の当人の「心理状態」もパフォーマンスに影響を及ぼす。行為の生起頻度や持続性、スピードといった量的な側面ばかりでなく、正確さ、美しさ、表現や技能のユニークさ、卓越性といった質的な側面は、当人と環境との間で生じる現在進行形の相互作用プロセスにもとづく「産物」であり、パフォーマンスはそのダイナミズムによって創発されていく（図1参照）。上述した適性のパフォーマンスへの影響はあくまでもこの心理状態を媒介とした効果であり、その意味からすると、むしろ、この目下の心理状態こそがパフォーマンスの決定的な規定因だとさえいえるだろう。

パフォーマンスを生み出す心理プロセスは図3のように表現できよう。

まず、「予見段階」においては、当該状況を分析し、ねらいを明確化して計画を立てるなど、行為が事前に「概念化」される。次の「実現段階」では、行為の開始に伴って現実問題に直面することになり、状況に応じて自身をコントロールする必要に迫られる。最後の「解釈段階」では、予見段階での決定に照らして事後的に行為のプロセスや結果が分析・評価される。しかも、これらのプロセスにおいては、当人の「基本状態」、すなわち、最適な処理プロセスに必要不可欠な前提条件（心身の健康状態、適切な環境の維持など）がつねに調節されているという点にも留意されたい。基本状態が適切に保たれない限り、まともなパフォーマンスは期待できないというわけである。

2 インナー・ワークライフ

より具体的に考えてみよう。人は仕事をめぐる職

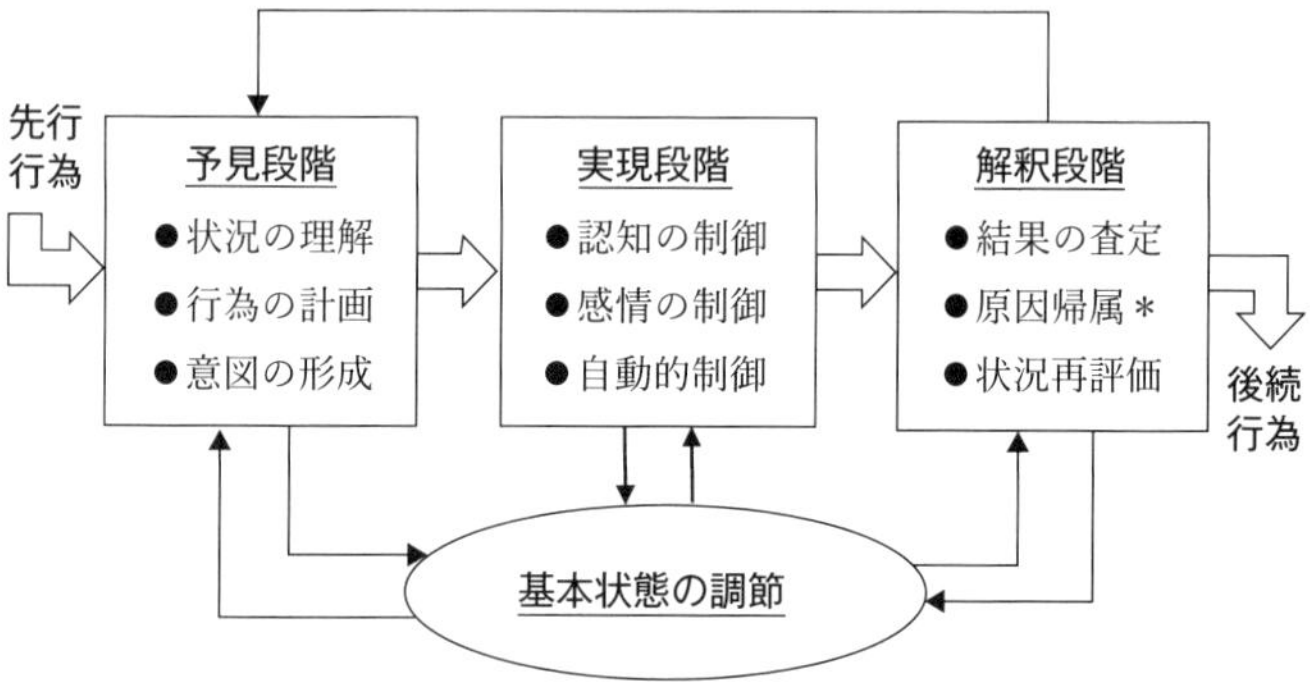

図3　パフォーマンスを志向する行為の3段階（Nitsch & Hackfort, 2016）
（＊特定の結果について、その原因を推論・判断する認知過程のこと）

場の日常をどのように感じ、どのような気持ちで、何をすべきと考えているのであろうか。ここでは、このような仕事中の個人的な体験（inner work life／心の内面からみた仕事生活）を具体的に描くことを通してそのパフォーマンスとの関係を調べた研究（Amabile & Kramer, 2007）を紹介することにしよう。そこでは知的労働に従事する二三八名に職場の日常について毎日記入してもらった日誌のデータが分析された。たとえば、八日間で完了することが求められたある会社のプロジェクトチームのメンバーの日記には、以下のような記述がみられたという。

「(プロジェクトチーム召集のために) 休みに呼び出されるなんて、もう最低。でも自分はプレッシャーがあったほうが結果を出せると思うし、チームの戦力になれると思う」（初日の日記から）

「みんな疲れているけど、まだへたばっている人はいない。プレッシャーのなかで働くのも悪くないと思う」（二日目の日記から）

「チーム全体が一丸となって働いた。すごい。［…］ここ何カ月かで最高の一日！」（三日目の日記から）

「この試練の間中、みんな助け合ってきた。その後の達成感。それだけでもう、すごい事件だと思う」（七日目の日記から）

「今日も（仕事が）深夜一二時か、もっと遅くまでになりそう。確かにストレスがたまっているけど、雰囲気はいいし、楽しい」（七日目の日記から）

「この五日間のことを思い出せないほど疲れ切っていたけど、とってもいい気分」（最終日の日記から）

「（報告を終えた）エレン（プロジェクト・マネージャー）は疲れ切っていたけど嬉しそうに戻ってきて、メンバー全員をよくやったとねぎらい、みんなは拍手喝采で応えた。それからエレンはひと眠りするために家に帰った」（最終日の日記から）

これはハイレベルなパフォーマンスが実現したまさに成功例だろう。総数約一万二千件のこのようなデータを分析した結果、インナー・ワークライフは絶えず変化する認識、感情、モティベーションのダイナミックな相互作用であり、それが仕事のパフォーマンスに大きな影響を及ぼしていることがわかってきた（図4）。すなわち、質の高いパフォーマンスを実現するには、創造性、生産性、コミットメント（仕事との一体化）、同僚性（メンバー間の協力）の四要因が重要であり、ポジティブな認識（仕事のやりがい、上司や同僚への肯定的評価）と感情（楽しさ、達成感）とモティベーション（興味、やりがいなど）が上記の四要素に対して相乗効果をもたらし、ひいてはパフォーマンスを向上させるのだという。

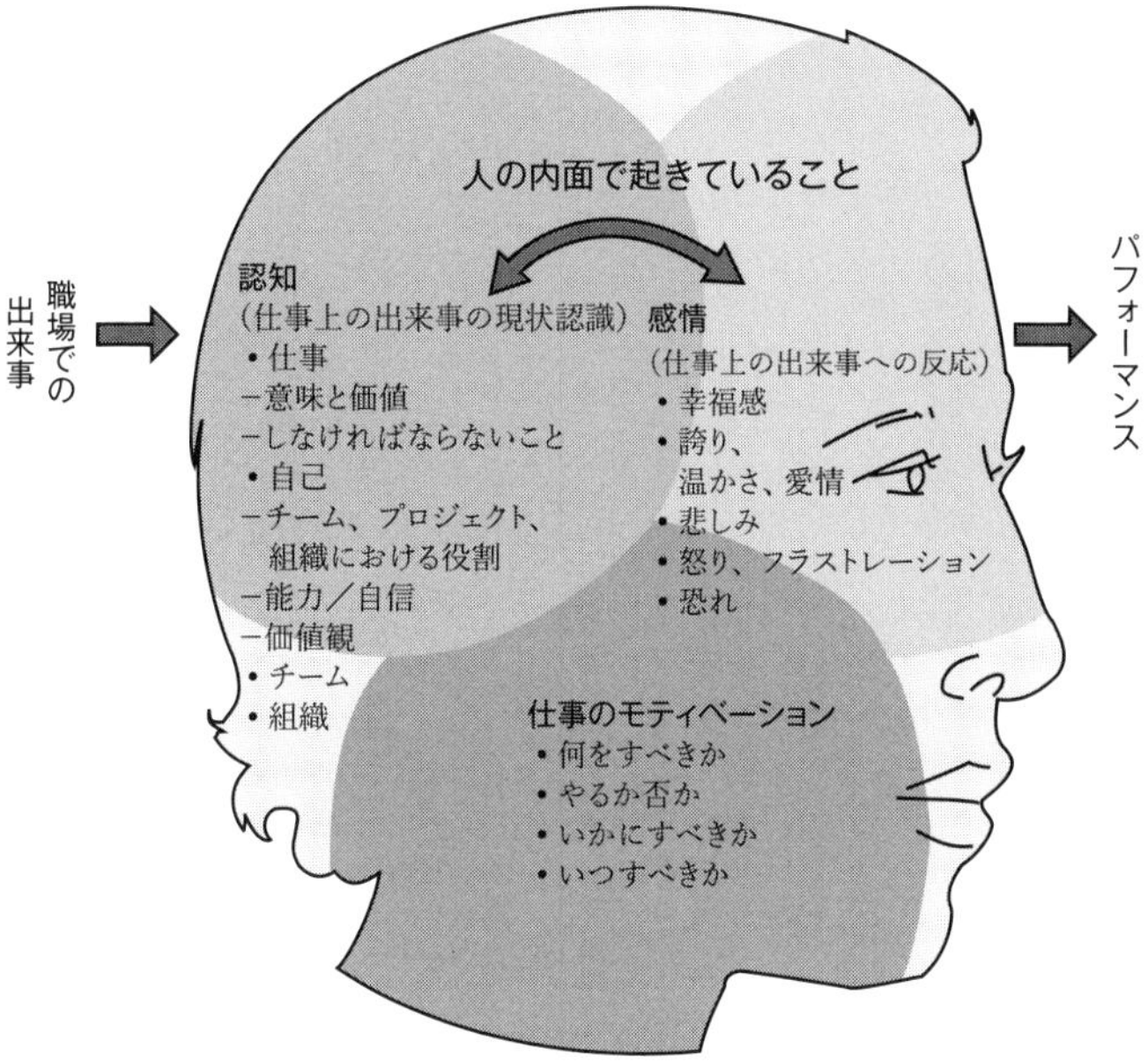

図4　仕事での出来事のプロセス――人の内面で何が起こっているか
（Amabile & Kramer, 2007）

6 おわりに──パフォーマンス心理学へのいざない

やや前置きが長くなってしまったようだ。本書ではこの序章に続いて12の心理学の切り口によって「パフォーマンス」について多角的に紹介していく。

まず、パフォーマンスに関わる「心理プロセス」や「適性」という視座に立ち、やる気・意欲（第1章）、問題解決的・創造的な思考プロセスや判断におけるメタ認知の働き（第2章）、感情のポジティブな働き（第3章）、練習と学習（第4章）、自己認知や自己意識（第5章）、自己調整やストラテジー（第6章）、セルフコントロールと無意識（第7章）という切り口によって解説する。

次に、主に「環境と人との関わり」という視座から、ストレスへの対処とメンタルヘルス（第8章）、環境の刺激とそれに対する反応（第9章）、個体と環境とが接することで生じる現象（第10章）、他者とのコミュニケーションや集団の生産性（第11章）、リーダーシップ（第12章）という切り口によって解説する。

本書は、われわれの生活における「パフォーマンス」の意味を心理学的に明らかにすることをねらいとして編まれた。「パフォーマンス」というキーワードを通して、人の達成や創造という営みについて複眼的に理解を深めていっていただければ幸いである。

注

1 カタカナ語辞典の本文中「C」で記されている発展的な用法（人目を引くような目立つ行為）からさらに転じて、「政治家による人気取りのパフォーマンス」のように実質を伴わない（かもしれない）「見せかけ」という意味で使われることも多いが、本書ではパフォーマンスをその意味では扱わない。

文献

Amabile, T.M. & Kramer, S.J., 2007, Inner work life : Understanding the subtext of business performance. Harvard Business Review, 85-5, 72-83.（DIAMONDハーバード・ビジネス・レビュー編集部（編訳）2009『新版・動機づける力——モティベーションの理論と実践』ダイヤモンド社［第3章所収］）

安藤寿康 2011『遺伝マインド——遺伝子が織り成す行動と文化』有斐閣

Barrick, M.R. & Mount, M.K., 1991, The big five personality dimensions and job performance : A meta-analysis. Personnel Psychology, 44, 1-26.

アンジェラ・ダックワース［神崎朗子（訳）］2016『やり抜く力GRIT（グリット）——人生のあらゆる成功を決める「究極の能力」を身につける』ダイヤモンド社

Duckworth, A.L., Peterson, C., Matthews, M.D. & Kelly, D.R., 2007, Grit : Perseverance and passion for long-term goals. Journal of Personality and Social Psychology, 92, 1087-1101.

チャールズ・デュヒッグ［渡会圭子（訳）］2013『習慣の力』講談社

Goldberg, L.R., 1990, An alternative 'description of personality' : The big-five factor structure. Journal of Personality and Social Psychology, 59, 1216-1229.

Gottfredson, L.S.,1997, Why g matters : The complexity of everyday life. Intelligence, 24, 79-132.

猪股佐登留 1982『態度の心理学』培風館

ウォルター・ミッシェル［柴田裕之（訳）］2015『マシュマロ・テスト――成功する子・しない子』早川書房

Neisser, U., Boodoo, G., Bouchard Jr., T.J., Boykin, A.W., Brody, N., Ceci, S.J., Halpern, D.F., Loehlin, J.C., Perloff, R., Sternberg, R.J. & Urbina, S., 1996, Intelligence : Knowns and unknowns. American Psychologist, 51, 77-101.

Nitsch, J.R. & Hackfort, D., 2016, Theoretical framework of performance psychology : An action theory perspective. In : M. Raab, B. Lobinger, S. Hoffmann, A. Pizzera & S. Laborde (Eds.) , 2015, Performance Psychology : Perception, Action, Cognition, and Emotion. UK : Elsevier, pp.11-29.

Poropat, A.E., 2009, A meta-analysis of the five-factor model of personality and academic performance. Psychological Bulletin, 135, 322-338.

Snow, R.E., Corno, L., & Jackson, D., 1996, Individual differences in affective and conative function. In : D.C. Berliner & R.C. Calfee (Eds.) Handbook of Education Psychology. New York, NY : Macmillan, pp.243-310.

Theory 1

成らぬは人の為さぬなりけり

モティベーション

鹿毛雅治 KAGE Masaharu

「為せば成る　為さねばならぬ何事も　成らぬは人の為さぬなりけり」

できそうにないことでも、その気になってやり通せば成し遂げられる。財政が破綻寸前で、しかも人心の荒廃が深刻だった米沢藩の再建を目指して、領民とともに歩む改革を推し進めた藩主・上杉鷹山が家臣に向けて詠んだとされる一首である。「成果」を出すためには、まずは行動を起こすこと、そのための「やる気」が重要だと説いている。

ここでいう成果とやる気はそれぞれ「パフォーマンス」と「モティベーション」にほぼ対応する。鷹山が端的に指摘した通り、卓越したパフォーマンスはモティベーションなしに生じないことは明らかであろう。そもそも当人が行動を起こさなければ何の成果も生まれない。その行動を起こす心理学的な要因がモティベーションなのである。

ただ、モティベーションさえあればパフォーマンスは保証されるのだろうか。「やればできる」「努力は必ず実る」といった言説が世に流布しているが、あまりにも単純化されたメッセージなのではなかろうか。

本章では、「為す」(動機づけプロセス) と「成る」(パフォーマンス) の関係について、モティベーション理論の観点から考えを深めてみたい。

1 モティベーションの心理学

1 メダリストの言葉に学ぶ

「メダルの色は何色でも、重要なことはそこに向かって努力していくこと」

（二〇〇四年八月二九日記者会見より［SANSPO.COM］）

これは陸上競技男子ハンマー投げの室伏広治選手の言葉である。二〇〇四年のアテネ五輪で一位だったハンガリーの選手がドーピングのためにメダル剥奪になり、わずか二八センチの差で二位だった室伏選手が繰り上がった。上記はその「金メダル会見」での発言である。

その際、室伏選手は「金メダルよりも重要なものがある」として、メダルの裏に刻印されている古代ギリシャの詩の訳文を報道陣に配布した。真実の母オリンピアを称えるその詩には「真実のみが栄誉を証明できる」と記されていた。重要なのはメダルの色ではなくパフォーマンスそのものであり、それは「努力の積み重ね」の反映にほかならず、それこそが尊いというのである。

「美しくなければ体操じゃない。派手な技をやるだけならサーカスと同じ」
（二〇〇四年八月一七日読売新聞夕刊）

これも印象的なメダリストの言葉である。同じくアテネ五輪で日本のお家芸とされる男子体操の団体を金メダルへと導いた冨田洋之選手は、かねてからメダルの色よりも「美しい体操」を目指すと公言し、まるで「求道者」のように技の完成度を追求したという。この冨田選手の言葉からは、パフォーマンスそれ自体へのこだわりと、「美しさを実現する」という確固たる信念、そしてその美学を貫き通す意志を感じ取ることができよう。

言うまでもなくオリンピックの金メダルは卓越したパフォーマンスに与えられる栄誉である。もちろん、勝負である限り、順位は重要であるに違いない。「目標は金メダル」と公言する選手も多いなかで、上記の二人のメダリストの言葉がわれわれの心を打つのは、パフォーマンスの卓越性そのものを追求しつづける真摯な姿勢があるからであり、それを支えるハイレベルなモティベーション（動機づけ）を感じ取るからであろう。メダルの色はそのパフォーマンスが認められた結果にすぎないともいえるのである。

2 モティベーションの原理

モティベーションの心理学を歴史的に概観してみると、やる気のメカニズムは、大まかにいって「押す力（push）」と「引く力（pull）」という二要因の力学によって説明されてきたことがわかる（速水 2012）。われわれは内部から押されるようにして、あるいは外部から引っ張られることによって行為が生じるというわけである。

たとえば、冨田選手の「理想の追求」や「美学」は個人の内部から「押す力」である。それに対して、「金メダル」や「コーチの指導」、さらには「オリンピックという場」といった個人の外部（環境）に存在する諸要素による「引く力」も存在する。モティベーションはこれらのいわば「合力」によって生じるのだ。オリンピックという「プル要因」があるからこそ、信念や意志といった「プッシュ要因」が発揮され、その結果、行動（練習の継続など）が具現化する。

五輪メダリストは非凡な人たちで、彼らのやる気は特例だと感じられるかもしれない。一般人にはそこまでのモティベーションがないと考えてしまいがちである。確かに、われわれにはやる気を人の属性として理解する傾向がある（たとえば、スズキさんは「やる気がある人」だ）。どうせ「私はやる気のない人だから」と最初からあきらめてしまっている人もいるかもしれない。これを「やる気特性論」と呼ぼう。しかし一方で、同一人物であっても時と場合によってやる気が変動するというのも事実であろう。自らの体験を思い返せばわかるはずだ。仕事に集中していたかと思うと、しばらくして気力が途切れて休みたくなるだろうし、一コマの講義を聴講するなかでも思わず身を乗り出して聞き入っていたかと思うと、睡魔に襲われる瞬間が訪れる。このようにやる気はむしろ現在進行形でダイナミックに変化する「波」のようなものでもあるのだ。このような考え方を「やる気状態論」と呼ぼう。

テキパキと仕事をこなし、熱心に遅くまで残業している上司のスズキさん、いつもサボることばかり考えている部下のサトウ君をつねに目にしていれば、確かにスズキさんが「やる気のある人」、サトウ君が「やる気のない人」にみえる。その意味で「やる気特性論」はわかりやすい。しかし、個人のやる気はつねに一定であるとは限らない。たとえば、職場が変わればサトウ君が一転して仕事に前向きになったり、スズキさんがさらに昇進したのを機にやる気がむしろトーンダウンしてしまったりする可能性もある。やる気は当人をめぐる状況の変化に応じて変動するものなのである。重要なポイントは、直接的にパフォーマンスを規定するのは、「やる気特性」というよりも現在進行形のダイナミックな心理現象としての「やる気状態」だという点であろう。

3 動機とその形成

「やる気状態」は、おおまかに動機（motive）と総称されてきた（鹿毛 2013）。動機とは「（人などの）生命体のエネルギーをある目標へと向かわせる特定の生理的、心理的な状態」を指す用語（APA, 2007）で、いわば「目下の願い（desire）」（「〇〇がやりたい」など）を意味している。そしてそれは対象に向かおうとする接近動機（「やりたい」「やらなきゃ」など）と、対象から遠ざかろうとする回避動機（「いやだな」「やめたい」など）に大別され、接近動機が接近行動を、回避動機が回避行動をそれぞれ生起させると考えられている（村山 2012）。しかも、それらの動機は必ずしも意識的であるとは限らず、本人に自覚のないまま機能することも多い。

ただ、人間の動機は上記のような二分法を超えてもっと複雑である。上述のメダリストの言葉から推測できるように、たとえば同じ接近動機であっても「金メダル」を目標とする場合と「卓越したパフォーマンス」を目指す場合では動機の質が微妙に異なり、その違い（あるいは両者の組み合わせパターン）こそがパフォーマンスの質に影響を及ぼすと考えられるからである。

そこで動機の形成要因についてより詳しくみていこう。個人内には「認知」「感情」「欲求」といったプッシュ要因、個人外にはプル要因である「環境」が存在し、動機はそれら四要因が相互作用することによって形成されると考えられる（鹿毛 2013／図1参照）。たとえば、がんばればできそう

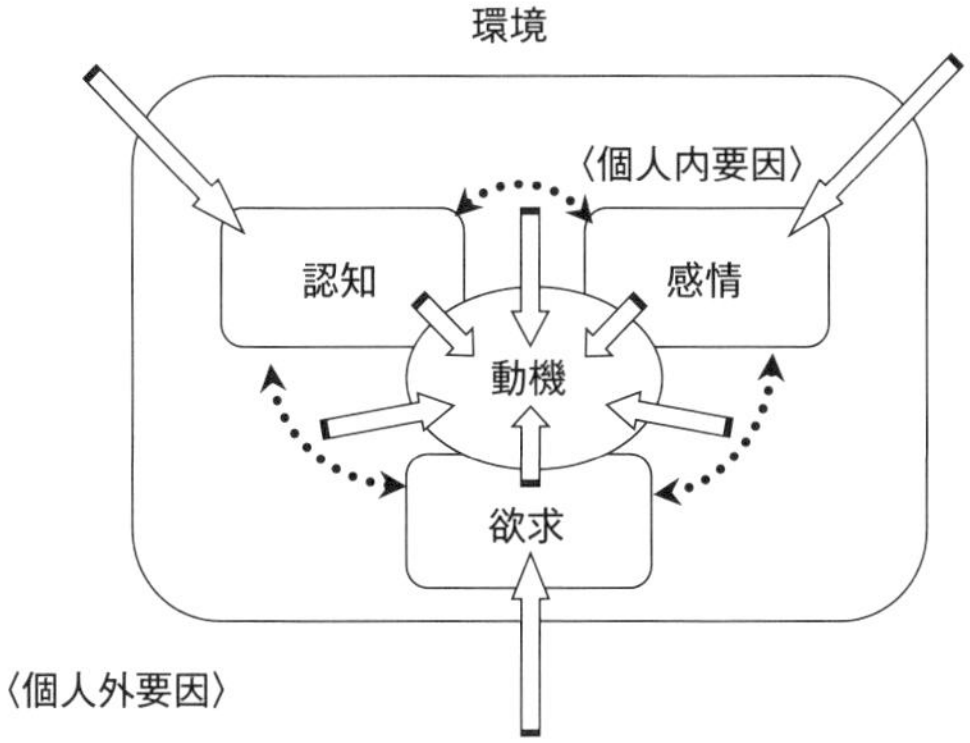

図1　動機形成のダイナミズム（鹿毛 2013）

だ（認知）、失敗したら恥ずかしい（感情）、何が何でも勝ちたい（欲求）といった心理が個人を内部から押し出す力になって、また、身近な他者、競技会、人事査定といった対人的社会的な環境の諸要素が個人のやる気を外部から引き出す力として機能し、動機（やる気状態）はその結果として統合的に形成されるというわけである。

4 意志――動機を行為に転換する

しかし実は、動機（やる気状態）だけで行動が起こるとは限らない。これについてもわれわれの日常生活を振り返れば思い当たるはずである。たとえば、ダイエットしようと思っていても、なかなか実行に移せないなど、「いざやろうとするとできない」という体験は誰にでもあるのではないだろうか。行動が実現するためには、動機に加えて必要不可欠な心理的要素がある。それが意志（volition）である（本書第7章参照）。

「われわれは今ここにないさまざまなことについて、感じたい、持ちたい、したいと願う。そしてその願いが達成可能だと判断するとその願いを実現しようとする。それが意志である」

(James, 1890)

ウィリアム・ジェームスによれば、「目下の願い」（動機）を現実化するのが意志であり、それは「一つの困難な目的に心を向けつづけること」なのだという。換言するなら、意志とは「やり遂げよう」という方向で行為を実現するためのいわば「指令」であり、「やる気状態」を「保護」して行動の実現へと導く心のはたらきだといえるだろう。たとえば、あなたの部下のサトウ君には「ノルマを達成したい」といった「願い」（接近動機）は十分あるのだが、意志が足りないためにサボりがちになったり、粘り強さ（最後の最後まであきらめない姿）がみられないというわけだ。

1 意志はさらに「始める意志」（行為前の意志）と「続ける意志」（行為後の意志）の二つに大別できる。

「よしっ」とか「さあっ」といった掛け声とともに行動を始めることがある。心身に弾みをつけるこのような瞬間を境として動機が行動として実現するわけである。興味深いことに、この瞬間は有名な古代ローマのエピソードに例えられ「決意のルビコン川」と呼ばれている（ルビコンモデル／Heckhausen, 1999）。「始める意志」とは、あたかもカエサルによるルビコン川を越える決断の瞬間（「賽は投げられた」）のように、動機を行動に転換する境界で求められる「決意を伴う衝動」を指す。「やりたい」あるいは「やらなければならない」といった「やる気状態」ではあるのに、なかなか取り組めないという場合、われわれに欠けているのが「始める意志」なのだ。「決意のルビコン川」を渡る前後の心理状態の対比について表1に示したので参照されたい。

「決意後」に、ひとたび行動が始まると「行為プログラム」が始動して、細かい行動の連鎖が一定程度持続する。たとえば、歯磨きが面倒だと思っても、いったん決意して歯を磨きはじめれば「歯ブラシを出す⬇歯磨き粉を付ける⬇……」といった連続したメニューがスムーズに実行され、それが途中で中断されるということはまずない。歯磨きという行為プログラムは習慣化されており、それが始動さえすれば自動的に継続するからである。「始める意志」はそのプログラムの「スイッチ」を「オン」にするはたらきなのである。

一方「続ける意志」はより長期的で複雑な一連の行為を継続する場合に求められる。それは一言でいえば「セルフコントロール」であり、計画を立てる、行動をモニターして調整する、成果を自己評価するといったplan-do-seeのプロセスを着実に実行すること（自己調整／本書第6章参照）を

表1　ルビコンモデル（ブルック＋ゴシャール 2015）

決意前：ルビコン川を渡る前	決意後：ルビコン川を渡った後
• 選択肢を比較検討している状態にある。自分の決定が正しいかどうか絶えず問いかけ、自分の選択したプロジェクトが努力に値するものかどうか自問する。	• 行動を明確に定め、自分の意図を常に念頭に置き、自分の意図を確認しその実行に役立つ情報を絶えず求める。
• 目標に向かって仕事を始めるのがむずかしく、中断後に再開するのを困難に感じる。	• 目標に向かって苦もなく行動を起こす。エネルギーと注意を完全に目標に集中し、何事にも気をそらさない。
• 目標に向かって進むにあたって、エネルギーを持続することがむずかしい。	• 目標を達成したいということに疑問を抱かない。
• 念入りな行動計画がなく、目標を達成するとどうなるかについて漠然とした考えしか持っていない。	• 達成したい成果と達成方法についてはっきりとした考えを持っている。
• 障害にぶつかると、簡単に目標をあきらめたり、挫折してしまう。	• 障害にぶつかるとかえって努力が倍加する。失敗するという選択肢はない。

指す。いわゆる「意志力（willpower）」と呼ばれるこのような心のはたらきは、まるで『筋肉』のように使いすぎると疲労してしまうと同時に、トレーニングによって鍛えることも可能だと考えられている（バウマイスター＋ティアニー 2013）。とりわけ重要なのは、意志が「注意」を持続させるという点であろう。注意はあらゆるパフォーマンスの源となる心理作用であり、多様な精神活動のいわば入口（ゲート）だといえるからである。

では、意志をはたらかせるためには具体的にどうすればよいのだろうか。その秘訣として、行為プロセスの三つの段階にそれぞれ応じた次のようなポイントが指摘できるという（ブルック＋ゴシャール 2015）。まず、「意図を形成する」という行為開始前の第一段階では、達成したいと思う目標をみつけ、最終的には、何を実現したいのかに関する具体的で明確なアイデアをもち、それを頭のなかに描くこと（質の高い「動機」の形成）が重要だ。次の「自分の意図に無条件にコミットする」という第二段階は、まさにルビコン川を渡る瞬間（行為を現実化する局面）を指す。そこでは、目的を実現するための選択肢を比較考量したうえでベストなものを選択し、全力を尽くすことを覚悟するとともに、その後に起こることの一切に個人的責任を負うことを思い切って決意すること（決断）が求められる。行為開始後の第三段階（「自分の意図を防御する」）のポイントとしては、①外的環境のコントロール（物理的環境を工夫して気を逸らすものを排除すること）、②自分の認知のコントロール（「to do list」を作成してやるべきことをビジュアル化するなど、つねに目標を意識し自信を維持できるように工夫すること）、③自分の感情のコントロール（前向きなエネルギーを維持するために、ネガティブ感情に対処し、ポジティブ感情を引き出すような感情調整方略を活用すること）、④意志自体のコントロール（非現実的あるいは非生産的なプロセスに執着し、盲目的な行為が継続してしまうことを避けるために「中止ルール」を決めておくことなど）の四つが挙げられている。

2 パフォーマンスを高めるモティベーション

1 パフォーマンスの公式

パフォーマンスの原因をわれわれがどのように理解するかについて検討したハイダー（Heider, 1958）は、パフォーマンスの背景要因を以下のように説明した。すなわち、パフォーマンスが実現するには、モティベーション、すなわち、「意図」（〇〇しようと思うこと）と「努力」（心理的身体的なエネルギーの投入）が必要不可欠だが、それだけでは不十分である。もう一つの条件が「可能性」であり、それは当人の「能力」（達成のポテンシャル）と達成課題の難しさに規定される。しかも、そこには「運」という偶然の要素も作用するとした。

この考えを援用しつつ、近年のモティベーション理論を加味しながらパフォーマンスの規定因を図式化すると図2のようになるだろう。パフォーマンスを実現するには、モティベーションだけでは足りない。いくら「やる気状態」が高まり、意志の力をフル活用して努力しても、それだけでは成果につながらない。言われてみれば当たり前のことだが、達成しようとする課題が難しすぎたり、そもそも当人の能力が至らなかったりすれば、成果に期待はできないのである。しかもそのパフォーマンスは「運次第」ということもあってやっかいだ。巷には「ガンバリズム」とでも呼ぶべき努力信仰や、「やればできる」流のモティベーション至上主義が蔓延しているが、やる気さえあれば結果がバラ色というわけではないのである。「ポテンシャル・特性」に含まれる生得的な身体的精神的素質（遺伝）や、達成の難易度や条件といった環境要因は本人の努力では如何ともしがたい。運の作用（「ツイてない」）も含めてあきらめるしかない場合もあるのだ。

だからといって悲観的になりすぎるのもよくない。たとえば、他者や社会・文化の影響は見逃せない。周囲の人々やシステムの支援によってモティベーションが促され、その結果、パフォーマンスが向上することも大いに期待できる。さらに、モティベーションは当該のパフォーマンスに寄与するだけではなく、その行為に伴う学習を通して能力自体が高められる可能性があるという点も重要だ（図2中の破線）。たとえば、特定の行動を繰り返すことによってより高度な技が身に付いたり、「地道に練習する習慣」や「深く考える態度」などが形成されたりすることで、それらが安定的な

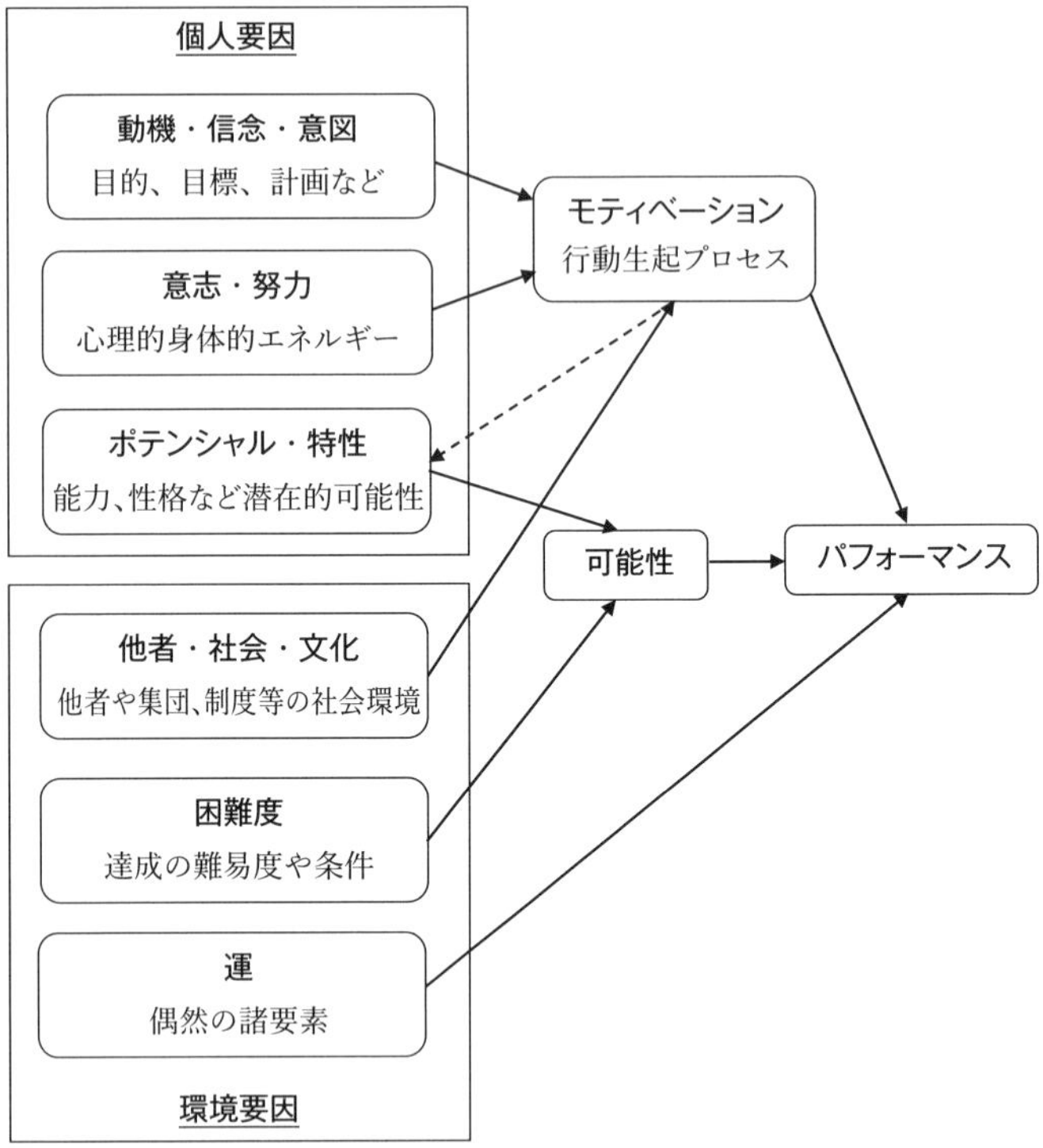

図2　パフォーマンスの背景要因
(Stiensmeier-Pelster & Heckhausen（2008）を改変)

「ポテンシャル・特性」となり、次回以降の機会における「可能性」へとつながっていくのである。

上記のような条件はあるものの、モティベーションがパフォーマンスの強力な規定因であることも依然として事実であり、それは膨大な心理学研究の蓄積によって裏づけられてきた。以下では、パフォーマンスへの影響を媒介するモティベーション要因のいくつかについて具体的に紹介してきたい。

2 期待理論——わたしに達成できるか？

「やる気状態」の主要な規定因として「期待（expectancy）」が挙げられる。期待は日常用語でもあるが、ここでの意味はそれとはややニュアンスが異なり、「成功の見込みに関する主観的な見積もり」（「できる」と本人が感知している程度）を指す。われわれは、課題を目の前にして「できる」と思えばやろうとする（やる気状態になる）だろうし、「できない」と感じればやろうとはしないだろう。

代表的な期待変数である「自己効力（セルフ・エフィカシー）」を例として考えてみよう。自己効力とは「特定の行動ができるという（自分の能力に関する）判断」を指し、パフォーマンスを予測する有力なモティベーション変数のひとつと位置づけられている（坂野・前田 2002）。たとえば、仕事でノルマが課された瞬間、上司のスズキさんと部下のサトウ君はどのような心境だっただろうか。

「計画的に取り組めば最後までできそうだ」というある種の予感を感じ、すんなりと仕事に取り組めたスズキさんに対し、サトウ君は「こんなハイレベルのノルマを達成するなんて無理だ！」と察してとっさに避けたい気持ちになり、実際にも行動を起こさないかもしれない。自己効力とはこのように特定の課題に直面した際の「できるかどうか」を予期するものであり、それが今ここでの「やる気状態」を直接的に規定するのである。[2]

3 価値理論——何のために何を達成するのか？

「やる気状態」は「価値（value）」にも規定される。価値とは、特定の対象に対する「主観的な魅力や望ましさ」の認知（たとえば、「ノルマを達成することは重要だ」といった意味づけや意義づけ）を指す。人はその課題に何らかの価値を感じれば「やる」し、感じなければ「やらない」という価値理論の考え方は、われわれの日常的な感覚にマッチしていてわかりやすい。ただ価値理論の真価はやる気状態の「質」に着目する点にある。たとえば、達成が求められる（あるいは、達成したいと思う）課題にわれわれが見出す価値は表2に示されるように多種多様であり、その内容は課題の固有な属性にもとづく「課題内生的価値」と課題の内容や性質に無関係な「課題外生的価値」とに大別される。

表２　達成課題に対する価値の分類（鹿毛 2013）

		何に価値を感じるか	課題に対する典型的な評価基準
課題内生的	興味関連価値	課題の楽しさ、興味	興味深い－つまらない
	実用関連価値	目標に対しての手段的有用性	役に立つ－立たない
	文化関連価値	文化に対する適応的な意味	社会的に望ましい－望ましくない
課題外生的	自我関連価値	課題の達成に伴う自尊心（self-esteem）の高揚、維持	自分を誇らしく感じる－自分が惨めになる
	報酬関連価値	課題の達成に伴う実利性	得をする－損をする
	対人関連価値	課題の遂行や達成に伴う人間関係上の効用	他者の期待に応える－他者が望まない

表3　マスタリー目標とパフォーマンス目標の違い（Reeve, 2009）

マスタリー目標の実行	パフォーマンス目標の実行
• 自分のコンピテンスを発達させる	• 自分のコンピテンスを証明する
• 進歩、向上を目指す	• 能力の高さを誇示する
• 自己を改善する	• 他者をしのぐ
• 努力と粘り強さで困難を克服する	• より少ない努力で成功する

とりわけ近年の代表的な価値理論として、「何のために達成行動を起こすのか」（目標）に着目する「達成目標理論」が挙げられよう。一般に、われわれの達成目標は「マスタリー目標」（自分の有能さを伸ばすことが目標）、「パフォーマンス目標」（自分の有能さを示すこと、あるいは無能さを露呈させないことが目標）、「外発的目標」（賞を得ること、あるいは罰を避けることが目標）の三つに区別できる。特に、一連の研究は「マスタリー目標」と「パフォーマンス目標」を対比するかたちで進められてきた（村山 2003）。これらの目標の比較について表3に示したので参照されたい。

ここで問題にしたいのは、課題内生／外生的価値や達成目標が認知プロセスを規定し、当人の注意を左右することを通して、学習やパフォーマンスの質に影響を及ぼすという点である。たとえば、興味や実用といった課題内生的価値およびマスタリー目標によって、課題固有の性質や内容に対してより敏感になり、課題それ自体に注意や関心が向けられ、より深い情報処理をもたらすような「課題関与状態」へと導かれる。また、課題に即した適切な評価基準が自律的に学習されるため、熟達を促進し、ひいてはパフォーマンスを向上させる。特にマスタリー目標はパフォーマンスに対して一貫してポジティブな効果を示す代表的なモティベーション変数である。それに対して、パフォーマンス目標は他者との比較などによって自己概念や自尊心に関心が向けられる「自我関与状態」へと導くため、確かにそれは自尊心を満足させたいといった動機を高め、達成行動を生起させるが、熟達よりも自尊心の満足を優先する（メンツを保つなど）ために、パフォーマンスの卓越性を必ずしも保証しない。むしろパフォーマンスを低下させる危険性すらある（Graham & Golan (1991) など）。

一方、報酬関連価値や外発的目標によって、どうしたら報酬が得られるか（罰が避けられるか）という「外的基準」のみに注意が向けられ、それに従順に従う効率的な行動が生じる。特定の行動が生起するという意味では確実性が高い一方、単純な行動であればまだしも、複雑で高度なパフォーマンスについては、達成プロセスの多くの局面が当人の能力や裁量に任せられ、「外的基準」によって当人に的確に指示することは極めて困難である。そもそも賞罰がなくなったとたんに行動も生起しなくなるという他律的な特徴もある。このように当人のやる気状態が報酬関連価値や外発的目標のみにもとづいているのであれば、卓越したパフォーマンスは望み薄なのである。それだけではない。報酬目当てで取り組む場合、労力を最小にしつつ最大の報酬を得ることが目指されるので、「冒険」やチャレンジを回避したり、手っ取り早い最短の方法を選びがちになり、パフォーマンスの質が低下するのみならず、手抜きやズルを誘発することにもなりかねない（デシ＋フラスト 1999）。

4 エンゲージメント――集中と熱中

近年、パフォーマンスを直接規定する「やる気状態」として注目されている概念が「エンゲージメント」である。これはワーク・モティベーション（仕事に関するやる気）の研究文脈に端を発した概念で、「職務上の遂行プロセスにおいて、身体的（行動的）、認知的、感情的に自分自身を駆使して表現している状態」と定義されている（Kahn, 1990）。簡潔にいうなら、全身全霊を傾けて仕事に集中し、熱中している心理状態といえるだろう。いわゆるバーンアウト（燃え尽き）の対極に位置し、かつワーカーホリック（仕事中毒）とも異なる身体的、精神的、社会的に良好な状態（ウェルビーイング）なのだという（Schaufeli & Bakker, 2010）。

エンゲージメントには、①活力（vigor／高レベルのエネルギー（疲れをみせない課題への努力投入）とレジリエンス（困難な局面における粘り強さ）、②専心（dedication／意義を感じ、熱中しつつ、誇りやインスピレーションの感覚を伴う課題に関する強い関与）、③没頭（absorption／課題に完全に浸りきっている快状態。課題と自分自身が一体化し時間経過を早く感じる）の三因子が見出

表4　エンゲージメントの3次元（Reeve（2012）を参考に作成）

行動的次元
• 課題への注意と集中　• 高レベルの努力　• 高レベルの持続的取り組み
感情的次元
• 課題遂行を促進する感情（興味、好奇心、熱中など）の持続 • 課題遂行を抑制する感情（苦悩、怒り、フラストレーション、不安、恐れなど）の不在
認知的次元
• 当人にしっかりと身に付いた、洗練された深い学習方略（精緻化など）の使用 • 表面的な知識ではなく概念的な理解を求める • 自己調整方略（プランニングなど）の使用

されている（Schaufeli et al.（2002）など）。[3]

パフォーマンスとの関連を考えるうえで重要なポイントは、エンゲージメントが行動的、認知的、感情的次元の統合的な体験であるという点であろう（表4参照）。いわば知情意が一体化して最大限のパフォーマンスが実現するのである。これは仕事へのモティベーションだけの問題ではない。今日では、子どもの学習など教育心理学の領域などでもエンゲージメントは重要視されており、達成行動やその成果としてのパフォーマンスを予測する心理変数として注目を集めている。

5　パフォーマンスを支援する場

ここまでモティベーションの個人内要因（プッシュ要因）に主に焦点を当ててきたが、パフォーマンスを考えるうえで環境側からのプル要因も無視できない。とりわけ、当人の身の回りにいる他者はモティベーションを媒介してパフォーマンスを規定する（図1参照）。

「これまで支えてくれた人たちのお陰です。心から感謝します」

オリンピック・メダリストへのインタビューの場面で必ずといってよいほど耳にする異口同音のフレーズである。周囲の支援があったからこそ、モティベーションが高まり、その結果として卓越したパフォーマンスを示すことができたというのは、まさに彼らの実感なのであろう。独力でモティベーションを維持、向上させることは極めて困難なことであり、他者の存在がそこには不可欠なのである。さらに付け加えるなら、自分のためというよりもむしろ他者のためにがんばるというモティベーションがパフォーマンスを向上させるという現象さえある（伊藤 2012）。

モティベーションに対する対人的、社会的な支援という観点から、ここでは自己決定理論（Ryan & Deci, 2000）の知見を取り上げてみよう。この理論によれば、人の成長やウェルビーイングのためにその充足が必要不可欠となる三つの生得的な心理的欲求が存在するという。その三つとは、①コンピテンスへの欲求（need for competence／環境と効果的に関わりながら学んでいこうとする傾向性）、②自律性への欲求（need for autonomy／行為を自ら起こそうとする傾向性）、③関係性への欲求（need for relatedness／他者やコミュニティと関わろうとする傾向性）である。これらの欲求が同時に満たされるような環境のもとで人は意欲的になり、エンゲージメントが促され、ひいてはパフォーマンスが向上するのだという。

では、どのような環境条件がこれら三つの欲求を充足させるのであろうか。この理論によれば、「自律性サポート（強制するのではなく、当人の自律性を支援しようとすること）」、「構造（有意味な情報と達成へのサポートを提供すること）」、「関わりあい（対人関係が敵対的ではなく、思いやりのあるものであること）」という場の特徴がそれぞれ自律性、コンピテンス、関係性の各欲求の充足を促し、そのことによってエンゲージメントが高められるとされている（表5参照）。

3 おわりに――「努力」を「意欲」に

かつて「二四時間働けますか？」という栄養ドリンクのCMコピーがあった。このような努力量こそがモティベーションだと思われがちであるが、「ガンバリズム」だけではパフォーマンスにつながらないことが本章の内容から理解できたのではなかろうか。パフォーマンスにおいては、モティベーションの量というよりも、むしろその質こそが問われているのである。

表5　エンゲージメントを促す環境要因（鹿毛（2013）を改変）

自律性サポート （autonomy support：「自律性への欲求」を充足）
• 傾聴し、他者が自分自身のやり方で振る舞うことを許容する • 内面にある動機づけリソースを育む • 情報豊かな言葉を重視する • 価値づけを促す • ネガティブ感情の表出を認め、受け入れる
構造 （structure：「有能さへの欲求」を充足）
• 明確な期待と手続きについて伝える • 最適のチャレンジを提供する • 進歩するための励まし、コツ、ヒントを提供する • 豊かな情報を含みスキルを高めるようなガイダンスを提供する • 適時的で、行動に随伴した、予測を可能にするような一貫性のあるフィードバックを実施する
関わりあい （involvement：「関係性への欲求」を充足）
• 他者の関心事につきあう • 他者を気づかう配慮（care）を示す • 他者に関する詳しい知識をもち、日常的に何が起こっているかを把握する • 愛情、好意、敬意を表現する • 一緒にいることを心から楽しむ • 個人的リソース（時間、注意、心的エネルギー、興味、情緒的サポートなど）をシェアする

注目すべきキーワードとして「意欲」が挙げられるだろう。「やる気」と同義語のように一般には理解されているが、そもそも「意欲」とは、意志（○○を成し遂げよう）と欲求（○○したい）の複合語だといわれている（鹿毛 2013）。すなわち「やりたい」という強い希求を原動力として、最後までやり抜こうとする心理現象が意欲なのである。

本章冒頭に記した室伏、冨田両選手の例を振り返ってみよう。「より遠くまで投げたい」「もっと美しい体操をしたい」という達成への欲求（動機＝やる気状態）だけではなく、自らが掲げた目標に到達しようとする意志（「絶対、成し遂げてやる！」）が、卓越したパフォーマンスを実現する土台として存在していることは想像に難くない。五輪メダリストのようなトップレベルのアスリートばかりではない。意欲がパフォーマンスを生み出すという心理現象は、われわれの日常的な体験にも埋め込まれているはずだ。

このように意欲とは、ともにハイレベルな動機と意志が一体となって卓越したパフォーマンスへと導く「質の高いモティベーション」を含意する心理現象を指している。しかも、意欲は当人のプッシュ要因だけにもとづいて生じるわけではない。そこには当人の周囲の対人的、社会的サポート（プル要因）が不可欠だという点も忘れてはならない。

「努力」を「意欲」に――モティベーション（為す）をパフォーマンスの実現（成る）へと結びつける鍵は、この転換にこそ見出せるのではなかろうか。

注

1 禁煙の場合のように行動の抑制を問題にする場合には、これらとは対照的に「やめる意志」「やめつづける意志」が問われることになる。意志には推進力だけではなく、このような抑制力としてのはたらきもある。

2 自己効力については、現在、その高低を個人差として検討するような「やる気特性論」としての研究アプローチもさかんだが、元来、自己効力とは「やる気状態」を説明する概念であり、そこにこの概念独自の意義があると思われる。

3 「フロー」（浅川 2012）と極めて似ている心理状態であるが、行動的、認知的、感情的な要素を統合的に概念化している点で包括的であり（鹿毛 2012）、他の心理学理論との関連も見出しやすい。

文献

浅川希洋志 2012「楽しさと最適発達の現象学――フロー理論」鹿毛雅治（編）『モティベーションをまなぶ12の理論――ゼロからわかる「やる気の心理学」入門！』金剛出版

APA, 2007, APA Dictionary of Psychology. Edited by G.R. VandenBos. Washington D.C. : American Psychological Association.

ロイ・F・バウマイスター＋ジョン・ティアニー［渡会圭子（訳）］2013『WILLPOWER――意志力の科学』インターシフト

ハイケ・ブルック＋スマントラ・ゴシャール［野田智義（訳）］2015『アクション・バイアス――自分を

変え、組織を動かすためになすべきこと』東洋経済新報社
エドワード・L・デシ＋リチャード・フラスト［桜井茂男（監訳）］1999『人を伸ばす力──内発と自律のすすめ』新曜社
Graham, S. & Golan, S., 1991, Motivational influences on cognition : Task involvement, ego involvement, and depth of information processing. Journal of Educational Psychology, 83, 187-194.
速水敏彦 2012『感情的動機づけ理論の展開──やる気の素顔』ナカニシヤ出版
Heckhausen, J., 1999, Developmental Regulation in Adulthood. Cambridge, UK : Cambridge University Press.
Heider, F., 1958, The Psychology of Interpersonal Relations. New York, NY : Wiley.
伊藤忠弘 2012「努力は自分のためならず──他者志向的動機」鹿毛雅治（編）『モティベーションをまなぶ12の理論──ゼロからわかる「やる気の心理学」入門！』金剛出版
James, W., 1890, The Principle of Psychology. Vol.2. New York : Holt.
Kahn, W.K., 1990, Psychological conditions of personal engagement and disengagement at work. Academy of Management Journal, 33, 692-724.
鹿毛雅治 2012「好きこそものの上手なれ──内発的動機づけ」鹿毛雅治（編）『モティベーションをまなぶ12の理論──ゼロからわかる「やる気の心理学」入門！』金剛出版
鹿毛雅治 2013『学習意欲の理論──動機づけの教育心理学』金子書房
村山 航 2003「達成目標理論の変遷と展望──「緩い統合」という視座からのアプローチ」『心理学評論』46, 564-583
村山 航 2012「生物の根源的な動機を考える──接近・回避動機づけ」鹿毛雅治（編）『モティベーション

をまなぶ12の理論――ゼロからわかる「やる気の心理学」入門！』金剛出版
Reeve, J., 2009, Understanding Motivation and Emotion. 5th Ed. Hoboken, NJ : John Wiley & Sons.
Reeve, J., 2012, A self-determination theory perspective on student engagement. In : S.L. Christenson, A.L. Reschly, & C. Wylie（Eds.）Handbook of Research on Student Engagemen. New York : Springer, pp.149-172.
Ryan, R.M., & Deci, E.L., 2000, Self-determination theory and the facilitation of intrinsic motivation, social development, and well-being. American Psychologist, 55, 68-78.
坂野雄二・前田基成（編著）2002『セルフ・エフィカシーの臨床心理学』北大路書房
Schaufeli, W.B. & Bakker, A.B., 2010, The conceptualization and measurement of work engagement. In : A.B. Bakker & M.P. Leiter（Eds.）Work Engagement : A Handbook of Essential Theory and Research. New York : Psychology Press, pp.10-24.（島津明人（総監訳）2014『ワーク・エンゲイジメント――基本理論と研究のためのハンドブック』星和書店）
Schaufeli, W.B., Salanova, M., González-Romá, V. & Bakker, A.B, 2002, The measurement of engagement and burnout : A two sample confirmatory factor analytic approach. Journal of Happiness Studies, 3, 71-92.
Stiensmeier-Pelster, J. & Heckhausen, H., 2008, Causal attribution of behavior and achievement. In : J. Heckehausen & H. Heckhauen（Eds.）Motivation and Action. New York, NY : Cambridge University Press, pp.349-383.

「もっと学びたい!」人のための読書案内――Book Review

† 鹿毛雅治(編)2012『モティベーションをまなぶ12の理論――ゼロからわかる「やる気の心理学」入門!』金剛出版

本書の姉妹編。「やる気」という心理現象について12の心理学の理論によって多角的に描き出す。そもそもモティベーションとは何かということを、学問的に理解したい人のための入門書。

† ハイディ・グラント・ハルバーソン(著)児島 修(訳)2013『やってのける――意志力を使わずに自分を動かす』大和書房

「自己啓発本」のようにみえるタイトルだが、原題はSucceed : How We Can Reach Our Goalsで、社会心理学者によって書かれた正統派の心理学啓蒙書。モティベーションとパフォーマンスの関係についてわかりやすく解説しつつ、的確なポイントを指摘する好著。

† 鹿毛雅治2013『学習意欲の理論――動機づけの教育心理学』金子書房

モティベーションの理論について、認知論、感情論、欲求論、環境論という四つの観点から整理して論じた専門的な概説書。学習意欲をテーマとした教育心理学の本であるが、モティベーション一般についてより広く、深く理解したい人にもお薦めする。

Theory 2

思考のパフォーマンスを高める

思考／メタ認知

三宮真智子 SANNOMIYA Machiko
山口洋介 YAMAGUCHI Yosuke

メタ認知（metacognition）とは、私たちの認知活動を対象化してとらえることである。思考のパフォーマンスを高めるためには、メタ認知をいかに働かせるかが鍵となる。まず、思考の落とし穴にはどのようなものがあるかを知り（メタ認知的知識）、自分が落とし穴に落ちないように気をつけること（メタ認知的モニタリング）が重要である。本章では、私たちの日常的な思考を振り返るとともに、思考のなかでも特に判断と問題解決を中心に、思考にはどのような歪みや思い込みが生じやすいのか、思考の落とし穴についての心理学の知見を紹介する。こうした知識をもつことは、仕事や学習、人間関係、社会生活などを支える思考をよりよいものにしてくれるはずである。

① はじめに——人間の思考の「落とし穴」

私たちは、日々の生活のなかで多くのことを考える。自分の仕事や学習がうまく進んでいるか、手軽で栄養のある朝食として何を食べればよいか、会社や学校にどんな服装で行くか、傘を持って出るべきかといった判断や意思決定、相手の気を悪くさせないように依頼を断るにはどうすればよいかといった問題解決など、考えるべきことは数え切れない。適切に考えることができれば、望む結果と満足感が得られ、その逆だと、不満や後悔の多い毎日になるだろう。

人間の思考には、判断の歪みや思い込みといった落とし穴がある。そして、そこには、多くの人にあてはまる一定の傾向性がある。判断にはバイアス（偏り）が生じるし、問題解決においては、「これしかない」という思い込みが邪魔をして、思考のパフォーマンスを下げてしまう。

この章では、私たちの日常的な思考を振り返るとともに、思考のなかでも特に判断と問題解決を中心に、どのような歪みや思い込みが生じるのか、思考の落とし穴についての心理学の知見を概観する。そして、よりよく考えること、すなわち思考のパフォーマンスを上げるために欠かせないメタ認知の概念について紹介する。まず、次節以降で、見込み判断、論理判断、問題解決についての日常的な思考の実態と落とし穴を順に見ていく。次に、思考に対するメタ認知を働かせることにより、思考の落とし穴から抜け出し、思考のパフォーマンスを高める方法を探る。

② 見込み判断にかかわる思考と落とし穴

1 どのようにして見込み判断を行うのか？

今日、雨が降りそうだと考えれば、私たちは傘を持ち、多少濡れてもかまわない服装で出かけるだろう。鉄道が飛行機より安全、つまり事故を起こす見込みが低いと感じれば、移動に鉄道を使うだろう。手術の成功率が低いと予想すれば、手術を避けたいと思うだろう。このように、あることがどれくらい起こりそうかという判断、言い換えれば見込み（probability）判断は意思決定（decision making）を左右する。では、私たちの見込み判断は何にもとづいて行われるのだろうか。

1 思い出しやすさ

乗り物の安全性を判断するとき、私たちがまず考えることは、事故の多さではないだろうか。と言っても、わざわざ統計資料を調べるのではなく、事故のニュースをざっと思い出してみるのではないか。「そういえば最近、飛行機事故が相次いでいる」という具合に、マスメディアの報道を手がかりとすることが多い。

2 もっともらしさ

来月、本社に転勤してくるタナカさんは、将棋が強く、細面でメガネの奥の眼光が鋭いと聞けば、つい棋士の羽生善治さんのように知的な男性を思い浮かべてしまう。実は女性だとわかれば意外な感じがするだろう。

3 理想的な期待値

スズキさんの家にまた赤ちゃんが生まれるそうだ。何しろ、三人も男の子が続いたので、「今度こそ女の子だろう」と、スズキさんはたいそう楽しみにしている……というように、1／2の確率で起こるはずの事象が偶然片方のみ連続すると、次はもう一方の事象が起こると考えたくなる。

4　確率情報の目立つ部分

人事部のサカタさんは、近頃ひどく元気がない。聞くところによると、この二〜三ヵ月体調が優れないので、検査を受けたそうだ。すると、千人にひとりという珍しい病気の疑いがあり、検査結果が陽性だったそうだ。その検査の正確さは八〇%と、かなり高いという……。「サカタさんが、その珍しい病気にかかっている可能性は、どれくらいか？」と問われれば、八〇%と答える人が多いのではないだろうか。

2　見込み判断の四つの落とし穴

1　利用可能性バイアス

ある情報がどれくらい思い出しやすいかという情報の利用可能性は、判断を左右する。ある乗り物の事故や凶悪犯罪の発生頻度についての判断は、その思い出しやすさ、つまりそれがどれくらいニュースで報道されるかによって影響を受ける。トゥヴェルスキーとカーネマン（Tversky & Kahneman, 1973）は、思い出しやすさの影響について興味深い実験を行っている。彼らは「K」で始まる英単語と「K」が三番目に来る英単語のどちらが多いかを実験参加者に尋ねた。すると、「K」で始まる英単語が多いという答えが圧倒的に多かった。しかし実際には、「K」が三番目に来る英単語（たとえばtake）が「K」で始まる英単語（たとえばkitchen）より約三倍も多いのである。「ある文字が最初に来る単語」という手がかりは、「ある文字が三番目に来る単語」という手がかりに比べ、はるかに利用しやすいため、思い出しやすくなる。このように、情報の利用可能性による見込み判断の偏りを、利用可能性バイアス（availability bias）と呼ぶ。

2　連言錯誤

「細面でメガネをかけていて将棋が趣味」という手がかりから棋士の羽生さんを思い浮かべ、「知的な男性だろう」と考えるように、私たちは与えられた人物情報からスキーマを呼び起こして、その人を判断する。この現象を解明するために、トゥヴェルスキーとカーネマン（Tversky & Kahneman, 1983）は、「リンダ問題」と呼ばれる課題を用いてこの現象を解明しようとした。次に紹介するのは、その簡略版である。

リンダは三一歳の独身女性。率直にものを言うタイプで、非常に頭がよい。哲学を専攻し、学生時代は差別問題や社会正義の問題に強い関心をもち、反核デモにも参加していた。このリンダにつ

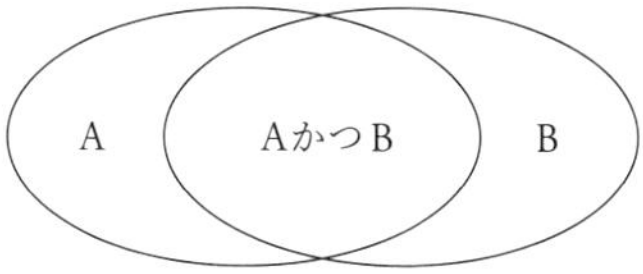

図1　リンダ問題における連言事象

いて、次の二つのうち、どちらがあてはまりそうか。

①彼女は現在、銀行員（A）である。

②彼女は現在、銀行員（A）であり、フェミニズム運動に熱心（B）である。

この問題に対し、多くの人々が②と答える。しかし、図1からわかるように、①は事象Aであるのに対し、②は事象Aと事象Bの連言事象（集合Aと集合Bの重なりの部分）であるため、①よりも高い可能性になることはありえない。こうした判断の誤りを連言錯誤（conjunction fallacy）と呼ぶ。[1]

3　ギャンブラーの誤信

男の子が生まれる割合は1／2であるし、通常のサイコロを振って「1」の目が出る割合は1／6である。それなのに、男の子（あるいは女の子）が何人も続く場合があったり、サイコロの目が均等に1／6ずつ出なかったり、ということは実際に起こる。しかし、行きすぎた偏りは続かないだろうと私たちは思いがちである。コインの表が出るか裏が出るかについて賭けをする場合にも、「表、表、表、表」と表が四回も続けば、次は裏が出るほうに賭けてしまうのではないだろうか。しかし、次も表が出て、無残にも賭けに負けることがある。

子どもの性別、コインの裏表、サイコロの目といった、誰もが知っている理想的な（理論的な）確率は、少ないサンプル数では実現しないことが多い。何千回、何万回と試行を繰り返すなかで初めて、理想的な確率が得られるのである（大数の法則）。にもかかわらず、このことをつい忘れて、あるいは知らずに、大数の法則を小数（小さいサンプル数）にもあてはめてしまうエラーをギャンブラーの誤信（gamblers' fallacy）と呼ぶ。

4　基準率の無視

先ほど登場したサカタさんが受けた検査の話を聞くと、多くの人が、サカタさんがその病気にかかっている可能性を八〇％とみなすか、もしくは、「千人にひとりの病気なので、もう少し低いのではないか……」と直感的に考えるだろう。しかし、「千人にひとり」つまり1／1000という確

$$
\frac{\text{その病気にかかっていて陽性と出る確率}}{\text{その病気にかかっていて陽性と出る確率} + \text{その病気にかかっていないのに陽性と出る確率}}
$$

$$
= \frac{0.001 \times 0.8}{0.001 \times 0.8 + 0.999 \times 0.2} = 0.003988...
$$

図2　ベイズの公式

率（基準率（base rate）あるいは事前確率）を正しく判断に組み込もうとすれば、図2のベイズの公式に当てはめる必要がある。

　こうして計算してみると、検査結果が陽性のときに実際に病気である確率は約〇・四％にすぎないことがわかる。直感的な判断に比べてみると、実は可能性がずいぶん低いことに驚くのではないだろうか。私たちは、このような確率判断に際して、基準率をつい無視してしまったり、そもそも基準率をどう使えばよいのかがわからなかったりする。

③ 論理判断にかかわる思考と落とし穴

1 どのようにして論理判断を行うのか？

1 帰納

「私の祖父母は百歳まで生きた。曾祖父母も百歳近くまで生きた。だから、うちの家系は超長生きだ。よって、私も相当長生きするだろう」……これは、根拠にもとづいて結論を導いているため、論理的な判断と言える。ここで用いている論理は帰納的な論理であり、個別事例を列挙して一般化している論理判断である。この種の論理にもとづく帰納推理は、実証科学においても用いられる。たとえば、ある科学者が秘境の孤島ケペルス島で初めて出会ったカラスは、黒ではなく赤かった。二番目に出会ったカラスも赤かった。そして三番目も……というように事例（データ）を蓄積することにより、「ケペルス島のカラスは赤い」という一般化を行う。この一般化により、「次にケペルス島で出会うカラスもきっと赤いだろう」という予測ができるのである。

2 演繹

遠足で他校の生徒と見分けやすくするために、カナリア学園の生徒は頭に黄色いリボンをつける、ということにしたならば、一見、目的は果たせるように思えるだろう。それは、「カナリア学園の生徒ならば、頭に黄色いリボンをつけている」という命題から、「頭に黄色いリボンをつけているならば、カナリア学園の生徒である」と考えてしまうからである（三宮 2002）。私たちは、命題論理について、高校時代の数学で「逆必ずしも真ならず」と学んだはずが、そのことをつい忘れてしまいがちである。

また、演繹には、おなじみの三段論法がある。たとえば次のような三段階の論理である。

大前提：「犬には寿命がある」
小前提：「ポチは犬である」
結論　：「ポチには寿命がある」

同様にして、私たちは次のように考えることがある。「高級化粧品は豪華な箱に入っているものだ。この化粧品は豪華な箱に入っている。だから、この化粧品は高級化粧品に違いない」（「それなら、この値段でお買い得なので買おう」と意思決定するかもしれない)。しかし、この論理には例外があり、必ずしも正しいとは言えない(三宮 2002)。

2 論理判断は完全ではない

帰納という論理によって導かれた結論は、必ずしも正しいとは限らない。つまり結論が覆される可能性が残る。先ほどの長生き家系の例だが、曾祖父母の代まではたしかに百歳程度まで寿命があったとしても、さらに遡ってみて短命の先祖が続いていれば、判断は変わってくるだろう。また、ケペルス島のカラスの例にしても、その島で五番目に出会ったカラスが黒ければ、たちまち結論を考え直さねばならない(もちろん、きわめて稀な例外というものはつねに存在しうるのだが)。このように、帰納推理には「絶対ではない」という限界がある。たしかに帰納は、すでにわかっていること(既存の事実)から、まだわかっていないことを推し測ることが可能になるため、日常においても科学においても、きわめて有効な思考法だと言える。しかしながら、私たちが、少数事例の観察から早まった一般化を行いがちであることには注意が必要である。

帰納的な論理に対して、演繹的な論理では、一般原則を個別事例にあてはめるため、「ケペルス島のカラスは赤い」という命題が必ず正しい(真である)ならば、その島のカラスはすべて赤いことになる。よって、ケペルス島で今後出会うカラスはみな赤いと推論されるのである。帰納推理に対して、こちらは演繹推論と呼ぶことができる。[2] 演繹推論においては、ある命題「AならばBである」の逆命題「BならばAである」や裏命題「AでなければBでない」をつねに正しいと錯覚してしまいやすいという落とし穴がある。また、三段論法では、先ほどの化粧品問題のように、媒概念不周延の虚偽（fallacy of the undistributed middle）と呼ばれる誤りが生じやすい。これは、「XはYである」「ZもYである」から「ZはXである」を導いてしまう誤りである。

④ 問題解決にかかわる思考と落とし穴

1 問題解決の方法

私たちの毎日は、小さな問題から大きな問題まで、解決すべき問題への対応に追われている。たとえば、ヤマノさんは実家から、彼の実家が先祖代々裏山に所有する土地の面積を調べてほしいという依頼を受けた。その土地は、ちょうど台形であった。そうした場合、ヤマノさんがとるべき手続きは、必要な長さを測り、台形の面積を求める公式に数値をあてはめることである。

一般に心理学では問題解決を、初期状態（現在の状態）と目標状態とのギャップを埋めることと定義する。言いかえれば、ある結果を得たいのに、それを得るための方法（オペレータ）が明らかにされていない事態（問題事態）に際して、この事態の解決を図ることを意味する。問題解決のためには思考が必要であるが、すでにもっている関連知識を活性化することができれば、あとは所定の手順を踏むことで解決に至る場合もある。このように、解決を保証してくれる「決まった手順」をアルゴリズムと呼ぶ。この例では、初期状態（土地の面積がわからない）、目標状態（土地の面積がわかっている）、両者の間のギャップの埋め方（必要な長さを測り公式にあてはめる）という三つの要素がはっきりしている。一般に、このような三つの要素のすべてが明らかな問題を「明確に定義された問題（well-defined problem）」と呼ぶ。

さて、土地測量の問題を解決したヤマノさんが、今度はふと自分の生活を振り返り、「もっと暮らしを豊かにするには、どうすればよいか」と考えたとする。この問題は「明確に定義されていない問題（ill-defined problem）」である。そもそも、「ヤマノさんにとっての豊かさ」をまず具体的に定義し、問題を扱いやすい形に表現し直す必要がある。私たちが日常生活のなかで直面することが多いのは、むしろ、この「明確に定義されていない問題」である。

ところで、一見、難問に見える問題も、ふとしたことで解決法がひらめくことがある。たとえば、夕食に挽肉のコロッケを作りたいのに挽肉がない、となれば、あきらめる人が多いだろう。しかし

この9つの点を一続きの4本の線でつなぐには、どうすればよいか？

図3　九点問題

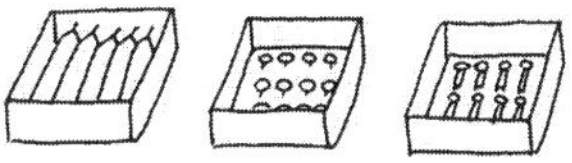

紙箱にロウソク、押しピン、マッチ棒が入っている。ロウソクを床に垂直になるよう壁に取り付け、火をともすにはどうすればよいか？

図4　ロウソク問題

冷凍庫を覗いてみると、冷凍餃子が見つかったとする。ここで、「そうだ、餃子のなかには挽肉が入っている。つぶしたジャガイモに、解凍した餃子を丸ごと混ぜてしまえばコロッケができる！」とひらめく人もいる。これは、ふとしたことで解決への見通しが一気にできあがる洞察（insight）の例である。洞察には、枠にとらわれない創造的思考が役立つ。

心理学の古典的な洞察問題であり、よく紹介されるものに、九点問題（図3）（Wickelgren, 1974）やロウソク問題（図4）（Duncker, 1935）などがある。

2 固着――問題解決を阻むもの

台形の求積のように、そもそもアルゴリズムが存在する問題については、アルゴリズムを知ることが解決につながる。「明確に定義された問題」には通常、アルゴリズムが存在する。しかし、私たちが日常生活で出会う問題の多くは明確に定義されていない問題であり、アルゴリズムを活用することができない。そうした問題に対しては、多面的なものの見方や柔軟な態度が必要になる。これを邪魔する思い込みが固着である。

固着（fixedness）とは、事物の特定の機能や問題の一つの側面にとらわれてしまい、他の機能や側面に気づきにくくなることを指す。「ロウソク問題」では、ロウソクやマッチなどが入った「箱」そのものをロウソク立てとして用いることが解決の鍵であるが、多くの人々は経験から「箱」を単なる容器としてしか見ず、問題を解くことができない。また、「九点問題」では、枠から大きくはみ出した線を引くことが解決の鍵になるのだが、なかなかそれには気づきにくい。こうした固着から抜け出すためには、柔軟な創造的思考を心がけることが必要である。

5 メタ認知で思考のパフォーマンスを高める

1 メタ認知とは何か?

これまで、見込み判断、論理判断、問題解決といった場面において、人間が陥りやすい落とし穴について見てきた。こうした思考活動全般において、重要な役割を果たすのが「メタ認知」である。メタ認知(metacognition)とは、見る、聞く、話す、読む、理解する、考えるといった認知活動一般を対象化してとらえることである。認知の問い直しや修正といった、通常の認知よりも一段高いレベルの働きをするのが、このメタ認知である。メタ認知は知識成分と活動成分に大きく分けることができる。思考に関するメタ認知の分類は、図5のようになる。

自らの思考について問い直したり修正したりするメタ認知的活動が可能になるためには、思考についての適切なメタ認知的知識が必要である。問い直したり考え直したりしたとしても、その基盤となるメタ認知的知識が不十分であったり誤っていたとしたら、メタ認知的活動は適切な結果に結びつかない。たとえば、「テレビに出ている専門家の発言は、そうでない専門家の発言よりも信頼できる」というメタ認知的知識に依拠すれば、発言者のテレビ出演頻度によって、ある問題について

メタ認知

- **メタ認知的知識**
  - 人間の思考特性に関するもの
    - 例 思い込みは問題解決の妨げになる
  - 思考課題に関するもの
    - 例 確率判断においては、基準率を考慮しないという失敗が起こりやすい
  - 思考の方略に関するもの
    - 例 思考を促進するには、自分の考えを他者に話すことが役立つ
- **メタ認知的活動**
  - メタ認知的モニタリング
    - 例「わずかな情報だけで判断を下してよいのか」といった問い直しなど
  - メタ認知的コントロール
    - 例「別の観点から問題をとらえ直してみよう」といった修正（考え直し）など

図5　思考に関するメタ認知の分類

の発言の正しさを評価し直すことにもなりかねない。

私たちは、自分の最初の判断をつねに維持しているわけではなく、問い直しや考え直し、つまりメタ認知的活動を自然と行っている場合がある。Nelson & Narrens（1990）は、認知レベルの思考、つまり外部の対象についての思考を一次思考（primary thought）、その思考についての思考を二次思考（secondary thought）と呼んでいる。この二次思考が、メタ認知である。メタ認知的活動において肝心なことは、妥当なメタ認知的知識を用いることである。妥当なメタ認知的知識は、判断にかかるバイアスや、柔軟に考えることを困難にする固着など、思考に関する心理学の知見に求めることができる。心理学者でなくとも、自ら観察することによって同様の知見を得ることも不可能ではないが、日常観察から得られた、必ずしも妥当とは限らないメタ認知的知識は、素朴理論（naïve theory）や素人理論（lay theory）と呼ばれる。

2　判断の歪みを知り、バイアスを修正する

判断のパフォーマンスを高めるには、先に述べたように、私たちの判断の弱点や判断にかかるバイアスについての知識など、判断に関わるメタ認知的知識を豊富にもつことが大きな助けとなる。

イスラエルの心理学者カーネマンは、長年の共同研究者であるトゥヴェルスキーとともに、私た

ちの判断にかかるさまざまなバイアスや意思決定に見られる矛盾について数多くの研究成果を世に送り出し、行動経済学という新しい研究分野をリードした。後に、その功績が高く評価されて、二〇〇二年にノーベル経済学賞を受賞した。彼らは一貫して、人間の直感的判断がいかに危ういかを訴え、その誤りを数々の実験によって裏づけている。直感的判断にかかるバイアスについて理解していれば、自ら判断する際には、気をつけることができるだろう。

こうした判断の歪みは、人間の宿命とも言うべきものであるが、この歪みを是正するために必要なものが、判断についてのメタ認知的知識である。先に紹介した利用可能性バイアスや連言錯誤、ギャンブラーの誤信、基準率の無視といった知見は、まさしくメタ認知的知識である。ほかにも、判断に役立つメタ認知的知識を豊富にもっているかどうかが、判断の的確さを左右する。

メタ認知的知識のなかには、たとえば二、九八〇円という値段は三、〇〇〇円とほとんど差がないにもかかわらず「二、〇〇〇円台」という点に注意が向いて安く感じてしまう「アンカリング効果」(Tversky & Kahneman, 1974) のように、日常経験を通して気づきやすいものもあるが、実験研究を通して初めて明らかになるものも少なくない。たとえば、米国で、まったく同じことを言っているのにネイティブスピーカーが言えば信用され、ノンネイティブだとそれほど信用されない場合があることには、誰もが気づくだろうか。レブアリとケイサー (Lev-Ari & Keysar, 2010) は、実験的にこのことを示した。外国人風アクセントのわかりにくさが内容処理を困難にし、その結果、内容そのものが信用できないという反応を引き起こしたという（しかも実験対象者たちは、信用できないと感じた原因がノンネイティブのアクセントだとは気づいていない）。こうしたメタ認知的知識は、日常経験のみから獲得することは困難と考えられる。メタ認知的知識として心理学の知見を知ることが役に立つ、一例と言えるだろう。

3 問題解決を妨げる「思い込み」を知り、創造的な思考を心がける

決まった解決策が存在しない問題に直面したときには、凝り固まった思考から脱却して、多面的に柔軟に考えること、つまり創造的な思考を働かせることが大切である。

創造的思考の重要性は誰もが知っているが、しかし実際には、思考において創造性を発揮することはそれほど容易ではない。では、創造的に考えることはなぜ難しいのか。ひとつには、創造的思考を妨げる、次のような思い込みがメンタルブロック（mental block）となるためである。

1 創造的な思考についての思い込み

私たちの研究（Yamaguchi & Sannomiya, 2012）では、創造的思考をどのようにとらえているかによって、創造的思考態度が左右されることがわかった。たとえば、創造的思考には才能が必要ととらえると、諦めにつながり、柔軟に問題をとらえようとしなくなる。創造的に考えられるかどうかは運次第ととらえると、持続的な努力をせず簡単に諦めてしまう。一方、努力を重視すると、持続性、探求性、好奇心、柔軟性、積極性など、創造的な思考態度に幅広く肯定的な影響を及ぼす。努力という言葉からは月並みな印象を受けがちであるが、努力重視の態度のなかには、「考えることに十分な時間をかける」「考え抜く」「がんばる」などが創造的思考に必要という考えが含まれている。こうした信念が、創造的な思考態度につながり、それが実際に優れた発想へとつながっていくと考えられる。

2 まちがいや失敗、人と違っていることはよくないという思い込み

多くの人には、まちがえたり失敗したりすることは、よくないこと、避けるべきことという思い込みがあるのではないだろうか。しかし、この思い込みが創造的思考を妨げる。実際には、まちが

いや失敗は、今までとは違った角度からものごとを考えてみる、よいきっかけを与えてくれるものである。同様に、人と違っていることはよくないという思い込みから、周囲に合わせようとする態度は独自なものの見方を妨げがちであるため、創造的思考を遠ざける。

3 解法（解決法）は一つだという思い込み

「ルーチンスの水がめ問題」（Luchins, 1942）と呼ばれる有名な問題がある（表1）。「水がめA、B、Cを使って求める水量を得るにはどうすればよいか？」という問題である。この問題を考えると、みなさんは、「B−A−2C」という解き方を思いつくだろう。では問題2の答えは？　問題3はどうだろうか？　やはり「B−A−2C」で解ける。問題4も問題5も、同じである。気をよくしたみなさんは、問題6や問題7も「B−A−2C」で解いてしまうかもしれない（これらの問題は、実は「A−C」や「A＋C」といった、より簡単な方法で解ける）。このように、私たちはつい「解法は一つ」と思い込んでしまい、よりよい解法に気づきにくくなる。

これらの思い込みは、不適切なメタ認知的知識であり、創造的思考に対するメンタルブロックとなる。それでは、思い込みから抜け出すためには、どうすればよいのだろうか。それには、ものごとにはいろいろな考え方があるのだと、身をもって知ることが役に立つ。具体的には、異なる文化

表1　ルーチンスの水がめ問題（Luchins（1942）より抜粋）

問題	水がめAの容量	水がめBの容量	水がめCの容量	求められる水量
1	21	127	3	100
2	14	163	25	99
3	18	43	10	5
4	9	42	6	21
5	20	59	4	31
6	23	49	3	20
7	15	39	3	18

に触れたり、自分とは考え方の異なる他者の意見に触れたりする機会を増やすことが有効であろう。同じ組織のなかにおいても、他者とともに考える機会を積極的につくることによって、思い込みから脱却する習慣が形成される。

たとえば、オズボーン（Osborn, 1957）によるブレインストーミング（brainstorming）は、集団の発想技法としてよく知られている。ブレインストーミングでは、できるだけ自由に多くのアイデアを出すことが求められ、出されたアイデアを批判せず、アイデア同士を結合し改善させることが奨励される。ブレインストーミングには、他の人の考えに触れることで触発され、アイデア産出が促進されるという側面がある。この「他者の考えに触れること」の効果を実験的に調べた研究（Sannomiya, Shimamune, & Morita, 2000 ; Sannomiya & Yamaguchi, 2016）がある。ある出来事の原因をできるだけ多く推理する問題に解答した後、「他の人はこんな原因を考えました」と言って、あらかじめ用意した推理例を一〇個程度見せる。この研究では、「さまざまな問題に対して自分で考えた後、他者の考えを知る」ということを繰り返すトレーニングの効果が見られたことから、他者の考えに触れることの有効性が示された。

このように、発想には他者との交流が効果的であるが、交流の仕方、つまりグループでのコミュニケーションのあり方にも注意を払う必要がある。Fujihara & Sannomiya（2002）では、三人一組のグループを作り、問題解決のためのアイデアを出し合ってもらった。すると、頻繁に発話交代を行っているグループは、そうでないグループよりも多くの解決法を思いつく傾向があった。つまり、他者との話し合いにおいても、各人が延々と話すのではなく、どんどん交代して話すほうが、アイデアが生まれやすいと考えられる。

ブレインストーミングでは、「何を言っても大丈夫、受け入れてもらえる」という安心感が大切である。では、この安心感は、どこから生まれるのか。私たちは、誰かに自分の考えを話すとき、相手の反応を観察する。たとえば、相手が腕組みをしながら難しい顔をしていれば、「私の考えに賛成ではないのだ」と考えるし、こちらの目を見ないで、どこかよそ見をしていれば、「私の話に関心がないのだ」と感じる。聞き手がそのような否定的な反応をすれば、話し手は話す気が薄れる。

Sannomiya et al.（2003）および三宮（2004）では、聞き手のあいづちとうなずきの頻度を変えて、話し手の発話量やアイデア産出量にどのような影響が生じるかを実験によって調べた。すると、聴き手が頻繁に（うなずきながら）あいづちを打った場合には、相手は活発に話しただけでなく、より多くのアイデアを考え出すことができたのである。この結果から、創造的思考力を引き出すためには、聞き手の受容的で積極的な態度が重要な役割を果たすことがわかる。

他者に自分の考えを聞いてもらうだけでも、思考が外化され、メタ認知が働きやすくなる。すると、別の考えに気づきやすくなる。先に述べた技法や方略についてのメタ認知的知識を活用し、他者との交流によって自らの思い込みからの脱却を図ることが可能である。

6 おわりに——思考のパフォーマンスを高めよう！

私たちは、気づかないうちにバイアスのかかったものの見方や思い込みにとらわれた考え方をしてしまう。こうした思考の落とし穴を意識化することが、改善の第一歩となるだろう。そして、そうなってしまう仕組みを理解し、バイアスや先入観から抜け出す手立てを講じることが、思考のパフォーマンスを高めることにつながるだろう。メタ認知を働かせて、納得のいく判断や問題解決を少しでも多く実現したいものである。

注

1 この問題を論理ではなく語用論の問題ととらえた場合には、②を誤りとは言えなくなる。

2 論理学者の山下（1985）は、「推論」と「推理」を区別して用いている。推論は前提にもとづき結論を導くため、実質的に証明と同じことであるのに対し、推理はいろいろな前提から真理を推し測ることであるとしている。

文献

Duncker, D.K., 1935, Zur Psychologie des produktiven Denkens. Berlin : Verlag von Julius Springer.（小見山榮一（訳）1952『問題解決の心理――思考の実験的研究』金子書房）

Fujihara, N. & Sannomiya, M., 2002, Does turn-taking behavior in a dialogue facilitate idea generation in learning? International Journal of Learning, 9, 1215-1220.

Lev-Ari, S. & Keysar, B., 2010, Why don't we believe non-native speakers? : The influence of accent on credibility. Journal of Experimental Social Psychology, 26, 1093-1096.

Luchins, A.S., 1942, Mechanization in problem solving. Psychological Monographs, 54, No.248.

Nelson, T.O. & Narens, L., 1990, Metamemory : A theoretical framework and new findings. In : G.H. Bower (Ed.) The Psychology of Learning and Motivation : Advances in Research and Theory. Vol.26. San Diego, CA : Academic Press, pp.125-173.

Osborn, A.F., 1957, Applied Imagination. New York : Scribner.

三宮真智子 2002『考える心のしくみ――カナリア学園の物語』北大路書房
三宮真智子 2004「コプレズンス状況における発想支援方略としてのあいづちの効果――思考課題との関連性」『人間環境学研究』2-1, 23-30
Sannomiya, M., Kawaguchi, A., Yamakawa, I. & Morita, Y., 2003, Effect of backchannel utterances on facilitating idea-generation in Japanese think-aloud tasks. Psychological Reports, 93, 41-46.
Sannomiya, M., Shimamune, S. & Morita, Y., 2000, Creativity training in causal inference : The effects of instruction type and presenting examples. Poster presented at the 4th International Conference on Thinking（Aug. 24-26 University of Durham）.
Sannomiya, M. & Yamaguchi, Y., 2016, Creativity training in causal inference using the idea post-exposure paradigm : Effects on idea generation in junior high school students. Thinking Skills and Creativity, 22, 152-158.
Tversky, A. & Kahneman, D., 1973, Availability : Heuristic for judging frequency and probability. Cognitive Psychology, 5, 207-232.
Tversky, A. & Kahneman, D., 1974, Judgment under uncertainty : Heuristics and biases. Science, 185, 1124-1130.
Tversky, A. & Kahneman, D., 1983, Extensional versus intuitive reasoning : The conjunction fallacy in probability judgment. Psychological Review, 90-4, 293-315.
Wickelgren, W.A., 1974, How to Solve Problems. San Francisco : Freeman.
Yamaguchi, Y. & Sannomiya, M., 2012, Beliefs and attitudes about creativity among Japanese university students. Creativity & Human Development, 14-9, 1-11.
山下正男 1985『論理的に考えること』岩波書店（岩波ジュニア新書）

「もっと学びたい!」人のための読書案内──Book Review

† ダニエル・カーネマン(著)村井章子(訳)2012『ファスト&スロー(上・下)』早川書房

私たちの判断・意思決定が、どのような要因によって左右されるのかを、豊富な研究例の紹介によって解き明かす著作であり、一般読者を対象とした読みやすい入門書。トゥヴェルスキーとの共同研究の思い出が散りばめられている。

† 三宮真智子(編著)2008『メタ認知──学習力を支える高次認知機能』北大路書房

メタ認知概念の起源から書き起こし、メタ認知と学習の関連、認知行動療法への適用、そしてメタ認知の神経科学的基礎に至るまでを扱った専門書。メタ認知研究について詳しく知りたい読者には好適。

† マイケル・マハルコ(著)白川 司(訳)2013『クリエイティブ・シンキング入門』ディスカヴァー・トゥエンティワン

一つのものの見方にとらわれずに、柔軟に考える思考力を高めることができる。たくさんの問題が載せられており、クリエイティブ・シンキングを実践したい人にとっては最適の入門書。

Theory 3

「両刃の剣」の使いよう

感情

遠藤利彦 ENDO Toshihiko

感情とパフォーマンスの関連性は、実に微妙である。感情はいかなるものであれ、多くの場合、人をある特定の行為へと駆り立て、何らかのパフォーマンスを引き起こす。しかし、その際の感情の働きは、ネガティヴに捉えられることが多いのかもしれない。「あのとき、怖じ気づいてさえいなければ、もっと試合で実力を発揮できていたはずなのに……」「あがって緊張のあまり、頭が真っ白になり、練りに練り上げていた結婚式のスピーチがしどろもどろになって散々だった……」というように、感情は本来もっとも好ましいパフォーマンスが期待されたところで、それを挫いてしまうと認識されることが少なくない。

しかし、近年、心理学のなかでは、そうした「心の厄介者としての感情」という見方を根本から見直そうという動きが顕著に生じてきている。感情には厄介者としての顔ばかりではなく、孝行者としての顔もあるというのである。その意味で、感情は正負両面併せ持った「両刃の剣」とみなされるべきものであり、要は使いようなのだという考え方が一般的になりつつあるのである。本章では、これまであまり注目されてこなかった感情のポジティヴな側面を主に取り上げ、それが人にいかに適切なパフォーマンスを可能ならしめるのかを考察してみることにしよう。そのうえで、「両刃の剣」としての感情をいかにうまく使いこなしうるかに関して、多少とも試論しておくことにしたい。

1 感情とパフォーマンスの微妙な関係

心理学の歴史のなかで、感情とパフォーマンスは、その結果の良し悪しを問わなければ、ある意味、ほぼつねに同時に語られてきたと言いうる。なぜならば、感情は人をある特定の行為へと強く動機づけるもの（motivator）と認識されてきたからである。少なくとも心理学の黎明期において、感情は、本能や欲動に随伴して必然的に生じるものであり、あるいはまた、それらの完遂を可能にすべく確実にある行動に駆り立てるものと把握されていたのである（McDougall, 1908）。論者によっては、感情は本能そのものであったとさえ言いうるのかも知れない。たとえば、心理学の祖ともされるウィリアム・ジェームス（James, 1890）が本能としてリストアップしているなかには、狩猟本能、社交本能、遊び本能などと並び、怒り、恐れ、恥、愛情などの感情それ自体も含まれていた。一旦、人のなかで猛り立った本能およびそれに緊密に結びついて在る感情は、まさに特定のパフォーマンスに結びついてこそ沈静化するのであり、その意味で、感情とパフォーマンスは元来、いつも隣り合わせに並置されるものだったのである。

もっとも、狭く心理学という学問領域に限ってみれば、過去に、感情とパフォーマンスとの関連が直接的に研究されることは少なかったと言えるかもしれない。むしろ、感情は最終的なパフォーマンスとして結実する一歩手前の動機づけ（motivation）との関連で、きわめて分厚く研究されてきたと言えるだろう。そもそも、動機づけという概念は、心理学の始まりの段階からすでにあった考え方ではなく、一九四〇年前後に、人のさまざまなふるまいの「なぜ」を問うために新しく生み出された術語であると言われている（Danziger, 1997）。心理学が社会のなかに一定の地位を得るに至ると、大衆のごく素朴な疑問、たとえば「自分はどうしてそれをしてしまったのか」「あの人はなぜあんなことをしでかしてしまったのか」といった問いに答える必要が生じてきたなかで、急速に広まっていったようである。多くの研究者が、睡眠、食、愛、性、攻撃性、痛みやストレスへの対処、社会的相互作用、支配、政治、遊び、余暇活動など、それこそ、ありとあらゆる行動に潜む動機づけに着目し、さらに、それを引き起こし支えるものとしての感情に関心を注いだのである。その意味で、この時点において研究上の関心となっていた感情とは、あくまで、良くも悪くも、人を行為の発動に向けて動機づけるもの（motivator）に他ならなかったのである。

しかし、時代が進むと、動機づけという言葉の使用が、広くありとあらゆる行動というよりは、ある特定の行為との関連において顕著になりはじめる。学業達成、進路選択、就業労働、向社会的行動、人生設計、自己実現など、多くの場合、社会的に価値づけられた行為、言ってみれば望ましいとされる目標に対する「意欲」や「やる気」との関連で多く用いられるに至るのである。しかし、こうなると、先の広く正負さまざまな行動の「なぜ」を問う立場のように、感情を単純に動機づけるものとしては据えておけなくなる。かつて、自己実現研究で知られるエイブラハム・マズロー（Maslow, 1968）は、生存に絡むさまざまな欲求の充足に駆られた諸行動を欠乏動機（deficiency motive）とし、一方、それ自体の実現・達成に価値を見出し、それに向けて起こす諸行動を存在動機（being motive）としたわけであるが、実のところ、食行動にせよ睡眠にせよ性行動にせよ逃走にせよ闘争にせよ、動機づけるものとしてさまざまな感情が絡むのは圧倒的に前者なのである。それに対して、後者およびそれに密接に絡む価値的目標に対する「意欲」や「やる気」の領域においては、どちらかと言えば、（それら自体に直接的に絡む興味（interest）や希望（hope）などは別にして）多くの感情はそこにあまりあっては欲しくないものということになるのである。

そこでの感情の扱いの大半は、もはや何であれ、行動一般へと動機づけるもの（motivator）としてのそれではなく、むしろ、ある価値づけられた目標志向的行為をかき乱すもの（distractor / disorganizer）としてのそれなのである。たとえば、元来、睡眠行動の“motivator”である眠気に絡む不快感情は学業達成行動を阻むものということになり、また、闘争行動の“motivator”である他者への怒り感情は望ましい社会的コミュニケーションや向社会行動を妨げるものとみなされることになる。後述するように、今でこそ、いわゆるポジティヴ心理学が社会に浸透するなか、喜び、感激、賞賛、尊敬、誇りなどといったポジティヴ感情が動機づけやパフォーマンスとの関わりにおいて注目されるようにはなってきているが、少なくともネガティヴな感情の大半は、適切な目標達成、すなわち高いパフォーマンスの実現のためにもっぱら「抑え込まれるべき対象」として存在し、いつの間にか、心理学のなかにおいては、感情を徹底的に管理し、効率的に制御できる人間こそが適応的であるとの見方が暗黙裡に支配的になっていくのである。

2 感情の支えを失った純粋知性の脆さ

確かに、たとえば試験での合格や試合での勝利など、明確に一つに絞り込まれた目標との関連で言えば、そこでの、あるいはそこに至るまでの準備過程における高いパフォーマンスの発揮に向けて、できるだけ感情、特にネガティヴな感情から解放された状態にあることがより望ましいと言えるのかもしれない。しかし、日常全般において、極力、感情的でないということが、果たして人に真に幸福をもたらすものと言いうるのだろうか。ここでは、人からもし感情がなくなってしまったときに、知性のみで、適応的な生活が送れるものなのかということについて考えてみることにしたい。

感情研究の領域においては未だに、今から一五〇年以上も前の脳損傷事例が、感情の機能性や必要性を私たちに再認識させてくれるものとしてしばしば引用されることがある。それは、鉄道敷設作業中のダイナマイト誤爆によって前頭前野に大きな損傷を被ったフィニアス・ゲージ（Pheneas

Gage）の症例である。彼に関しては、事故後、言語や記憶や思考など、いわゆる知性に関わる機能および感覚や運動の機能に特に大きな落ち込みは認められなかったものの、気分が極度に変わりやすく、また、場当たり、衝動的にふるまい、そして、社会生活のなかでのごく日常的な計画や決定にも支障を来たすようになったということが知られている。この症例については、近年、脳科学者のアントニオ・ダマシオ（Damasio, 1994）が、現代のゲージとも言うべき、ほぼ同じ前頭葉の特定部位に損傷を受けた複数患者の症例とともに再検討している。ダマシオが特に刮目しているのは、感情の失調が時に重篤なプランニングや意思決定、そして、適切な行動の遂行を著しく損なわせてしまう可能性があるという点である。

たとえば、ダマシオがまさに現代のゲージの一人として挙げている症例に、通称エリオットという、脳腫瘍の手術前はきわめて有能なビジネスマンだった人の物語がある。その損傷部位は眼窩前頭皮質あるいは前頭前腹内側部と言われているが、その損傷によって、エリオットは、思考や記憶あるいは言語といったいわゆる純然たる知性に関しては、ほとんど失ったものはなかった。それどころか、その知性に関わるテストはどれも人並み外れたものであり、このほかにパーソナリティや道徳性判断などのテストも、その結果だけからすれば、彼がほとんど落ち度のない実に優秀な人間であることを示すものであった。しかし、彼は手術後、仕事や人間関係の上で信じられないようなミスを繰り返し、結果的に職を失い、また家族も失うことになってしまうのである。通常、普通の人であれば、こうした場合、強く落胆し、大いに嘆き悲しみ、また悔しがることであろう。だが、彼は、そうではなかった。彼が大きく様変わりしたのは、まさに感情の側面であり、その度重なる失敗の当事者であるにもかかわらず、彼はまるで他人事のように、それらの話を何の感情も交えずに淡々と語ったという。一つの見方によれば、彼はまさに感情を失ったと言えるのである。

一般的に、何らかの感情が発動されるとき、私たちの身体には、心臓、血流、内臓、体温など、さまざまな身体部位の動きに由来する、特異な内部感覚がもたらされる。たとえば、頭に血が上るとか、背筋が寒くなるとか表現される、あの独特の身体感覚である。ダマシオ（Damasio, 1994）は、それをソマティック・マーカーという言葉で表現し、それが、再び似たような出来事に遭遇したときに瞬時に蘇ってきて、その状況を切り抜けるための直感的判断やプランニングなどを支えている可能性に言及している。ダマシオに言わせれば、それこそ、ゲージやエリオットにおいては、この感情のソマティック・マーカー機能がうまく働かなくなったことにより、通常ならば、失敗に際して、ある種の感情とともに身体にもたらされるはずの「苦汁」をなめるような感覚の導きがなくなり、簡単なミスを何度も繰り返すようになったということになるのだろう。

現に、ダマシオは、ローリスク・ローリターンのカードの山とハイリスク・ハイリターンのカードの山とがある状況で、前者からカードを引き続けるほうが最終的にトータルで高い利益を得られる構造をもった模擬ギャンブルゲーム（アイオア・ギャンブル課題）を考案し、それを、エリオットを含む前頭葉損傷の患者群と比較対照群に行わせている。もちろん、実験参加者には、そうした利害構造は、あらかじめ全く知らされていないわけであるが、対照群は回を重ね、成功・失敗に際し一喜一憂するうちに、徐々にローリスク・ローリターンのカードの山から一貫してカードを引くようになったのに対し、患者群は、どんなに損が続いても一貫してハイリスク・ハイリターンのカードの山からカードを引きつづける傾向があったのである。つまりは何度も「痛い目」に遭いながら、本来それに伴うはずの負の感情や独特の身体的感覚、すなわちソマティック・マーカーを身体に刻み込み、また活用することができないが故に、性懲りもなく、同じ過ちを何度も繰り返しつづけたということである。

ここで注意すべきことは、ダマシオが仮定する、こうしたプロセスにおいては、頭のなかに明確な意識を伴って、前の出来事の経験が思い出される必要はないということである。すなわち、もとの出来事の内容が詳細に、またリアルに思い出され、それが理性的な意味で、現在の出来事に対する判断を導くということでは必ずしもなく、それは多くの場合「なぜかははっきり言えないけれど何となくやばい感じがする」とか、場合によっては、やばいとか好き嫌いといったことさえ意識には上らない、まさに直感として、私たちの行動を一貫した方向に導いている可能性があるということである。このダマシオの感情のソマティック・マーカー仮説は、感情が人の意思決定およびその後のプランニングを援助する重み付け信号として機能し、行為の選択肢の瞬間的な切り捨て・絞り込みに関与していることを主張するものであると理解できよう。

私たちの日常生活は、ある意味、無数の選択・意志決定の連続と言えるものである。その時々に何かを決め、それこそ小さなパフォーマンスを可能な限り淀みなく連ねていくなかで、私たちのそこそこ適応的な生活が維持されていると考えることができる。ダマシオが診た患者の多くが、知性面は無傷でも、感情面に困難を抱え、あるいは時に感情が極端に平板化してしまうなかで、過去に吸った「甘い汁」や「苦い汁」といった感情経験をその後に活かすことができなくなり、日常の何気ない意思決定や判断にも、多くの場合、論理的しらみつぶしをもって対処しようとした結果、長時間逡巡した挙げ句、何も決められず、生活が立ち行かなくなったということを考えれば、その感情の働きはきわめて大きいことがわかるだろう。

3 目先の利益を遠ざけ損を背負い込ませる感情の不可思議

前節でふれたことは、どんなに高い知性や理性を備えていても、ネガティヴなものも含め、感情の支えなしには、人の幸福な生活は基本的にありえないことを示唆している（Evans, 2001）。本節では、この点に関して、感情が他の人との社会的生活においていかに重要な役割を果たしているかを考えるなかで、もう少し掘り下げて論じよう。

人が他者との関係のなかでしばしば経験するさまざまな感情、すなわち社会的感情のなかには、少なくとも短期的利害という観点からすると、感情を経験したその人に、利益どころか損害を背負い込ませるようなものが少なくないのかもしれない（Frank, 1988）。たとえば、私たちは集団のなかで不公平にも自分だけが莫大な利益を得ている状況で、何か他の人たちにすまないといった罪悪感を覚え、それ以上の利益追求を自ら止めてしまうようなことがある。それどころか、そうした利益をもたらしてくれた人がいたとすれば、その人に強い感謝を覚え、せっかく得た自分の取り分のなかからお返しをしようとしたりする。また、前に何の助けや施しも受けていないような間柄でも、他人が何かに困窮していれば、つい共感や同情を覚え、自分の利害を度外視してでも、他人に尽くしてしまうようなこともある。

こうした場合の諸感情は、単純にその時々の損得という視点のみからすれば、あるいはそれこそより大きな利潤を手にするというパフォーマンスの観点からすれば、そこに損害はあっても利益はない。その意味では、いずれもきわめて非合理的な心の働きということになる。しかし、私たち人間に、こうした利益度外視の、言わば「善なる感情」あるいは「仁なる感情」（Keltner, 2009）が、多かれ少なかれ備わっていることは否めないところであり、それがなぜなのかを考えてみることは実に興味深いことであろう。

生物としてのヒトは、もともと高度に社会的であり、関係や集団のなかでの適応が、結果的に生物的な適応、すなわち生存や繁殖にも通じる確率が際立って高い種と言われている（e.g. Dunbar, 2010）。進化生物学者が強調するのは、ヒトにおいては、こうした社会性こそが最大の強みであり、たとえば、狩猟採集にしても捕食者への対抗にしても子育てにしても、集団生活が単独生活よりもはるかに多くの利点を有しており、また、それを維持するために必然的に集団成員間における関係性や利害バランスの調整メカニズムが必要になったということである（Cosmides & Tooby, 2000）。そして、その中核にあるのが、一般的に互恵性の原理と言われるものであり、私たちヒトは、互いに何かをしてもらったり、そのお返しをしたり、また助けられたり助けたりするという形で、きわめて協力的な社会生活を営んでいるのである（e.g. Frank, 1988 ; Ridley, 1996）。

しかし、この互恵性は、人が自らの生存や成長のための自己利益的行動をとらなければならない一方で、それに歯止めをかけ、自己犠牲を負って他人に利益を分与しなくてはならないということを意味しており、そのバランスをどこでとるかが個人の適応・不適応を分ける最大の適応の鍵となる。さらに、互恵性が長期的に人の適応に適うものであるためには、個人がその実現に努めるだけではなく、集団のなかの他人もまたそれにしっかりと従って行動するということが基本前提となる。すなわち、それ故に、個人は、集団内の互恵性を危うくする、他人および自身の裏切り行為を注意深くモニターし、それを食い止める必要が生じてくる。コスミデスとトゥービー（Cosmides & Tooby,

2000 ; Tooby & Cosmides, 2008）という進化心理学者によれば、これらの複雑な処理を可能にするものとして、罪、感謝、抑うつ、悲嘆、嫉妬、義憤、公正感など、いわゆる社会的感情が進化してきた可能性があるのではないかという。

また、進化生物学者のなかには、集団における生物個体の適応性を最大化する戦略として「しっぺ返しの戦略」（まずは相手に対して利他的および自己犠牲的な行動を起こすが、次は相手の出方を待って、好意的なお返しならば引き続き協力を、裏切りには報復で応じるという方略）（Trivers, 1985）、さらには「改悛型しっぺ返し戦略」（基本的に「しっぺ返し」ではあるが、自らが裏切りを行った結果、相手側の報復に遭った場合には、それに耐えて、それこそ自らの過ちだったと悔い改め、次にはあえて協力的行動で応答するという戦略）（Axelrod, 1997）が最も有効だとする見方がある。そして、人の社会的感情が、基本的に、これらの戦略にうまく合致しているというのである。ロバート・トリバース（Trivers, 1985）という生物学者によれば、たとえば罪悪感は、互恵性のルールを自らが破ったときに経験されるものであり、相手につけ入り、まんまと搾取することに自ら不快を感じ、その行為に歯止めをかけるように機能する感情であるという。また、感謝は、相手側が負った犠牲と自分が手にした利益のバランスに照らして、相手からの好意的行動に対して、それに見合ったお返しを必ず行うように動機づける感情であるという。さらに、道義的怒りは互恵性に違反した他の個体を罰し、集団のなかに不公正な状況が拡がることを未然に防ぐように働く感情であるらしい。

実のところ、「しっぺ返しの戦略」や「改悛型しっぺ返し戦略」は、私たちにとって身近な、いわゆる教訓のようなもののなかにも容易に見て取ることができるのかもしれない。孔子の『論語』にしてもユダヤ教の『タルムード』にしても、それらのなかには、まず他者への愛に駆られて、他者に施し他者を助け、次には、それに対するその他者の応じ方に合わせて、返報的に自身のとるべき行為を選択し、実践することの重要性が記されているのである（Haidt, 2005）。人間の生活が、集団のなかでの互恵性を前提にして成り立ってしまっている以上、それを促しはしても破壊するような行為は控えたほうが、生き残り、繁殖するうえで、多くの場合、有利であることは間違いない。社会的感情は、個人と個人の間の良好な関係性を長期的に維持すべく、そして、そのために、時にその場その時の観点から見れば確実に損になるようなことをもあえて抱え込ませてしまうような形で、進化してきたと言われているのである（Frank, 1988 ; Ridley, 1996）。

経済学者のロバート・フランク（Frank, 1988）は、人の感情の性質を、ギリシア神話の英雄であるオデッセウスの逸話を引いて、見事に言い当てている。オデッセウスは、航海中に海の魔物であるセイレーンの甘い歌声に惑わされて船を難破させることがないように、乗組員の耳をロウで塞ぎ、自身の身体をマストに鎖できつく括り付けて難を逃れた。フランクが言うには、人の感情は、この場合の鎖のようなものであり、眼前の甘い誘惑に抗して、もっと先にあるだろう目標や利益のほうにきつく意識や行動を括り付ける働きをなすらしい。近年の重要な経済学の用語にコミットメント

(commitment／暗黙の責任あるいは強制力を伴う約束事のようなもの）という言葉があるが、フランクは、感情をこのコミットメントを確実に可能ならしめる一種の心の仕組みだとみなしているのである。その意味では、社会的感情の少なくともいくつかは、この今におけるもっぱら利己的な利益追求を最大化するようなパフォーマンスを挫き、他人との信頼関係や互恵性に裏打ちされた、もっと長期的な意味での安定した利益や幸福につながるパフォーマンスを具現するよう、私たちを密かに導いてくれているかもしれないのである。

4 道徳的ふるまいの背後に潜む感情の働き

前節では社会的行動一般を想定して、そこにおける感情の働きについて考えたが、この節では、さらに、そのなかでも道徳的ふるまいに関わる具体的な実験事例を挙げつつ、感情の対人的パフォーマンスにおける若干不可思議な、しかし重要な機能に関して、もう少し掘り下げて考察を行うことにしよう。

一八世紀の哲学者イマヌエル・カントは、人間の心の崇高な働きとしての道徳性が、感情から切り離され、純粋理性あるいは合理的な思考の産物としてあるべきことを主張したことで知られている。しかし、カントとほぼ同時代のディヴィッド・ヒュームやアダム・スミスは、こうした理性中心の道徳性に対する見方とは真逆に、むしろ同情や共感あるいは義憤といった種々の感情が人を道徳的な行為へと駆り立てることを主張していた。

心理学をはじめとする人文科学のなかでは、長くカント的な道徳観が支配的であり、たとえばローレンス・コールバーグ（Kohlberg, 1981）という発達心理学者は、道徳性が、基本的に、純粋理性あるいは知性とも言いうる認知的能力の発達とともに、高次なものに変化していくという理論を打ち立てていた。しかし、現在の心理学あるいは行動経済学などにおける道徳観は確実にスミスやヒュームの見方に傾いてきていると言える。たとえば、私たちは自分が当事者でない場合でさえも、社会的ルールが破られ、公正性が著しく損なわれる事態などに対して、強い不快や義憤などの感情を覚え、道徳的に反応するのである。

道徳性が深く感情に根付いたものであることを実感させるものに、有名なトロッコ問題がある（Foot, 1967）。「重い荷を積んだトロッコがブレーキ故障で暴走している。このままではその先にいる五人の作業員がひかれて死んでしまう。あなたのすぐそばには線路の切り替え器があり、そこで切り替えを行えば、五人は助かる。しかし、切り替えたもう一本の線路にも一人の作業員がいる。さて、あなたはどうするか？」。この問題に対しては、大概の人が、線路の切り替えをして、一人は犠牲になってしまうが、五人を助けるという選択をすることが知られている。しかし、問題には別のバージョンもある。「トロッコが暴走している。このままではその先にいる五人の作業員が死んでしまう。あなたは線路の上にある橋に立っている。軽量のあなたが飛び降りてもトロッコは止まらない。が、隣にいる大男を突き落とせば、その重みでトロッコは止まり、五人は助かるが、突き落とされた大男は死んでしまう。さて、あなたはどうするか?」。実のところ、一人を犠牲にして五人を助けるということにおいて、この問題は先のバージョンと変わらないわけであるが、今度は大半の人が、大男を突き落とすことはできないと答えるのである (Greene et al., 2001)。

ただ純粋に知性的に計算をし、いわゆる功利主義的な立場をとれば、この選択は明らかに非合理的と言えるだろう。しかし、ほとんどの人は、感情的にそれができないのである。これまでの研究で、人は、自らが何らかの行動を起こした結果、あるいは、意図をもって何かをした結果、あるいは自身が直接他者に対して接触した結果、他者に危害が及んでしまったという場合に、それをより悪いこと、許されないことと感じる傾向があることが知られている (Mikhail, 2011)。このバージョンの問題では、より多くの人を救うためとはいえ、自らが直接、相手にふれて突き落とすというところで、大概の人は、感情的に思い止まってしまうのである。

上述したことは、他者に危害を与える、あるいは他者を危害から救うということに関わる道徳的行動であるが、このほかに公平性に関わる道徳的判断を問題にした研究もある。一般的に「最後通牒ゲーム」と呼ばれる実験は、実験参加者に、ある一定額のお金が与えられ、誰かと二人でそれを配分するという状況を想定させたうえで、配分額を提案する側の役割を与え、自身がいくら取り、相手にいくら渡すかを答えさせるものである（Güth et al., 1982）。この実験で重要なのは、相手側がその提案を受け入れれば二人ともが提案通りの額を手にすることができるが、受け入れなければ双方とも一円も手にできないということである。経済的原理から言えば、一円でも得られれば明らかにそれは儲けであり、仮に一〇万円の配分のうち、提案者が九九、九九九円で、回答者が一円であっても、その提案には合理性があることになる。しかし、現実的にそうした提案をする者はほとんどなく、さまざまなデータから、実験参加者が示す一般的な回答は、限りなくフィフティ・フィフティに近いものであり、相手側の取り分を総額の二〇％未満と設定するような者は全体の五％にも満たないことが確かめられている（Nowak, Karen & Sigmund, 2000）。そこには、自分ばかりが儲けることがないよう、また、他者との利害バランスができるだけ公平になるように仕向ける感情の介在を想定することができるだろう。

一九九八年にノーベル経済学賞を受賞したアマルティア・セン（Sen, 1982）は、自分の利益ばかりをひたすら追求しようとする「経済人（Homo Economicus）」は「合理的な愚か者」に他ならず、長期的にも見ると、社会的にはあまり幸福にはなれないはずだということを主張している。この考えに照らせば、「最後通牒ゲーム」の結果は、まさに、私たちが純然たる「経済人」などではなく、むしろ、かなりのところ「感情人（Homo Emoticus）」であり、基本的に感情の導きに従って道徳的にふるまう傾向があることを如実に示しているのかもしれない（Sigmund, Fehr & Nowak, 2002）。

ちなみに、この節で見てきたのは、道徳性のなかでも、特に他者に危害が及ぶ場合、また公平性が崩される場合に、人がどのように感じふるまう傾向があるかというものであったわけであるが、道徳心理学者のジョナサン・ハイト（Haidt, 2012）によれば、道徳性には、こうした「ケア／危害」および「公平／欺瞞」といった次元のほかに、「自由／束縛」、「忠誠／背信」、「権威／転覆」、「神聖（純潔）／堕落」といった、計六つの次元が想定されるのだという。そして、そのどれもが（民主主義的な西洋社会ではより前三者が、また保守的な東洋社会ではより後三者が重んじられる傾向があるものの）、まさに進化の産物として、生物種としてのヒトに元来、備わって在る種々の感情に下支えされている可能性が高いらしい。私たちが、たとえば、自分自身が当事者でなくとも、誰かの行動が無理に拘束されていたり、仲間であるはずの人が誰かからひどい裏切りに遭ったり、年長者が年下から不遜な態度で扱われたり、寺社が何者かによって汚物で汚されたりする様を目にしたときにも、それらが悪いと判断するのは、何も一々、既存のルールに照らして理性的な思考を働かせているからというよりは、内なる感情の声に知らず知らずのうちに導かれてのことのようである。

5 パフォーマンスを高めるポジティヴ感情

ここまでは、主に、他人との社会的関係のなかでの人のふるまいにおいて、潜在的に感情がどのように関わっている可能性があるかということを中心に考察を行ってきた。この節では少しトピックを換え、近年、注目度が高まってきているポジティヴ感情が、積極的な意味で、人のさまざまなパフォーマンスをいかに引き上げうるかということに関して多少とも言及しておくことにしたい。無論、ポジティヴ感情にも喜び、楽しさ、満足、望み、興味、感激、賞賛、尊敬、誇りなど、実に多様な種類のものが想定されるわけであるが、ここでは紙数の都合もあり、ポジティヴ感情全般の性質について考えてみよう。

元来、喜びや満足感などのポジティヴ感情は、恐れや怒りといったネガティヴ感情によって崩れた心身状態を、元通りに戻す役割を果たすと言われてきた（Levenson, 1999）。現に、ある研究は、映像刺激を通して不安を喚起し、心臓血管系の活動を高めた後に、再び、満足感、楽しさ（愉快さ）、悲しみ、ニュートラルな状態のいずれかを誘導する映像を呈示したところ、前二者のポジティヴ感情の場合で、活性化された心臓血管系の活動が最もすばやくベースラインに戻ったということを報告している（Fredrickson & Levenson, 1998）。また、回復機能というよりも、むしろ防衛機能と言うべきかも知れないが、ポジティヴ感情が、身体に高度な免疫機能をもたらすのではないかと仮定する向きもある（Valdimarsdottira & Bovbjerga, 1997）。たとえば、心臓病患者における回復・生存率やインフルエンザに対するかかりにくさなどにおいて、日常、頻繁にポジティヴ感情を経験する個人のほうが優れるらしい。

もっとも、こうしたポジティヴ感情の働きは、人が安定していろいろなパフォーマンスを発揮しつづけていくことの下地を作るものではあっても、それそのものの質を引き上げるものということではない。しかし、ポジティヴ感情の働きはこれに尽きないようである。米国の社会心理学者であるバーバラ・フレドリクソン（Fredrickson, 2013）は、ポジティヴ感情に関して「拡張・構築（Broaden and Build）」モデルという興味深い仮説を提唱し、それが人のさまざまなパフォーマンスの向上に寄与している可能性を論じている。

彼女によれば、喜びなどのポジティヴ感情は、ネガティヴ感情とは逆に、個人の注意の焦点を拡げ、個人に、環境からより広くまた多く情報や意味を取り込ませたうえで、思考や行動のレパートリーを「拡張」させる働きをしているのではないかという。より具体的には、ポジティヴな感情状態にあるとき、人は、記憶のなかの通常は意味的にかなりかけ離れているような事柄に対して積極的にアクセスし、それらを結びつけることができるようになり、また、より広く一般的な知識構造を活用し、より包括的なカテゴリーで物事を考えることができるようになるため、全般的に創造性が増大する傾向があるらしい。結果的に、環境と普段ではあまりしないような関わり方をし、行為の選択肢や問題解決の方法の幅を飛躍的に拡げうるのだという。そして、そうした経験の積み重ねを通して、将来、長期的に活用しうるようになる身体的および心理的なリソースを、着実に「構築」することができるようになるというのである。喜びや幸福感は、一般的に、さまざまな課題の学習を動機づけ、それに関わる能力や技術の向上を導くことになるのだろう。また、興味や好奇情動は、より直接的に、将来、役立つことになる知識のレパートリーを増大させることにつながるものと言えよう。

そうした意味からすれば、学業や仕事でのパフォーマンスを高め、生産性を高めていく際に、現実的な意味で、学校や職場に、ポジティヴな感情的雰囲気を積極的に醸成するような試みは有効なのであろう。現に欧米圏では相対的に、個人が何かに成功を収めた際に積極的にほめて、誇り感情を高め、いい気持ち（good feeling）にさせていくことが、さらに動機づけを高め、パフォーマンスの質をさらに向上させていくうえでよしとされ、日常的に実践されてきたようである（Lewis, 1995）。逆に誇り感情の対極にある恥感情に関しては、それを個人に強く意識させることをタブーとするような文化的価値観があるらしい（Lewis, 1995）。ただし、この点に関しては、かなりの文化差があるとみなすべきかも知れない。

たとえば恥と誇りの感情を直接的に操作したものではないが、日本人とカナダ人を対象とした比較研究（Heine et al., 1999）は、カナダ人では先行する課題に成功したと思い込まされたときに、次なる課題への持続的取り組みが増すのに対して、日本人では逆に先行する課題で失敗したと思い込まされたときのほうが、次なる課題への取り組みがより持続する傾向があることを明らかにしている。これは暗に、やる気に結びつく感情がカナダ人では成功体験に結びついた誇りであるのに対して、日本人では失敗体験に結びついた恥であることを示唆しているようで興味深い。また、これに関連して言えば、相対的に個人主義的傾向が強いとされるオランダ人と集団主義的傾向が強いとされるフィリピン人における販売員を対象とした研究（Bagozzi, Verbecke & Gavino, 2003）は、顧客から恥をかかされる状況を示したシナリオに対して、明らかな文化差が認められたことを報告している。すなわちオランダ人の販売員が、客との会話から身を引こうとするなどの自己防衛的行動に走り、仕事において生産性の低い帰結に終わる傾向があったのに対して、フィリピン人の販売員は、礼儀を尽くして客との関係性改善に努め、仕事に対して、より努力を傾注しようとする傾向があったのである。

このように、一般的に、ポジティヴ感情にはパフォーマンスを高める働きがあるとは言いうるものの、文化によっては、ポジティヴ感情ばかりにもっぱら訴え、それを促していくということが必ずしも有効でない場合もあるようである。そうした意味では、それぞれの文化あるいは個人に応じた形での、正負両面の感情のバランスの取り方がより問われるところなのかもしれない。

6 感情知性──「両刃の剣」を使いこなす

本章では、ここまで、心の厄介者とされることがどちらかと言うと多かった感情が、実は心の孝行者でもあり、人のさまざまなパフォーマンスを支えたり高めたりしている可能性について主に論じてきた。しかし、孝行者としての見直しをしてみたものの、厄介者としての側面が現実に私たち人を苦しめているという事実は変わりないわけであり、その意味では合理と非合理が背中合わせになった感情の両刃をいかに使いこなしうるかということが、人にとっての究極の課題となるのだろう。

それを考える際に有用なヒントを与えてくれるものに、近年とみに関心が高まってきている感情知性（Emotional Intelligence）という概念がある。それは、まさに両刃の剣としての感情をうまく使いこなすための知恵とも言うべきものである。もっとも、こうした発想は心理学のなかではじめて生まれたものでは当然なく、はるか昔、少なくとも古代ギリシアの時代にはもう、その原型を見出すことができる。当時、かのソクラテスやプラトンは、人の心のなかの理性を、魂を正しき方向へと導く「賢い馬」とし、他方、感情を、魂を悪しき方向へと導く「暴れ馬」に擬えていた。そして、理性が「主人」となって感情を「奴隷」として付き従わせるなかで人が正しくまた幸せに生きうることを説いていた（Evans, 2001）。しかし、プラトンの弟子のアリストテレスは感情に関して、師とは全く異なる考えを有していたようである。彼は、感情自体を悪いものとみなすことをしなかった。むしろ、彼は、怒りをはじめとするネガティヴな感情でも、然るべき時機に、然るべき対象に対して、然るべき方法や強度をもって発動されるのであれば、それは、人の日常にきわめて適応的な意味を有することを説いていた（アリストテレス 1971, 1973）。彼は、人が自身の生活のなかで、幸福を手をするためには、知識・思慮・技術といったいわゆる理性だけでは足りず、場合によっては、それ以上に、人の感情に潜むさまざまな機能を適宜活用することが大切であることを主張していたのである。さらに、彼は感情が中庸（「ほどほど」）であることが肝要であるとし、たとえネガティヴな感情であっても、それが過度にならず、適切な範囲内で経験され、また表出されるときに、最も効果的であるとしている。

こうしたアリストテレスの発想は、まさに現代における感情面での人の賢さへの注目を、少なくとも一部、先取りしたものと言いうるのだろう。そして、こうした発想を現に「感情知性」という言葉をもって、心理学のなかに根づかせるきっかけをつくったのがサロヴェイとメイヤー（Salovey & Mayer, 1990）ということになる。彼らは、感情知性を従来の知能（IQ）の範疇のなかでは把握できない別種の能力であると仮定し、いわゆる「四枝モデル（four branch model）」として概念化している。それは、感情知性が、（1）感情の知覚・同定、（2）感情の促進および思考への同化、（3）感情の理解や推論、（4）自他の感情の制御と管理、という四種の下位要素（四本の枝）から構成されるとするものである。

もう少し詳細に述べれば、（1）の要素は、その時々の自身の感情の知覚・同定および他者の感情の知覚・同定を、その真偽判断も含め、いかに的確になしうるかということと、自身の感情や感情的ニーズを他者に対していかに正確に表すことができるかということに関わる能力である。（2）の要素は、さまざまな感情や気分を、自発的に自身のなかに誘発したり、想像したりすることによって、意思決定や問題解決あるいは創造性も含む自身の思考や行動にいかに活かしうるかということに関わる能力である。（3）の要素は、感情の法則性の理解、たとえば、一つの感情が他の感情といかに関連しうるか、また複数の感情がどのように混じり合う可能性があるか、さらには感情がいかなる原因から発し、またいかなる結果をもたらしうるかといったことに関する理解・推論能力である。（4）の要素は、正負両面の感情に対して防衛なく開かれた態度を有し、時と状況に応じて自身の感情をいかにうまく制御・調整しうるか、また他者の情動をいかにその文脈に合わせて適切なものに導き、管理しうるかといったことに関わる能力である。

そして、こうしたサロヴェイとメイヤーの発想に触発されて、この概念を平易に解き明かし、広く世に広めることになった立役者が、サイエンス・ジャーナリストのダニエル・ゴールマン（Goleman, 1995）ということになる。彼は、真の社会的な成功や幸福がＩＱではなく、むしろ感情知性によってもたらされること、そして、それは遺伝よりも多分に教育やしつけあるいは個人の意思によって後天的に獲得可能なものであることを強く印象づけることで、あらゆる人があらゆる可能性に拓かれて在るのだという感覚を社会のなかに浸透させていったのである。彼によれば、感情知性の不足によって、自分や他人の感情を読み誤り、適切に自身の感情の管理や制御をし損なうことで、多くの場合、教育上の種々の達成も仕事におけるパフォーマンスや満足感なども低水準に止まることになり、また、その影響下において、少なからずさまざまな精神疾患や犯罪なども生み出されることになるのだという。だが、感情知性は基本的にすべての人に習得・訓練可能なものとしてあるため、たとえ現状としていかに社会的弱者としてあっても、そこからの脱出は十分に実現可能なのだと強く主張したのである。

実のところ、アカデミック・サイコロジーのなかでの感情知性研究は、その精確な定義づけや測定が難しいということもあり、このところやや沈滞気味であり、さらに言えば概念そのものの抜本的再考の動きもあったりする（e.g. Roberts, Zeidner & Matthews, 2007）。ポピュラー・サイコロジーのなかでの人気は未だ衰えを知らず、特に欧米のビジネスの世界では、いわゆる「感情知性産業」なるものが成り立つほどに、人々の仕事上のパフォーマンスを高めるための実践的な応用が活況を呈しているようである。それに絡む議論の詳細に関しては他書（e.g. 遠藤 2013；箱田・遠藤 2015）に委ねるが、少なくとも、私たちがこの感情知性という考え方において心しておくべきことは、それこそハイト（Haidt, 2012）などが言うように、まずは素直に感情に耳を傾け直感的にふるまおうとし、それから少し時間をかけて戦略的に理性や推論を働かせるということなのかもしれない。あるいは、直面している社会的文脈や目標に対して敏感になり、そこで自然に生起してくる種々の感情を、ちょっと冷めたスタンスで、認知的な内省と組み合わせることによって、それを賢く活用する方法を経験的に学んでいくということになるのだろう。

文献

アリストテレス［高田三郎（訳）］1971『ニコマコス倫理学（上）』岩波書店（岩波文庫）

アリストテレス［高田三郎（訳）］1973『ニコマコス倫理学（下）』岩波書店（岩波文庫）

Axelrod, A., 1997, Complexity of Cooperation : Agent-Based Models of Competition and Collaboration. Princeton, NJ : Princeton University Press.

Bagozzi, R.P., Verbecke, W. & Gavino, J.C. Jr., 2003, Culture moderates the self-regulation of shame and its effect on performance : The case of salespersons in the Netherlands and the Philippines. Journal of Applied Psychology, 88, 219-233.

Cosmides, L. & Tooby, J., 2000, Evolutionary psychology and the emotions. In : M. Lewis & J.M. Haviland-Jones（Eds.）Handbook of Emotions. New York : Guilford, pp.91-115.

Damasio, A.R., 1994, Descartes' Error : Emotion, Reason, and the Human Brain. New York : Putnam.（田中光彦（訳）2000『生存する脳』講談社）

Danziger, K.,1997, Naming the Mind : How Psychology Found Its Language. London : Sage.（河野哲也（監訳）

2005『心を名づけること――心理学の社会的構成（上・下）』勁草書房）

Dunbar, R.I.M., 2010, How Many Friends Does One Person Need? London : Faber and Faber.

遠藤利彦 2013『「情の理」論――情動の合理性をめぐる心理学的考究』東京大学出版会

Evans, D., 2001, Emotion : The Science of Sentiment. New York : Oxford University Press.（遠藤利彦（訳）2005『一冊でわかる感情』岩波書店）

Foot, P., 1967, The problem of abortion and the doctrine of the double effect. Oxford review, 5, 5-15.

Frank, R.H., 1988, Passions within Reason. New York : W.W. Norton & Company.（山岸俊男（監訳）1995『オデッセウスの鎖――適応プログラムとしての感情』サイエンス社）

Fredrickson, B.L., 2013, Positive emotions broaden and build. Advances on Experimental Social Psychology, 47, 1-53.

Fredrickson, B.L & Levenson, R.W., 1998, Positive emotions speed recovery from the cardiovascular sequelae of negative emotions. Cognition and Emotion, 12, 191-220.

Goleman, D., 1995, Emotional Intelligence : Why It Can Matter More than IQ. New York : Buntam Books.

Greene, J.D., Sommmerville, R.B., Nystrom, L.E., Darley, J.M. & Cohen, J.D., 2001, An fMRI investigation of emotional engagement in moral judgement. Science, 293, 2105-2108.

Güth, W., Schmittberger, L. & Schwarze, B., 1982, An experimental analysis of ultimatum bargaining. Journal of Economic Behavior and Organization, 3, 367-388.

Haidt, J., 2005, The Happiness Hypothesis : Finding the Modern Truth in Ancient Wisdom. New York : Basic Books.

Haidt, J., 2012, The Righteous Mind : Why Good People Are Divided by Politics and Religion. New York : Pantheon.（高橋 洋（訳）2014『社会はなぜ左と右にわかれるのか――対立を超えるための道徳心理学』紀伊國屋書店）

箱田裕司・遠藤利彦（編著）2015『本当のかしこさとは何か――感情知性（EI）を育む心理学』誠信書房

Heine, S.J., Lehman, D.R., Markus, H.R. & Kitayama, S., 1999, Is there universal need for positive self-regard? Psychological Review, 106, 766-794.

James, W., 1890, The Principles of Psychology. New York : Dover.

Keltner, D., 2009, Born to Be Good : The Science of a Meaningful Life. New York : W.W. Norton & Company.

Kohlberg, L., 1981, Essays on Moral Development. Vol.1 : The Philosophy of Moral Development. San Francisco, CA : Harper & Row.

Levenson, R.W., 1999, The intrapersonal functions of emotion. Cognition and Emotion, 13, 481-504.

Lewis, M., 1995, Shame : The Exposed Self. New York : Free Press.

Maslow, A.H., 1968, Towards a Psychology of Being. 2nd Ed. New York : Van Nostrand-Reinhold.

McDougall, W., 1908, An Introduction to Social Psychology. London : Methuen.

Mikhail, J., 2011, Elements of Moral Cognition : Rawls' Linguistic Analogy and the Cognitive Science of Moral and Legal Judgment. New York : Cambridge University Press.

Nowak, M.A., Karen, P. & Sigmund, K., 2000, Fairness versus reason in the ultimatum game. Science, 289, 1773-1775.

Ridley, M., 1996, The Origins of Virtue. Oxford : Felicity Bryan.（岸 由二（監修）古川奈々子（訳）2000『徳

の起源』翔泳社）

Roberts, R.D., Zeidner, M. & Matthews, G., 2007, Emotional intelligence : Knowns and unknowns. In : G. Matthews, M. Zeidner & R.D. Roberts（Eds.）Science of Emotional Intelligence : Knowns and Unknowns. Cambridge, MA : Oxford University Press, pp.419-474.

Salovey, P. & Mayer, J.D., 1990, Emotional intelligence. Imagination, Cognition, and Personality, 9, 185-211.

Sen, A., 1982, Choice, Welfare, and Measurement. Cambridge, MA : MIT Press.

Sigmund, K., Fehr, E. & Nowak, M.A., 2002, The economics of fair play. Scientific American, January 2002, 83-87.

Tooby, J. & Cosmides, L., 2008, The evolutionary psychology of the emotions and their relationship to internal regulatory variables. In : M. Lewis, J.M. Haviland-Jones, & L.F. Barrett（Eds.）Handbook of Emotions. 3rd Edition. New York : Guilford Press, pp.114-137.

Trivers, R.L., 1985, Social Evolution. Menlo Park : Benjamin Cummings.（中嶋康裕・福井康雄（訳）1991『生物の社会進化』産業図書）

Valdimarsdottira, H.B. & Bovbjerga, D.H., 1997, Positive and negative mood : Association with natural killer cell activity. Psychology and Health, 12, 319-327.

「もっと学びたい!」人のための読書案内——Book Review

† ディラン・エヴァンズ(著) 遠藤利彦(訳) 2005『一冊でわかる感情』岩波書店

ヒトの感情の基本的な性質や機能に関して、進化的観点、文化的観点を交えて平易に解き明かされており、純粋に読み物としておもしろい。

† 遠藤利彦・石井佑可子・佐久間路子(編著) 2014『よくわかる情動発達』ミネルヴァ書房

本章ではふれられなかった人の発達という文脈での感情の働き、およびそれと思いやりや向社会的行動などのパフォーマンスがいかに結びついているかということに関して、さまざまなトピックがコンパクトにまとめられている。

† 箱田裕司・遠藤利彦(編著) 2015『本当のかしこさとは何か——感情知性(EI)を育む心理学』誠信書房

本章でふれた感情知性に関わる理論や研究およびその実践的応用が、現在、どのように進展してきているか、またそこにはどのような課題や可能性があるかということについて、さまざまな観点からわかりやすく解説されている。

Theory 4

練習でのパフォーマンスに満足してしまうなかれ

記憶と運動の学習理論

村山 航 MURAYAMA Kou

練習ではうまくできたのに、しばらくあとの本番では練習のようにうまくいかなかった経験があなたにはないだろうか？　たくさん勉強して、練習問題もスラスラ解けたのに、本番のテストはわからなかったとか、素振りを数多くこなして、いい感覚をその日は掴んだと思ったのに、次の日の試合ではさっぱり打てなかったとか……学習理論において、「パフォーマンス」とは練習の最中や直後に練習したことがきちんとできている程度のことである。学習理論では、このパフォーマンスは、必ずしもその人の長期的な「学習」を反映していないとして、パフォーマンスと学習を区別することが一般的である。言い換えれば、練習での短期的パフォーマンスが高くても、長期的な学習はさっぱりであったり、短期的なパフォーマンスが低くても、実は長期的には学習がうまくいっていることが、往々にあるということである。いや実は、スポーツであれ勉強であれ、練習のときのパフォーマンスを意識しすぎないほうが、むしろ長期的な学習にとってよいということが、数多くの記憶と運動の学習理論で明らかになっている。逆説的に聞こえるかもしれないが、心理学の知見のなかでも、もっとも頑健な現象のひとつである。本章では、パフォーマンスと学習の違いに着目して、あなたの勉強やスポーツの効率を高める方法を議論していきたい。

1 パフォーマンスは学習ではない？

バスケットボールをテーマにした人気漫画『スラムダンク』をご存知だろうか。主人公の桜木花道は、初心者ながらも「合宿二万本シュート」をはじめとした猛特訓で、わずか四カ月の間に数多くのスキルを習得していく。しかし物語の最終局面で、背中に大きな怪我を負ってしまい、試合に出ることもままならなくなってしまう。読者としてもハラハラする場面である。そのときマネージャーが次のようにつぶやいたのを覚えている人も多いのではないだろうか——「あの子はわずか四カ月で異様なほど急速に力をつけてきた。いろんなものを身につけてきた。治療やリハビリにもし時間がかかるなら、プレイから長い間離れてしまったら、それが失われていくのもまた早い。この四カ月がまるで夢だったかのように……」。

この発言は、一見説得的にみえるが、本当だろうか。桜木花道は、怪我を治して、リハビリから回復したあとにどのようなプレーをみせてくれるのだろうか。残念ながら物語はそこで終わってしまうので、リハビリから回復した桜木花道が合宿シュートをまだきちんと覚えていられるかは、知りようがない。しかし、実はこの台詞、心理学の学習理論における「学習とは何か」という問題を的確に捉えており、なかなか含蓄のある台詞なのである。

そもそも、「学習」とは何だろうか。もしあなたが何らかのスポーツの練習をしたとすると、当然練習したスキルは少しずつ上達していく。こうした練習の最中や練習の直後の上達の程度を、学習心理学では「パフォーマンス（performance）」と呼ぶ。ここではスポーツの例を示したが、勉強でも同じである。歴史のテスト勉強をするため、がんばってテキストにあることを繰り返し勉強したら、その日の最後には、テキストの内容をある程度は覚えているだろう。繰り返しの勉強は、その記憶のパフォーマンスを促進する。しかし、スポーツであれ勉強であれ、そういった短期的なパフォーマンスは、実は長期持続的なスキルや記憶を反映しているとは限らないのである。こうした長期的な効果のことを、学習心理学では「学習（learning）」と呼んでパフォーマンスと区別する。一夜漬けで勉強したために試験ではある程度の成績が取れたけれど、試験が終わってしばらくしたらほとんどの内容を忘れてしまうという経験は誰にでもあるだろう。これは、パフォーマンスは高かったけれども、きちんと学習できていなかった好例である。

おそらく多くの人が気になるのは、どのようにしたら長期的な学習が促進されるかということであろう。これまでの運動や記憶の心理学研究は、短期的なパフォーマンスや長期的な学習に影響を与える要因を、数多くの実験で明らかにしてきた。ソウダーストラムとビョーク（Soderstrom & Bjork, 2013, 2015）、またシュミットとビョーク（Schmidt & Bjork, 1992）がこうした要因に関して非常にわかりやすく解説してくれているので、本章でもそれに基づいて、いくつかの明らかになっている原則を伝えたい。

2 練習の「ブロック化」は学習効果がない

あなたには明日に英単語の試験と歴史単語の試験の両方が待ち受けている。何とか今晩中に多くのことを覚えたい。そういったとき、真っ先に思いつくのが、最初の半分の時間は英単語を集中的に学習し、後半の時間は歴史の単語を集中的に学習する方法である。こうした方法を、ブロック化と呼ぶ。ブロック化は、一見するとそれぞれの課題に集中できるので効率の良い方法に思える。しかし、実は学習という観点からみると、ブロック化というのは危険な方法でもあるのである。このことを示したサイモンとビョークの研究をみてみよう（Simon & Bjork, 2001）。この実験では、実験参加者がパソコンのテンキーを決められた手順で、決められた目標時間にできるだけ近く（早すぎも遅すぎもしないように）押すという作業を行った。テンキーのパタンと目標時間の組み合わせは三種類あり、どのパタンとすべきかは、試行ごとにコンピュータ画面に示される。重要なことに、半分の実験参加者はこの学習課題をブロック化していった。すなわち、まず一つ目のパタンを徹底的に練習し、次の二つ目のパタンを、そして最後に三つ目のパタンを、という具合である。一方、残

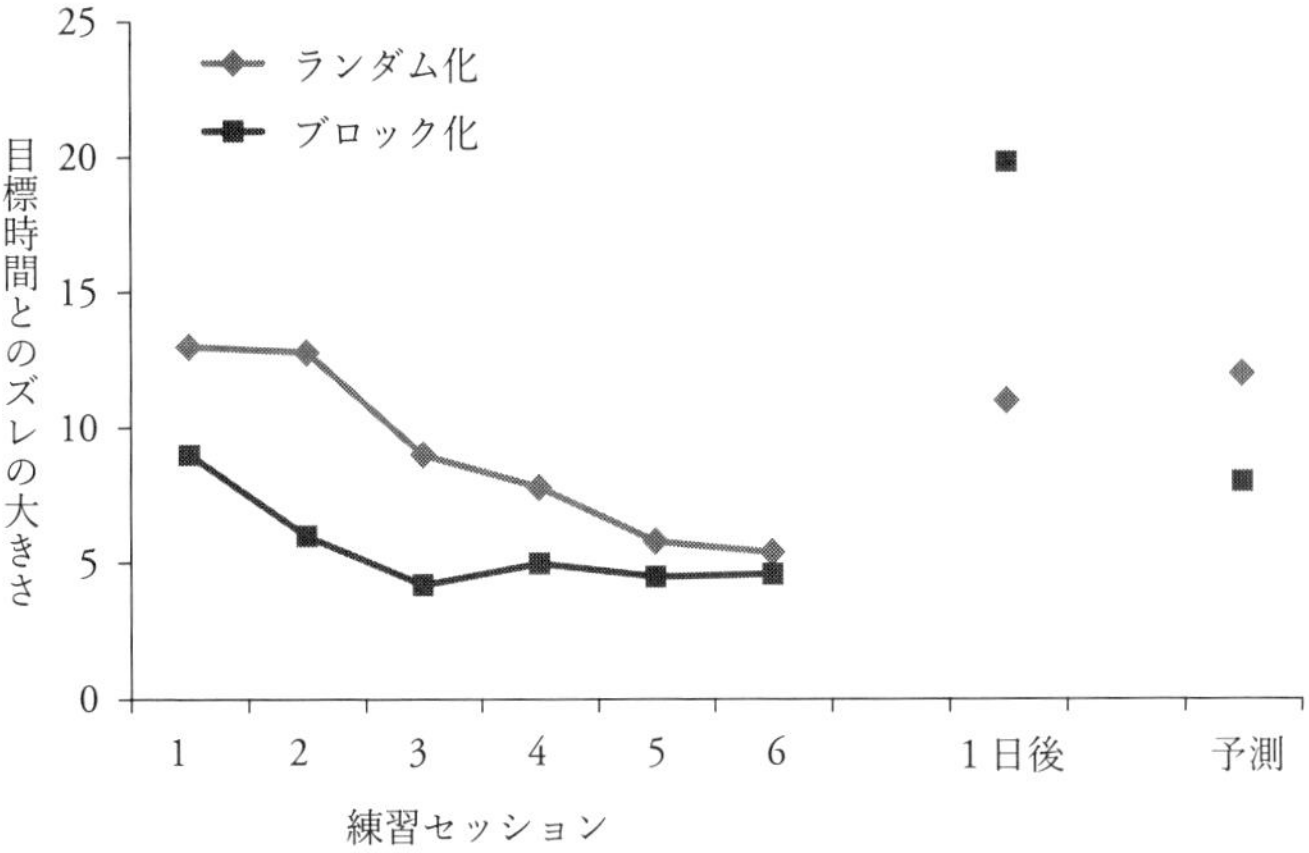

図1　サイモンとビョークの実験で、ブロック化した練習と、ランダム化した練習を比較した結果（元論文の図を改訂して引用）

り半分の実験参加者は、この学習課題をランダムな順番で行った。つまり、まずは一つ目のパタンを一回だけ行い、次は三つ目、そしてまた一つ目に戻り、次に二つ目、といった具合である。実験の一日目に実験参加者はそのようなトレーニングを行い、二四時間後に、前日行ったことがどれくらいマスターできているかを調べるためのテストが行われた。

図1に実験の結果が示してある。この図の縦軸は目標の時間と実際のキー押しの時間がどれくらい離れているかを示すものなので、低いほど課題がうまくいっているということになる。また、一日目の成績は、時間とともにどの程度できるようになったかを示すために、六つの時系列に分けてある。

まずここでわかるのは、ブロック化した実験参加者のほうが、一日目の成績が全体的に良いことだ。一方、ランダムな順番で行った実験参加者は最初こそうまくいかなかったが、時間とともに習熟していっている。しかし、決してブロック化した場合に比べて成績が良くなることはない。これは、一日目のパフォーマンスをみる限り、ブロック化がランダムに練習するよりも効果的であることを示している。しかし、何より印象的なのは、二日目のテストの結果である。一日経っているので、全体的な成績がどちらの群でも悪くなっているのは理解できる。しかし、二日目のテストの成績は、ランダムに練習した群のほうがはるかに良かったのである。つまり、見事に成績が逆転しており、長期的な学習という観点に立つと、ブロック化するよりもランダムに練習をしたほうがはるかに効果的ということになる。この実験から、短期的なパフォーマンスと長期的な学習が違うということがよくわかるだろう（図1の「予測」の部分に関してはあとで解説する）。

たとえばここでのランダムな練習のように、分散させた学習が、ブロック化した学習よりも効率的であることは、心理学では古くから知られており、「分散学習（distributed learning）」と呼ばれる。バッデレーとロングマン（Baddeley & Longman, 1978）は、イギリスの郵便局員を対象にしたタイプライターのトレーニングで、分散学習がブロック化した学習に比べて、短期的なパフォーマンスでは非効率的であるが、長期的な学習ではずっと優れていることを明らかにしている。こうした効果は、運動学習だけにみられるのではない。分散学習は、人間の言語的な記憶にも有効であることが数多くの研究で示されている（Cepeda et al., 2006）。この節の冒頭に英単語と歴史単語の学習の事例を示したが、こうした場面において、分散学習はブロック化に対して、長期的な学習という意味では、ずっと勝るのである。

❸ さまざまな文脈で練習することが学習効果を高める

同じ練習を繰り返していると、当然パフォーマンスが上昇する。しかし、ちょっと文脈を変えてやるだけで、今までできていたことが急にできなくなるのはよくあることである。たとえばバスケットボールでゴール下のシュートを何回も練習してうまくなったとしても、人が前に少し立つだけで急に入らなくなってしまうことはよくあることである。勉強もそうである。ある数学の問題を繰り返し解いて自信がついても、ちょっと目先を変えた練習問題が出ると急にできなくなってしまうことはよくある。このようにあることを学習するとき、「練習の文脈を変える」ことは、練習のパフォーマンスを低下させてしまう。しかし、実は練習中のパフォーマンスを下げてでも、多様な文脈で練習をすることが人間の長期的な学習には効果的だということが数多くの研究で示されている。

たとえばシェアとコール（Shea & Kohl, 1991）は、実験参加者にある機械を一定の強さで押す課題に取り組んでもらった。実験参加者の目的は、その機械を一定の強さで（強すぎも弱すぎもしないように）押すことを習得することである。具体的には、150N（ニュートン）で押すことが求められた。ここで、ある群の参加者は、すべての試行において、機械を150Nの強さで押すように教示され、一回ごとに、目標の値（150N）より力がどのくらい強かったか、もしくは弱かったかがフィードバックされた。この参加者は、合計して三四〇回この練習を繰り返した。一方、別の群参加者は、150Nの強さで押すように練習したのは、一〇〇回だけであった。残りの二四〇回は、それよりももう少し強い力（たとえば175N）で押すことを要求されたり、もしくはもう少し弱い力（たとえば125N）で押すことを要求され、それがうまくいったかどうかのフィードバックが返された。この二つ目の群は、最初の群と違い、機械を一定の強さで押すという作業を、いくつもの異なる文脈で行っている（押すべき力の大きさが多様である）のがミソである。

この二つの群の実験参加者は、この機械を150Nで押すことをどの程度習得できただろうか。最初の群の参加者は、150Nで押すことを三〇〇回以上も繰り返したのに対して、別の群の参加者は一〇〇回しかその強さでの練習を行っていない。よって、最初の群のほうが最終的な習熟度が高いと考えるのは自然だろう。実際、この練習の段階では、最初の群の参加者のパフォーマンスが全体として高かった。しかし、一日後のテストにおいて150Nで押すように言われたとき、より正確に150Nで押すことができたのは、なんと後者の多様な文脈で練習した群だったのである。150Nで練習した回数は、最初の群の三分の一にも満たなかったにもかかわらずである。異なる文脈で練習した群は、練習のパフォーマンスこそ低かったものの、長期的な学習という意味では、しっかりと学習できていたのである。

文脈を変えることの重要性は、ほかにもいろいろな課題でその効果が確かめられている。未知の推論課題（たとえば「胃の悪性腫瘍を健康な組織に影響を与えることなく破壊するのにはどうすればよいのか」といった課題）を解くような場合、似たような問題をいくつもの異なった文脈で解くと、こうした未知の課題の推論課題の成績が高まることは古くから知られている（Gick & Holyoak, 1983）。よく「練習は本番の気持ちで」といわれる。この言葉自体は、本番の心構えで練習に臨んだほうがいいという意味であるが、記憶・運動の学習理論では、そういった心構えだけではなく、本番を意識して具体的に練習方法をさまざまな文脈で行うことの重要性を示している。「本番の状況を意識して、練習に多様性をもたせる」ことが重要なのである。

4 「できた」と思えるようになってからが肝心

また英単語の勉強を考えてみよう。英単語を完璧に習得したいとして、あなたはどの時点で勉強するのをやめるだろうか。よくあるのが、自分で「英単語カード」を作る方法である。表に英単語を書き、裏に日本語訳を書く。そして、英単語をみてその翻訳が思い出せるかを確かめる（こうした自己テストの効果については次節で述べる）。そして、すべての英単語に関して翻訳が思い出せたら、十分に学習ができたとして、勉強をやめてリラックスして明日に備える。そういう人は多いのではないだろうか。すべての単語が思い出せたのだから、パフォーマンスの観点からいうと、この勉強方法はとてもいい感じである。しかし、長期的な学習という視点からみると、実は大きな問題をはらんでいる。

認知心理学の古典的な実験に「過学習（overlearning）」というものがある。一九二〇年代にクルーガー（Krueger, 1929）が実施した実験を紹介しよう。この実験では、実験参加者は二群に分けられ、あるリストの単語を繰り返し勉強することで、そのリストの単語をすべて覚えるように教示された。片方の群の参加者は、すべての単語をきちんと思い出せるようになった時点でリストの勉強をストップした。もう一つの群は、リストにあるすべての単語をすべて思い出せるようになっても、さらにリストを繰り返し勉強するように教示された。具体的には、すべての単語を思い出せるようになった練習回数と同じだけ、リストをひたすら再練習するように教示された。これを過学習と呼ぶ。どちらの群も、単語の記憶パフォーマンスは一〇〇％であり、パフォーマンス自体はこれ以上伸びようがない。パフォーマンスの伸びしろがもうないのだから、これ以上練習をしても無駄と思うかもしれない。しかし、実験の結果はその逆を示している。この実験では、単語の記憶成績を一日から二八日の間隔をおいて測定しているが、どの間隔においても、過学習をした群のほうが、そうでない群よりも記憶成績が良かったのである。パフォーマンスの伸びしろがない状態でも、さらに努力を続けることが長期的な学習を促進したのである。この結果は、パフォーマンスが頭打ちになっても、学習が必ずしも頭打ちになっているわけではないことを示している。ここで示したのは、過学習の記憶への効果であるが、運動学習においても、過学習が学習には有効であることが同じクルーガー（Krueger, 1930）の実験で示されている。特にスポーツや運動の領域では、過学習は疲労をもたらしてパフォーマンスを低下させることが容易に想像される。しかし、疲労でパフォーマンスが低下したとしても、負荷をかけて練習を続けることで、長期的な学習は促進されるのである（もちろん限度というものがあり、練習を極端に増やせというわけではないが）。

5 できなくても自力でテストしてみることが大切

試験前夜、歴史の勉強が一通り終わったあと、寝る前に最後に一度だけ自分のノートを見直してさっと復習するということはよくあるかもしれない。このように、一度勉強したものを、もう一度勉強することを、「再勉強（restudy）」と呼ぶ。再勉強は一見非常に効率の良い復習方法だと感じるかもしれない。しかし、再勉強には、一つの重大な問題点がある。それは、学習者が、自分の力で覚えたものを思い出そうとするステップが存在しないことである。こうして覚えたものを思い出すことを専門用語で「記憶の取り出し（もしくは検索／retrieval）」と呼ぶが、再勉強には、記憶の取り出しがほとんど伴わない。実は、この記憶の取り出しこそが、長期的な学習には非常に有効なことがわかっている。

記憶の取り出しをもっとも簡単に行う方法は、自分で自分の記憶テストをすることである。これまでの認知心理学研究では、こうしたテストが、再勉強よりもずっと長期的な学習成績を高めることが明らかになっている。これをテスト効果と呼ぶ。たとえば、ローディガーとカーピッキ（Roediger & Karpicke, 2006）は、ある文章の記憶を調べる実験を行った。一つ目の条件の実験参加者は、その文章をまず勉強し、そのあと再勉強を行った（「勉強—勉強条件」）。もう一つの条件では、実験参加者は文章を一回勉強したあと、その文章に関する記憶テストを受けた（「勉強—テスト条件」）。再勉強とテストの効果を比較しようというわけである。さて、五分後に記憶テストを実施すると、「勉強—勉強条件」のほうが記憶成績が良いことが明らかになった。つまり、直後のパフォーマンスだけを考えると、再勉強のほうが効率的であることが示された。しかし、面白いことに、二日後、もしくは一週間後に実施された記憶テストでは、「勉強—テスト条件」のほうが、ずっと良い記憶成績

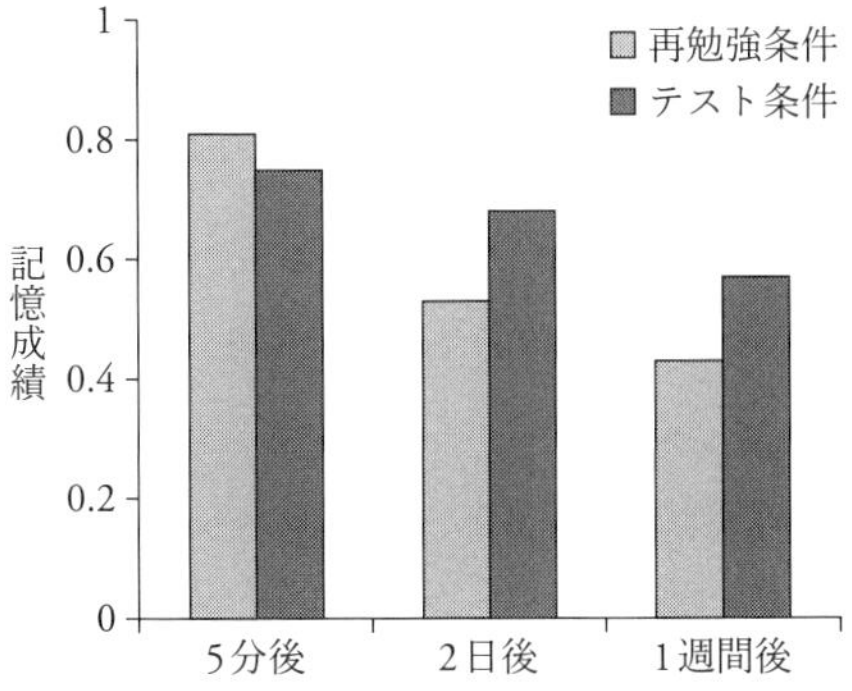

図2　ローディガーとカーピッキの実験で、再勉強をした場合と、テストをした場合の記憶成績の比較（元論文の図を改訂して引用）

を示したのである（図2）。つまり、テストは短期的なパフォーマンスには効果的ではないかもしれないが、長期的な学習には非常に効果的であることが示されたのである。

この実験のもう一つ特筆すべき点は、「勉強－テスト条件」において、テストをしたとき、その答えをフィードバックしていない点である。つまり、テストで正しい答えを返さなかったにもかかわらず、長期的な学習は、「勉強－テスト条件」のほうが結果が良かったのである。ここで、テストに答えてもらったあとに正答のフィードバックを返すようにすると、記憶成績はさらに上昇することが明らかになっている（Storm et al., 2014）。実際、テストで誤答をしたとしても、テストのときに頑張って思い出そうとしたことが（記憶の取り出しの努力をしたことが）、そのあとの記憶を高めることが明らかになっている。

このことを示す面白い実験を一つ紹介しよう。コーネルとビョーク（Kornell & Bjork, 2008）は、半分の実験参加者に、いくつもの少しだけ関連した単語対（「クジラ―哺乳類」といったもの）を提示して覚えてもらった。残りの半分の実験参加者には、単語対の片方だけを提示して、もう片方の単語をあてずっぽうでいいので推測するように教示した（「クジラ―?」）。当然であるが、クジラに関連する単語はいくらでもあるので、ほとんどの実験参加者は、このとき正しい単語を答えることができなかった。そして、実験参加者がこのテストに誤答したとき、正しい単語対を実験参加者に示したのである。実験参加者は、どちらの群であっても、正しい単語対を提示されている。しかし、後者の群では、正しい単語対を提示される前に、実験参加者が何らかの答えを出そうと、記憶取り出しの努力をしている点が違う。この実験の結果、検索努力をして誤答をしたあとにテストの正答が示された群のほうが、最初から正答が示された群よりも記憶の成績が良いことが示された。ここでも、自分で努力して思い出そうとすることが、学習には有効なのである。

こうした自力で思い出すことの有効性は、運動学習の領域でも示されている。たとえばゴルフをするとき、インストラクターが後ろに立って身体をガイドし、正しいフォームを手取り足取り教えてくれるということはときどきある。しかし、このような形で正しいフォームを練習したとしても、自力でそのフォームを思い出してやってみたわけではないから、これでは先ほどの再勉強と同じで

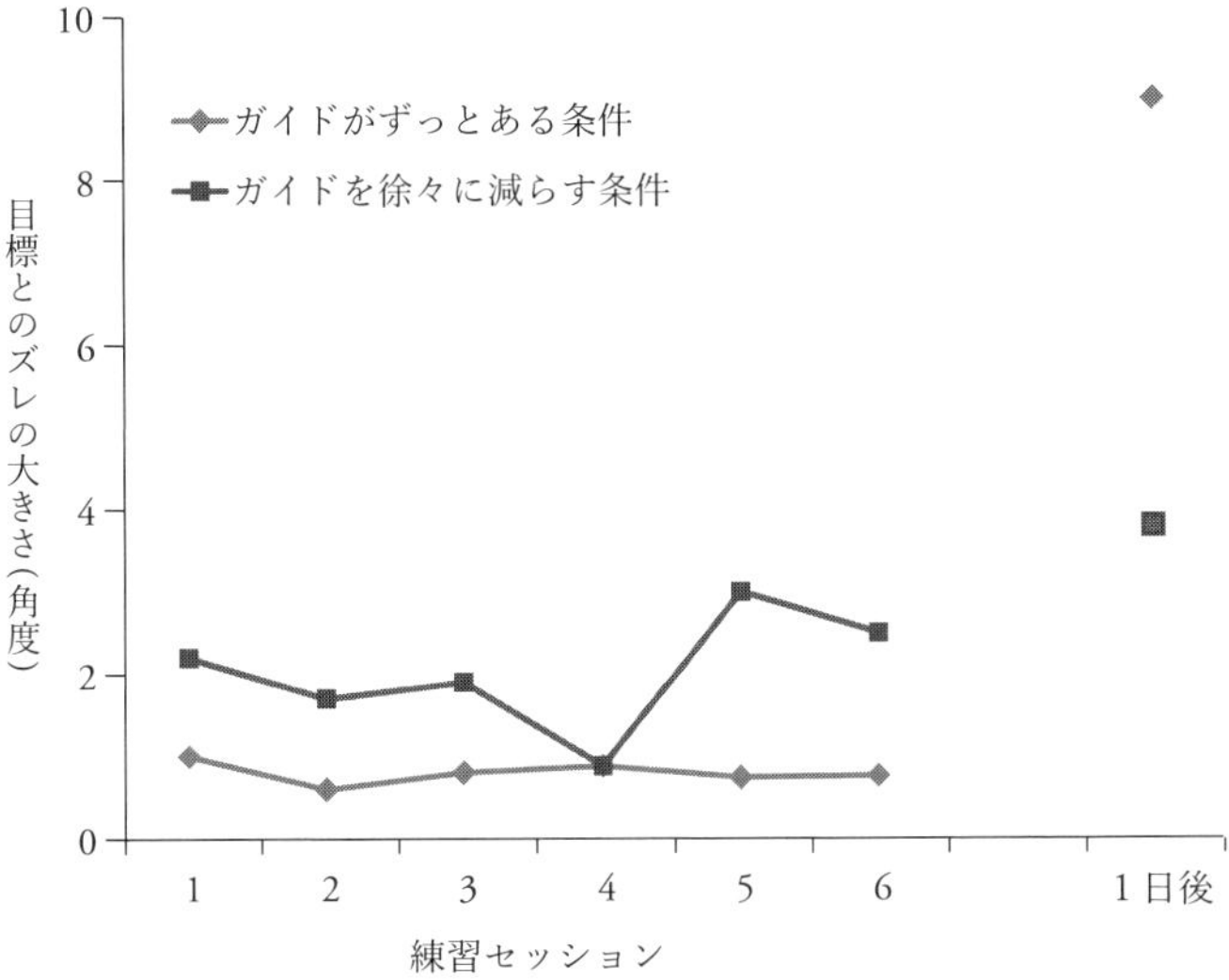

図3　ウィンスタインたちの実験で、いつもガイドありで運動学習をした場合と、ガイドを徐々に減らした場合の記憶成績の比較（元論文の図を改訂して引用）

ある。スポーツの練習において、このような身体運動の「ガイド」は、パフォーマンスを一時的に高めるかもしれないが、長期的な学習にはあまり効果がない。より効果的に運動スキルの学習をするためには、テストのように、自分の力でその動きを思い出して試してみる必要がある。たとえばウィンスタインたちの研究（Winstein, Pohl & Lewthwaite, 1994）では、レバーの操作の学習において、その操作の目標の位置を物理的に示すことで行動をガイドする条件と、そのようなガイドを徐々に減らしていく条件を比較した。図3にその結果を掲載してある。図1と同じく、目標とのズレを調べているので、縦軸が小さいほうが良い成績ということであり、横軸は時間である。この図からわかるように、練習中のパフォーマンスはガイドありの条件のほうがつねに良かったが、一日後の最終テストでは、ガイドが徐々に減っていく条件のほうがずっと成績が良かったのである。フォームの矯正などで、何らかの物理的な補助器具などに頼ることは、短期的には効果的かもしれない。しかし、長期的な効果を求めるならば、最終的にそういった器具なしで自分でできるかを試してみることが重要になってくるのである。

⑥ フィードバックを与えすぎると逆効果

多くの指導者は、何らかの練習をしたときに、きちんとフィードバックを与えつづけることが大切だと思っているかもしれない。シュートの練習をしている桜木花道に、「今のフォームは良かった」「今のフォームは肘が反れていた」といったことを、一回のシュートごとにきちんと伝えてやることは、彼がきちんとしたシュートフォームを身につけるために、とても重要なような気がする。実際、人間の行動を動機づけるためには、即時のフィードバックを繰り返し与えることが重要だということは、心理学の研究でも昔から示されてきた。しかし、運動学習の領域では、そういった常識的な概念が覆されつつあるのをご存知だろうか（関連するトピックについては本書第5章も参照されたい）。具体的には、「即時で、一回ごとの」フィードバックより、「少し遅らせて、頻度の少ない、まとめた形の」フィードバックのほうが、長期的な学習を促進することが明らかになっている。たとえば、シュミットたちの研究（Schmidt, Lange & Young, 1990）では、野球のバットでボールを打つ状況を模した器具を作成し、実験参加者の課題成績（ボールを打つときのインパクトの強さと軌道の正確さ）を調べた。このとき、ある群の実験参加者は毎回バットを振るごとに、その成績がフィードバックとして与えられた。別の群の実験者は、五回バットを振るごとに、過去五回分の成績がまとめてグラフで表示された。結果が図4に示してある。このグラフでは、課題成績は高いほど良いことを意味する。また練習のときのパフォーマンスも時系列で横軸に示してある。

図4からわかるように、練習のフェーズでは、毎回フィードバックをもらった実験参加者のほうが、全体的に成績が良い。即時で一回ごとのフィードバックがパフォーマンスを促進していることがわかるだろう。しかし、二日後に実施された遅延テストでは、これまでと同じように見事に効果が逆転している。少し遅れた、頻度の少ない、まとめた形のフィードバックは、パフォーマンスは促進しないが、長期的な学習を促進することがわかるだろう。即時で頻繁なフィードバックを用いると、実験参加者がその情報に過度に依存してしまうため、自発的な行動の産出や修正などを積極的に行わなくなってしまう。その結果として、長期的な学習が促進されないと考えられている。

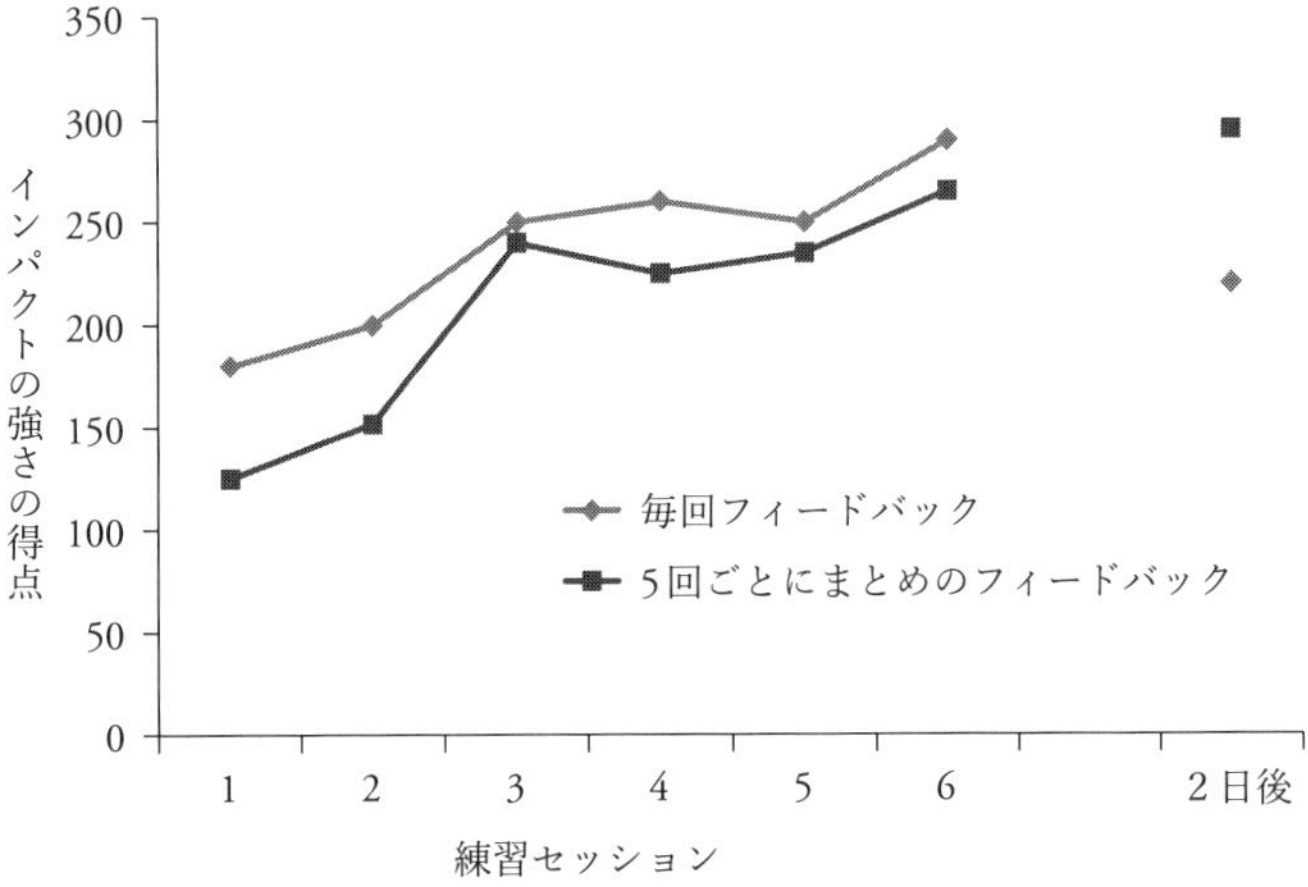

図4　シュミットたちの実験で、毎回フィードバックを与えられた群と、まとめのフィードバックが5回に1回だけ与えられた群の課題成績の比較
（元論文の図を改訂して引用）

ただし、この実験では、一五回に一回だけフィードバックを与えるような条件も含めていたが、この条件は学習成績が良くなかった。また、運動学習の領域以外では（たとえば単語の学習など）、こうした遅延フィードバックや頻度の少ないフィードバックが長期的学習を促進するかどうかは、まだ十分にわかっていない。したがって、このフィードバックの原理がどれくらい当てはまるのかは、ケースバイケースで考えていく必要があるだろう。

7 「望ましい負荷」のパラドクスとメタ認知

これまで、どのような要因が長期的な学習を促進するかについて、説明をしてきた。これらの要因に共通するのは、こういった練習をすることに負荷がかかることである。同じタイプの練習をブロック化してやったほうが、それらを交互にやるよりも楽である。練習の文脈を変えるということは、今までにない状況で練習をするということでやはり負荷がかかる。過学習をしたほうが、しない場合よりも大変であることは簡単に理解できるだろう。また自分でテストをすることのほうが、テキストをさっと眺めて再勉強するよりも、多くの労力を必要とする。フィードバックが毎回返ってくるほうが、ときどき返ってくる場合よりも運動の調整が大変であることも想像がつくだろう。このように、負荷がかかる練習方法というのは、長期的な学習を考えたときに非常に重要なのである(もちろん負荷にもいろいろな種類があり、すべての負荷がいいわけではない)。ビョーク(Bjork, 1994)は、こうした練習の負荷と長期的な学習との関係を指して「望ましい負荷(desirable difficulty)」と呼んだ。負荷がかかるけれど、長期的な学習には望ましいというわけである。

この望ましい負荷の厄介なところは、練習中に負荷がかかるだけに、練習中のパフォーマンスは概して低くなりがちだということである。実際、この章では、長期的な学習に効果的であっても、短期的なパフォーマンスには逆効果だという事例をいくつもみてきた。練習中のパフォーマンスが低いと、人は学習がうまくいっていないと感じがちである。その結果、パフォーマンスと学習の区別を理解していないと、人は練習のパフォーマンスを下げる負荷のある練習方法を「効果的ではない」と考えてしまい、やめてしまうかもしれない。これは、練習する人の立場だけでなく、教師やコーチの立場に立っても同じである。教え子が練習でなかなかうまくできないのを目の当たりにすると、きっと教師やコーチは、この練習方法は自分の教え子には効果的ではないのだと感じるだろう。そうしたパフォーマンスに囚われて練習方法を変えると、練習ではうまくできるけれど、本番になると急にできなくなってしまうような教え子になってしまうのである。

実際、長期的な学習という観点からして、人があまり効果的な練習や勉強方法を使わないということは、いくつもの調査研究でも明らかになっている。アンケートで大学生の勉強方法を尋ねてみると、自分で意識的に分散学習を用いてみたり、自己テストを用いる人は非常に稀である（McCabe, 2011）。あなた自身もあまりそういった方法は自発的に使っていなかったのではないだろうか。筆者が近年実施した、日本の中学生を対象にした数学の勉強方法に関する調査においても（吉田・村山 2013）、中学生はあまり負荷のかからない、逆に言えばあまり長期的な学習には効果的でない勉強方法を好んで用いることが明らかになっている。繰り返しになるが、すべての負荷がいいわけではない。練習中のパフォーマンスを下げるような練習方法がつねに学習に効果的というわけでもない。根性論重視の無駄な努力は、長期的な学習にも効果的ではないだろう。しかし、少なくとも、パフォーマンスと学習の違いをしっかりと理解し、自分自身や自分の教え子の練習の効果を、パフォーマンスだけに囚われず理解していく視点は、効果的な勉強や練習を考えるうえで、非常に重要だと思われる。

自分の学習や理解がどの程度であるかに関する知識のことを「メタ認知（metacognition）」と呼ぶ（本書第2章参照）。「メタ」とは、「上位の」という意味であり、自分の認知に関する認識や認知という意味でメタ認知と呼ばれる。効果的な学習を行うためには、正確なメタ認知が必要不可欠である。たとえば、自分がどの程度うまくなっているかがわからなければ、いつ次の練習に移ればいいかも適切に判断できないであろう。メタ認知が不正確であれば、どのような練習や勉強が効果的かもわからないので、結果として効果的でない練習や勉強方法を使ってしまうかもしれない。しかし、残念なことに、上で述べた通り、人は短期的なパフォーマンスに基づいて、自分の長期的な学習を判断してしまうため、メタ認知が不正確になりがちである。

たとえば、図1のサイモンとビョークの研究を振り返ってみよう。この研究では、ブロック化した練習よりも、ランダム化した練習のほうが、長期的な学習に効果的であった。実はこの実験では、実験参加者のメタ認知も調べており、「次の日のテストで自分がどの程度できると思うか」という質問を、練習が終わった段階で尋ねている。図1の右端にあるのがこのメタ認知質問紙の結果である。

ブロック化された練習をした実験参加者のほうが、ランダム化された練習をした実験参加者よりも、明日のテストでうまくいくと考えていることがわかるだろう。現実は、ランダム化された練習のほうが、長期的な学習には効果的であったにもかかわらず、である。ブロック化された練習のほうが簡単でパフォーマンスも高くなるため、人はその効果を長期的な効果と勘違いしたのである。

不正確なメタ認知のために、人が効果的な勉強や勉強方法をうまく使えないということは多くの研究で示されている。英単語を単語帳を使って勉強する話に戻ってみよう。単語帳の一つの使い方は、単語を覚えていき、もう覚えたと思った単語には印をつけて、次からは学習しないという方式である。これを仮にドロップ方式と呼ぼう。コーネルたち（Kornell, Hays & Bjork, 2009）は、このドロップ方式が本当に学習に効果的かを、スワヒリ語の単語学習を用いて調べた。実験参加者は、一つの条件ではすべてのスワヒリ語―英語の単語対を繰り返し勉強し、もう一つの条件ではドロップ方式で勉強した。全体の学習時間は両方の条件で同じになるように調整していた。

その結果、ドロップ方式よりもすべての単語を繰り返し学習したほうが、最終的な記憶成績は全体としてわずかに高いことが明らかになった。ドロップ方式は、あまり有効でなかったのである。ここで彼らは、なぜドロップ方式の記憶成績が悪かったかを調べるため、実験参加者のメタ認知や学習パタンを分析した。その結果、実験参加者は一回でもうまく英語訳を思い出すことができたら、実際は記憶がまだ不完全であるにもかかわらず、「もうこの単語は完全に覚えられた」と間違って判断してしまい、すぐにその単語をドロップしてしまっていることが明らかになった。つまり、ドロップ条件の実験参加者は、一回思い出すことができただけで（一回のパフォーマンスが良かっただけで）、自分の学習は十分だと判断してしまい、それ以上その単語を勉強することをストップしてしまったのである。この判断が長期的な学習という観点からは正しくないということは、先に述べた過学習の話から明らかだろう。たとえパフォーマンスが頭打ちになっても、そこでもう一押しの努力をすることが、長期的な学習の成績を高めるのである。しかしドロップ条件の実験参加者は、自分のパフォーマンスに惑わされて、そのもう一押しの努力をしなかったのである。その結果、実は十分に学習できていない単語を早々とドロップしてしまったため、ドロップ方式で勉強した人たちは、記憶成績が全体として低くなってしまったのである。ただし、ドロップ方式自体が悪いわけではない点に注意してほしい。ドロップ条件の参加者は、不正確なメタ認知（パフォーマンスと学習の混同）のせいで、ドロップ方式の勉強方法を効果的に使えなかったのである。逆にいえば、パフォーマンスと学習をしっかりと理解して、「もう一押しの努力」をしっかりすることを意識できていれば、効果的にドロップ方式の勉強方法を使うことも可能である。

8 おわりに――一時的なパフォーマンスに惑わされないために

さて、桜木花道は長いリハビリのあと、怪我の前に獲得したバスケットボールのスキルを維持できていただろうか。この章を読んだ方にはもうおわかりだろう。それは、どのような練習をしてきたかによる、ということである。練習直後のパフォーマンスは必ずしも長期的な学習を予測しない。練習の方法によって、少しのブランクが空いただけですっかり忘れてしまうこともありえるし、そうでないこともあるのである。ここで重要なのは、練習での自分のパフォーマンスに自惚れないことである。練習のときに、本章で学んだような方法で自分に負荷をかけ、一時的なパフォーマンスに惑わされず、腐らず練習をすることが、長期的な学習効果を得るための秘訣である。「パフォーマンス」と「学習」は同じもののように聞こえるが、その意味するところは大きく違う――それを自覚し、長期的な学習を意識することが大切である。

文献

Baddeley, A.D. & Longman, D.J.A., 1978, The influence of length and frequency of training session on the rate of learning to type. Ergonomics 21, 627-635.

Bjork, R.A., 1994, Memory and metamemory considerations in the training of human beings. In : J. Metcalfe & A. Shimamura（Eds.）Metacognition : Knowing about Knowing. Cambridge, MA : MIT Press, pp.185-205.

Cepeda, N.J., Pashler, H., Vul, E., Wixted, J.T. & Rohrer, D., 2006, Distributed practice in verbal recall tasks : A review and quantitative synthesis. Psychological Bulletin, 132, 354-380.

Gick, M.L. & Holyoak, K.J., 1983, Schema induction and analogical transfer. Cognitive Psychology, 15, 1-38.

Kornell, N. & Bjork, R.A., 2008, Optimizing self-regulated study : The benefits and costs of dropping flashcards. Memory, 16, 125-136.

Kornell, N., Hays, M.J. & Bjork, R.A., 2009, Unsuccessful retrieval attempts enhance subsequent learning. Journal of Experimental Psychology : Learning, Memory, and Cognition, 35, 989-998.

Krueger, W.C.F., 1929, The effect of overlearning on retention. Journal of Experimental Psychology, 12, 71-78.

Krueger, W.C.F., 1930, Further studies in overlearning. Journal of Experimental Psychology, 13, 152-163.

McCabe, J., 2011, Metacognitive awareness of learning strategies in undergraduates. Memory & Cognition, 39, 462-476.

Roediger, H.L. & Karpicke, J.D., 2006, Test-enhanced learning : Taking memory tests improves long-term retention. Psychological Science, 17, 249-255.

Schmidt, R.A. & Bjork, R.A., 1992, New conceptualizations of practice : Common principles in three paradigms suggest new concepts for training. Psychological Science, 3, 207-217.

Schmidt, R.A., Lange, C. & Young, D.E., 1990, Optimizing summary knowledge of results for skill learning. Human Movement Science. 9, 325-348.

Shea, C.H. & Kohl, R.M., 1991, Composition of practice : Influence on the retention of motor skills. Research

Quarterly for Exercise and Sport, 62, 187-195.

Simon, D.A. & Bjork, R.A., 2001, Metacognition in motor learning. Journal of Experimental Psychology : Learning, Memory, and Cognition, 27, 907-912.

Soderstrom, N.C. & Bjork, R.A., 2013, Learning versus performance. In : D.S. Dunn (Ed.) Oxford Bibliographies Online : Psychology. New York : Oxford University Press.

Soderstrom, N.C. & Bjork, R.A., 2015, Learning versus performance : An integrative review. Perspectives on Psychological Science, 10, 176-199.

Storm, B.C., Friedman, M.C., Murayama, K. & Bjork, R.A., 2014, On the transfer of prior tests or study events to subsequent study. Journal of Experimental Psychology : Learning, Memory, and Cognition, 40, 115-124.

Winstein, C.J., Pohl, P.S. & Lewthwaite, R., 1994, Effects of physical guidance and knowledge of results on motor learning : Support for the guidance hypothesis. Research Quarterly for Exercise and Sport, 70, 316-323.

吉田寿夫・村山 航 2013「なぜ学習者は専門家が学習に有効だと考えている方略を必ずしも使用しないのか」『教育心理学研究』62, 32-43

「もっと学びたい！」人のための読書案内——Book Review

† Soderstrom, N.C. & Bjork, R.A., 2015, Learning versus performance : An integrative review. *Perspectives on Psychological Science*, 10, 176-199.

学習とパフォーマンスの違いについて適切な日本語文献は今のところ残念ながら見当たらない。この論文は英語だが、短いながらも包括的にトピックをまとめており、大変参考になる。

† Schmidt, R.A. & Timothy D.L., 2011, *Motor Control and Learning : A Behavioral Analysis. 5th Ed.* Champaign, IL : Human Kinetics.

スポーツ・運動学習における学習とパフォーマンスの違いと、学習を促進するための方法について学びたいのなら、この本がこのトピックをもっとも幅広く扱っている。専門書ではあるが、読む価値はある。

† 村山 航（著）2015「メタ記憶・メタ認知——あなたは自分をどれだけ知っている？」北神慎司・林 創（編）『心のしくみを考える——認知心理学研究の深化と広がり』ナカニシヤ出版

本章の後半で紹介した、人が自分の学習を正確に理解できないというメタ認知の問題を扱ったテキストブックの1章。

Theory 5

最高のパフォーマンスを発揮するために

自己認知／意識

外山美樹 TOYAMA Miki

教育や学習の領域において、「いかにしてパフォーマンスを高めることができるのか」は重要な問題であり、永遠のテーマともなっている。研究者や教育者、保護者や教員、スポーツの指導者など、どうすれば個人が最高のパフォーマンスを発揮することができるのかについて、日々悪戦苦闘している。

心理学においても、パフォーマンスの向上に影響を及ぼす要因について、さまざまな角度から研究がされている。そのなかでも本章では「自己」に焦点を当てて、パフォーマンスの向上に影響を及ぼす要因について紹介していく。そして、いかにして最高のパフォーマンスを発揮することができるのかについて考えていきたい。なお、本章におけるパフォーマンスは、主に、達成、成果、成績を意味している。

1 フィードバックと自己評価でパフォーマンスを高める

フィードバックは、学習者のパフォーマンスに影響を与えることが示されている。フィードバックとは、何らかの手段によって学習者に戻される情報のことであり、〝八五点だった〟〝一〇センチオーバーした〟といった結果についての言語教示などが含まれる。フィードバックの主な目的は、現在の自分と目標の自分との距離を縮めるための情報を提供することである。学習者はフィードバックの情報を手がかりとして、目標値と結果の誤差を把握し、誤差を減少させるための修正を行いながらスキルを進歩させ、パフォーマンスを向上させていく。

ところで、フィードバックはどれくらいの頻度で学習者に提示すると効果的なのだろうか。従来の研究では、フィードバックの頻度を高めることが学習に対するパフォーマンス（ここでは特に、運動のパフォーマンス）を促進させると考えられてきた。一般的にも、学習者にフィードバックを与える頻度が多いほど、誤差を修正する機会が増えるので、学習効果があると考えられがちである。しかし、ある課題の達成後にフィードバックを与えず、スキルの保持や転移を調べた最近の研究では、高頻度のフィードバックはむしろ学習を阻害するという結果が出ている。

高頻度のフィードバックが与えられると、フィードバックを伴う学習の習得期にはパフォーマンスの向上が見られるが、フィードバックがなくなった保持テストでパフォーマンスが大きく低下する現象は、〝フィードバック産出依存性〟と呼ばれている。この現象が生じる理由として、〝ガイダンス仮説〟では、以下のような説明をしている。フィードバックはスキルの習得において正しい方向へ導いてくれるガイド（手本、指針）となるが、頻繁にフィードバックが提示されると学習者がそれに依存してしまい、フィードバックが与えられない状況ではパフォーマンスを維持できなくなってしまう。それは本来、学習者は能動的に感覚機能や内在フィードバック（自身で獲得する情報）を利用して、パフォーマンスの誤差を検出するための情報処理を行っているが、頻繁に与えられるフィードバックによって、情報処理を行う機会が奪われてしまうからである。

では、自身の内在フィードバックを利用して、自己のパフォーマンスを評価するような情報処理活動を学習者が意図的に行うことができれば、高頻度のフィードバックは学習に対して阻害的に働かないのだろうか。このことを調べた筆者の研究（外山 2013）を紹介しよう。

ここでのパフォーマンスは、運動学習におけるパフォーマンスである。習得課題として、ゴルフのパッティング課題を用いた。打点位置から三メートル離れた位置を中心として、直径二〇、四〇、六〇、八〇、一〇〇センチの同心円を人口芝の上に描き、点数を中心に近いほうから一〇、八、六、四、二点、円の外に出た場合は〇点とした。つまり、打ったボールが止まった位置が中心に近いほど高いパフォーマンスを収めることになるのだが、ボールの止まった位置は実験参加者に見えないようにした。

実験参加者は〝自己評価有＋毎試行フィードバック群〟〝自己評価有＋要約フィードバック群〟〝自己評価無＋毎試行フィードバック群〟〝自己評価無＋要約フィードバック群〟という四群のいずれかにランダムに割り当てられた。自己評価有条件では、毎試行後に、自分の打ったボールが止まったと予想した位置を、実際の的の縮小図に記入させ、動作フォームの主観的評価の質問項目（〝ボールを打つ強さ〟などの三項目）に答えてもらった。自己評価無条件では、そうした自己評価を行わせなかった。また、毎試行フィードバック条件では、毎試行後にフィードバックが与えられ、要約フィードバック条件では、三試行ごとにまとめてフィードバックが与えられた。フィードバックは、実際の的の縮小図を用いて、どこにボールが止まったのかを示したものを実験参加者に提示した。

実験は二日連続で行われた。実験一日目は、プレテスト（フィードバックを伴わない一二試行）を行った後、四つの群の条件に従い、習得試行（一二試行を一ブロックとして五ブロック）を実施、五分間の休憩を挟んでポストテスト（フィードバックを伴わない一二試行）を行った。実験二日目は、一日目の実験終了の二四時間後に保持テスト（フィードバックを伴わない一二試行）を行った。

結果を図１に示した。習得時に自己評価をしない条件においては、高頻度のフィードバックが与えられると、フィードバックが与えられているときはパフォーマンスが向上し、習得直後にはフィードバックなしでもそのパフォーマンスを保持することができるが、時間が経過するとパフォーマン

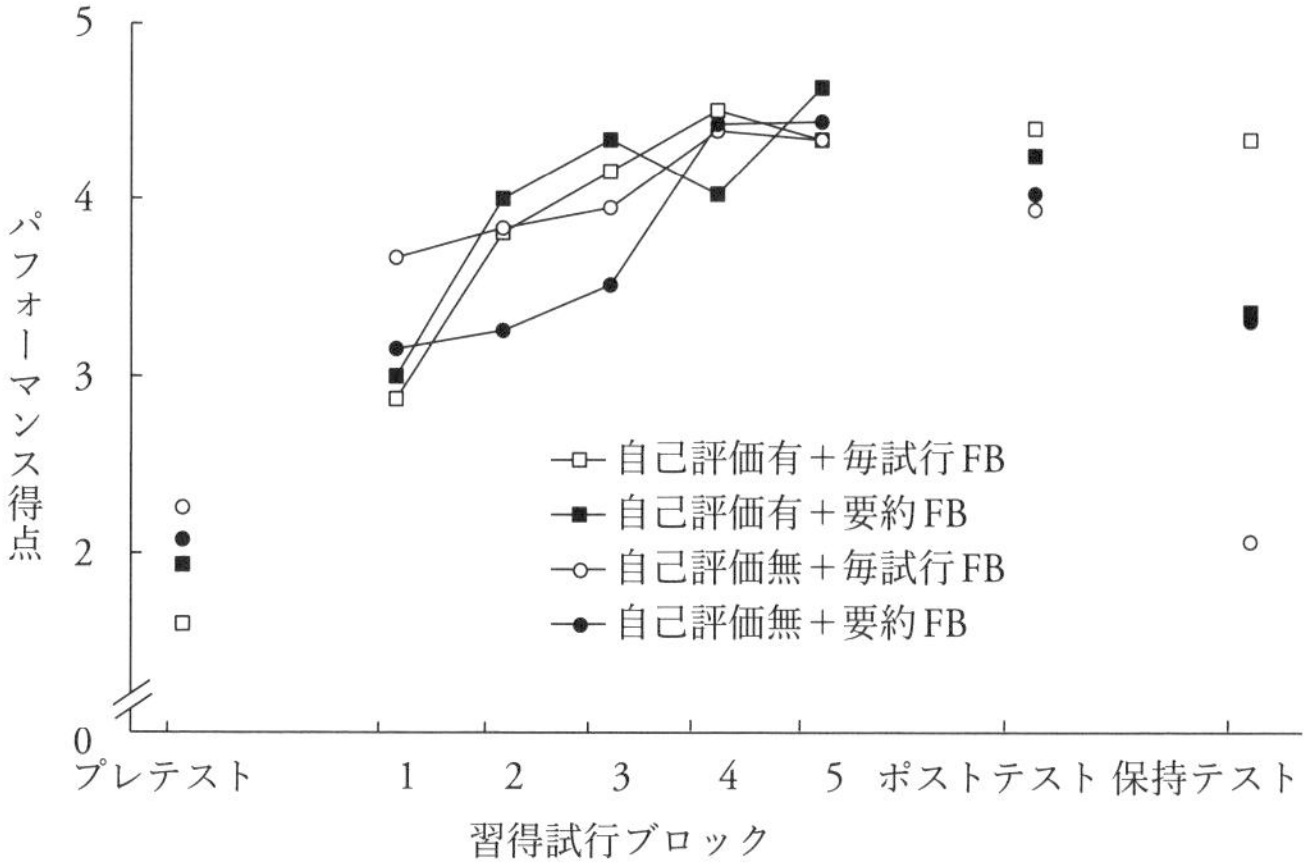

図1　群別におけるパフォーマンス得点
（注：1ブロックは12試行、FBはフィードバックを示す）

スが低下し、習得したスキルを保持できなくなるというフィードバック産出依存性が見られた。〝自己評価無＋毎試行フィードバック群〟の保持テストのパフォーマンスは、ポストテストと比べて低く、スキルの習得がまだ行われていないプレテストと差がなかった。高頻度のフィードバックが与えられると、学習者はフィードバックに頼りすぎてしまい、フィードバックが与えられない状況において必要となる情報処理活動を行わなくなる。そのため、習得から時間が経過すると、習得中に形成された運動の記憶表象が急速に失われ、学習が阻害されると考えられる。

一方、自己評価有条件においては、

フィードバック産出依存性が見られず、高頻度のフィードバックが与えられた毎試行フィードバック条件のほうが、低頻度のフィードバックが与えられた要約フィードバック条件よりもむしろ、保持テストのパフォーマンスはポストテストのそれと変わらず、習得された運動スキルが定着していることが示された。自己評価後にフィードバックが毎回与えられると、内在フィードバックと他者から与えられるフィードバックを比較するといった情報処理活動が増えることになり、誤差の検出と運動の修正がより促進され、その結果、形成された運動の記憶表象は安定し、スキルが定着するものと考えられる。

この研究より、自己評価有条件においては、フィードバックはむしろ高頻度で与えたほうが学習効果は高いことが示された。たしかに、より頻繁にフィードバックが与えられると、学習者の注意をフィードバックに焦点化させ、それに依存してしまう作用がある。そのため、学習者が本来もっている内在フィードバックを利用した自己のパフォーマンス評価を阻害し、学習効果を低下させる恐れがある。しかし、学習者が主体的に誤差を検出し、それを修正する情報処理活動を行うことによって、フィードバックに依存しすぎたり、内在フィードバックの利用をおろそかにしたりすることなく、パフォーマンスが向上すると考えられる。

2 目標に合った方略でパフォーマンスを高める――制御焦点

これまで、動機づけ研究では、人は快に接近し不快を回避するという快楽原則に従うと考えてきた。これに対してヒギンス（Higgins, 1997）は、接近、回避という軸だけではなく、どのようにして快に接近して不快を回避するのかという快楽原則の追求の仕方においても軸を設定すべきであると主張した。それが、advancement（促進）とsecurity（防止）の軸である（図2参照）。

促進焦点は、何らかに対する獲得に焦点が向けられており、利得の存在に接近し、利得の不在を回避しようとする目標志向性である。例えば、良い点数をとりたい、良い点数をとらないことを避けたいと思って勉強をするのがこれにあたる。一方、防止焦点は、何らかに対する損失に焦点が向けられており、損失の不在に接近し、損失の存在を回避しようとする。例えば、悪い点数をとらないことを求めたり、悪い点数をとることを避けたいと思って勉強するのがこれにあたる。ヒギンス（Higgins, 1997）のこれらの理論は、制御焦点理論と呼ばれている。

制御焦点の研究では、制御焦点を個人差（特性）として扱う場合（質問紙を用いて、促進焦点と防止焦点のどちらの傾向が強いのかを測定する）と、状況として促進焦点あるいは防止焦点を活性化させる場合の二つがある。状況としての制御焦点を活性化させる方法にはさまざまなものがある。

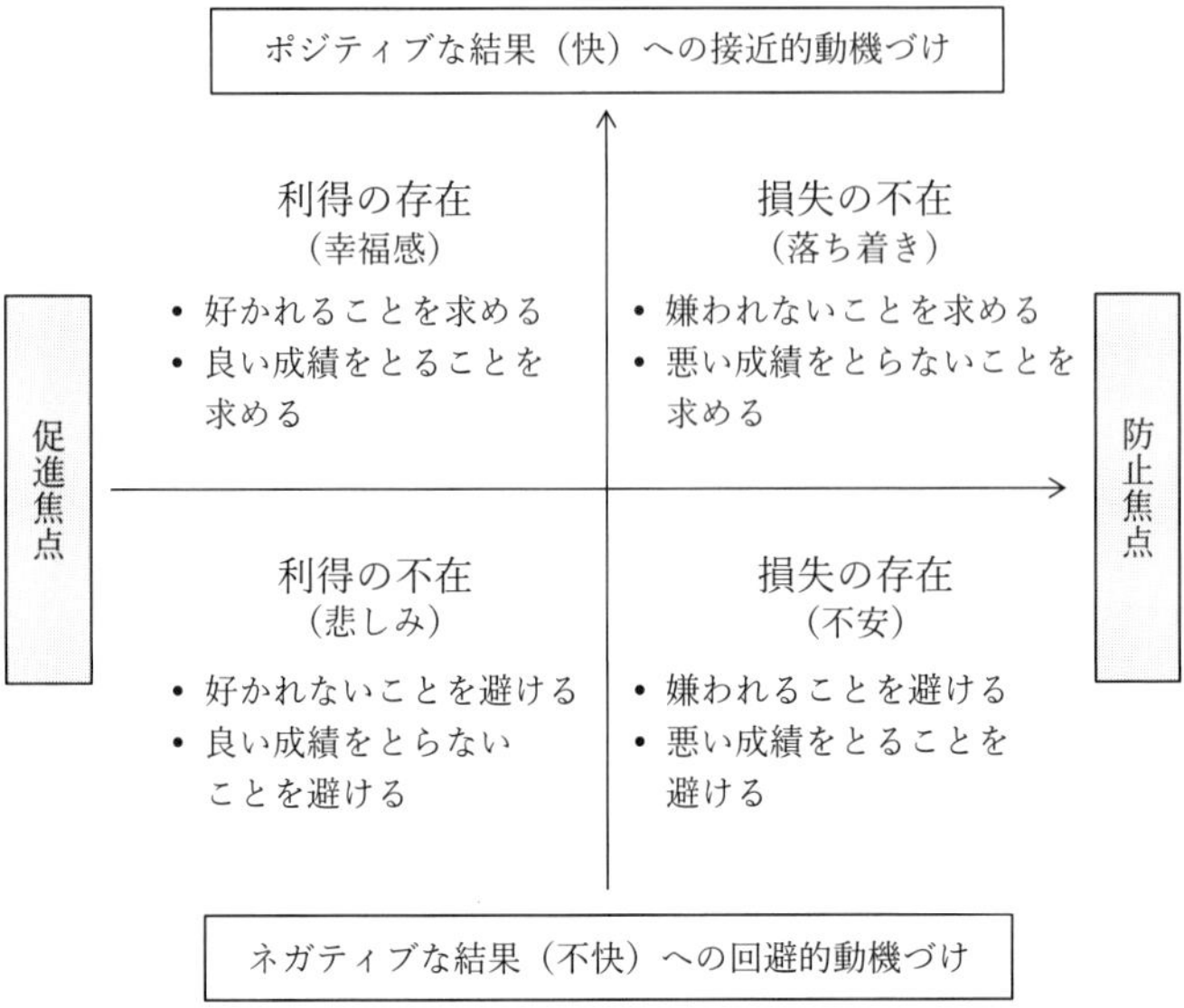

図2　制御焦点理論（Molden, Lee & Higgins（2008）を参考に作成）

例えば、参加者自身が理想として叶えたいと思っていることを自由記述させたり（理想目標をプライミングして促進焦点を活性化させる）、あるいは義務として果たすべきと思っていることについて自由記述させたり（義務目標をプライミングして防止焦点を活性化させる）する方法や、下記の実験紹介で述べるフレーミングを用いる方法などがある。

　ある研究（Markman, Baldwin & Maddox, 2005）では、実験参加者に課題を行わせ、正解だと得点を加点するが、不正解だと得点が変動しないという条件と、不正解だと得点を減点するが、正解では得点の変動がない条件のいずれかに割り当てた。制御焦点は、特性としての制御焦点を用いた。その結果、促進焦点の傾向が強い人は前者の条件のほうが、防止焦点の傾向が強い人は後者の条件のほうがより高いパフォーマンスを示した。

また、別の研究（Forster, Higgins & Bianco, 2003）では、速さと正確さがトレードオフとなる課題（制限時間内に、数字の順番に点をつないである絵を完成させる点つなぎ課題）を実験参加者に行ってもらった。制御焦点の操作では、フレーミングを用いて、促進焦点の状況か防止焦点の状況のいずれかを活性化させた。具体的には、促進焦点のフレーミングでは、ある基準を満たしていれば報酬を獲得することができるが、基準を満たしていなければ報酬を獲得することができないと教示され、防止焦点のフレーミングでは、ある基準を満たしていれば報酬を失うことはないが、基準を満たしていなければ報酬を失うことになると教示された。促進焦点のフレーミングも防止焦点のフレーミングも、意味的には等価であり、目指すべき目標は同じ（報酬を獲得すること／報酬を失わないこと）であるが、焦点の当て方が異なる。このように、ある事象を、意味的に等価な別の表現にすることをフレーミングという。

実験の結果、促進焦点の状況が活性化された実験参加者は、防止焦点の状況が活性化された実験参加者、および何もフレーミングが与えられなかった実験参加者よりも、速さに関するパフォーマンスが高かった。一方、防止焦点の状況が活性化された実験参加者は、促進焦点の状況が活性化された実験参加者、および何もフレーミングが与えられなかった実験参加者よりも、正確さに関するパフォーマンスが高いことが示された。

こうした研究より、促進焦点の傾向が強い人や促進焦点の状況が活性化された場合には、課題の側面において重視するのは速さで、速さを要するパフォーマンスが高いこと、創造性が試される課題のパフォーマンスが良いこと、森を見て木を見ないような（全体をみる）課題のパフォーマンスが高いことが示されている。一方、防止焦点の傾向が強い人や防止焦点の状況が活性化された場合には、課題の側面において重視するのは正確さで、正確さを要するパフォーマンスが高いこと、我慢強く取り組む課題のパフォーマンスが良いこと、読み返しの方略を用いること、分析的な課題のパフォーマンスが高いことが示されている。

このように、促進焦点も防止焦点も良いパフォーマンスをしようと動機づけられていることに違いはないが、目標や重視する側面が異なるため、目標に合致した方略を用いると、それに対応した課題のパフォーマンスが高くなると言える。

3 人と比べる視点とパフォーマンス——社会的比較

われわれは、たった一人で社会から孤立して生きているのではなく、さまざまな社会的相互作用のなかで、有形無形の影響を受けている。例えば、優れた他者の存在によってやる気が出たり、逆に自分の不甲斐なさを思い知らされ、意気消沈したりするということがある。このように、他者の存在が自身の動機づけ、ひいてはパフォーマンスに影響を及ぼすことがあるが、ここでは、自分と他人を比較する〝社会的比較〟がパフォーマンスに及ぼす影響について見ていくことにする。

われわれはさまざまな他者と比較を行っている。心理学の研究から、一般的に、比較する相手としては自分と類似した他者が好まれると言われているが、能力を比較するときに限っては、自分の能力を向上させ、他者をしのごうとする圧力（このことを〝向上性の圧力〟という）も作用するため、自分の能力よりもほんのわずかに優れている他者との比較を好む、と考えられている。

中学生を対象とした研究（外山 2006）において、中学生は自分よりも多少成績が良い友人と自分の成績を比較する傾向にあることが示されている。また、自分よりも優れた他者と比較する人は、その優れた他者をしのごうとする強い向上性のために比較することが多く、動機づけが高まり、その結果、自身のパフォーマンス（学業成績）が向上しやすい傾向にあることが示されている。つまり、優れた友人を良いモデル（手本）として、自分もその友人のようになりたいと奮起し、頑張りつづけることができ、その結果として自身のパフォーマンスが向上するのである。このように、社会的比較は学習に対する動機づけの役割を果たすと考えられている。

逆に、自分よりも劣った他者と比較する人は、自分がなにかしらの成長をしたいと思って比較をしているというよりは、傷ついた自尊心を守りたいとか、あるいは優越感を得たいといった消極的な理由で比較していることが多いため、動機づけが高まることなく、よって、パフォーマンスは向上しないと言われている（ただし、傷ついた自尊心は守られる）。

このように、自分よりも優れた他者と比較することには、比較する他者をしのごうとする向上性の圧力が作用したり、比較する他者の存在が自分を鼓舞し向上しようとする動機づけを促進させたりするために、パフォーマンスに対してポジティブな影響が見られると言われている。その一方で、優れた他者との比較によって有能感が脅威にさらされ、意気消沈に至り、動機づけが低下し、そしてついには、パフォーマンスが低下する恐れもある。事実、教室内における社会的比較が、子どもの学業達成にネガティブな影響を与えることを見出した研究（Monteil & Huguet, 1999）も数少ないながらにある。社会的比較の影響は一様ではなく、動機づけやパフォーマンスにマイナスに働くこともあるようである。

外山（2009）は、優れた友人との比較には、パフォーマンス（学業成績）の高さに結びつくプロセスと、逆にパフォーマンスの低下につながるプロセスの両者があることを示した。また、両者をつなぐプロセスには、社会的比較に伴う感情と、その後に行われる行動が関わっていることがわかっている。具体的には、社会的比較を行った際に〝もっと頑張ろう〟とか〝相手に負けたくない〟といった意欲感情が喚起されると、学習活動に対する努力行動へとつながり、その結果、パフォーマンスの高さにつながるというプロセスが見られた。一方、社会的比較を行った結果、ネガティブな感情（〝落ち込む〟といった卑下感情、〝相手がにくらしい〟といった憤慨感情）が喚起されると、学習活動に対する回避行動が行われやすく、その結果、パフォーマンスを低めるというプロセスが確認された。このように、社会的比較が行われる際に伴う感情とその後の行動によって、優れた友人との社会的比較が学習に対してプラスの影響を及ぼすのか、それともマイナスの影響を及ぼすのかが異なっているようである。

また、自分よりも優れた他者と比較することにはポジティブな影響とネガティブな影響の両者が考えられるが、どちらの影響が色濃く反映されるのかは、ひとつにはその人がもっている有能感によって違ってくることを示した研究（外山 2006）がある。その研究によると、有能感の高い人が自分よりも優れた他者と比較した場合には、パフォーマンス（学業成績）の向上が見られるが、いくら自分よりも優れた他者と比較していても自身の有能感が低い場合には、パフォーマンスの向上が見られないことが示されている。自分よりも優れた他者と比較することで動機づけられ、ひいてはパフォーマンスを高めることができるのかどうかの鍵は「有能感」に見出せるのである。有能感はパフォーマンスの向上に影響を及ぼす重要な要因のひとつであるが、自分よりも優れた他者と比較することがパフォーマンスにポジティブな影響を及ぼすことにおいても、好ましい有能感の形成が重要になってくると言える。

さらに、外山（2007）は、社会的比較を学業成績やテストの点数など、学業的遂行の結果を友人と比較する遂行比較と、学習自体（例えば、勉強方法）や理解度を友人と比較する学習比較の二つに分け、それら社会的比較がパフォーマンス（学業成績）の向上に及ぼす影響について検討している。その結果、数学の教科においては、外山（2006）の結果と同様、遂行比較がパフォーマンスの向上にプラスの影響を及ぼすのは、その個人の学業に対する有能感が高い場合に限られ、自身の有能感が低ければ、パフォーマンスの向上は見られないということが示された。また、国語の教科においては、有能感が低い子どものうち、学習比較をあまり行わない子どもはパフォーマンスが低下するのに対して、学習比較を行う子どもにはパフォーマンスの向上が見られるという、有能感と学習比較の交互作用的な影響が見られることが示された（図3参照）。そのため、国語の教科においては、学習に対して自信がない子どもであっても、勉強の方法や理解度を周りの友だちと比較することによって、パフォーマンスの向上が見られるということになる。このことより、社会的比較によ る学習の効果としては、動機づけが高められることのほかにも、優れた他者の認知や方略を自分の

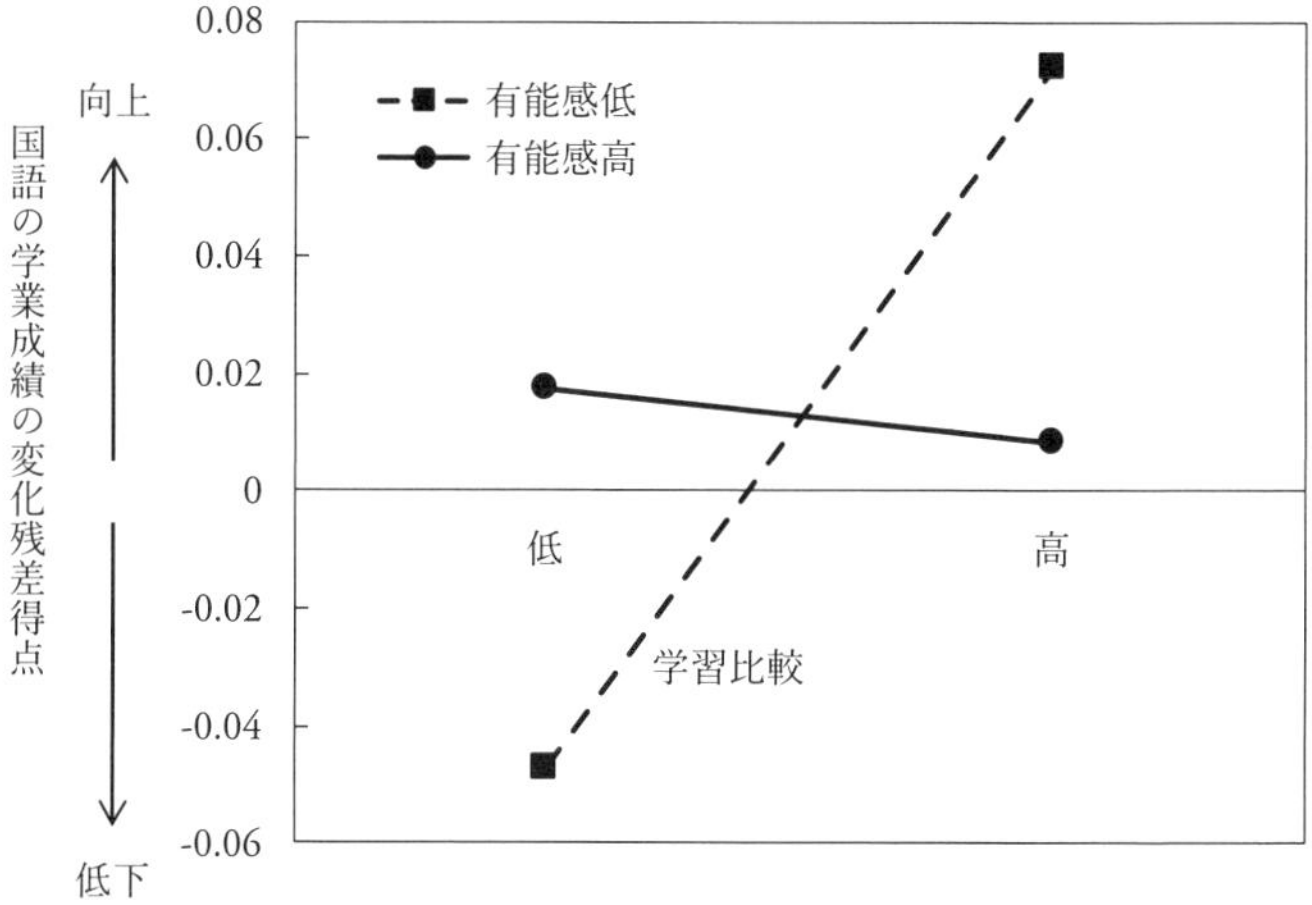

図3　学業に対する有能感および学習比較の高低にもとづく予測される国語の学業成績の変化

それと比較し、自分の誤った認知や方略を修正することにつながることが挙げられる。優れた友人の勉強方法を自分のそれと比べまねることによって、例えば適切な学習方略の使用につながり、それによってパフォーマンスが向上する傾向にあると考えられる。

以上、述べてきたように、社会的比較がパフォーマンスに及ぼす影響は必ずしも一様ではなく、そこにはさまざまな要因（例えば、周りの友人と何を比較するのかといった比較する対象や、教科、および学業に対する有能感）が関わってくるものと考えられる。

④ ポジティブ思考がパフォーマンスを高めるとは限らない──防衛的悲観主義

ポジティブ思考や楽観主義が動機づけや持続力、さらにはパフォーマンスをも促進するという知見が次々に報告されている。ポジティブ思考こそ唯一の美徳で、〝ポジティブにいこう〟という風潮が強まりつつある。一方、多くの研究において、ネガティブ思考や悲観主義はネガティブな結果と関連していることが示されており、悲観主義者は無気力で希望を失いやすく、簡単にあきらめてしまうため、能力以下のパフォーマンスしかあげられないと指摘されている。

ところが近年、悲観主義者のなかにも、物事を〝悪いほうに考える〟ことで成功している適応的な悲観主義者（これを防衛的悲観主義者という）の存在が明らかになっている。防衛的悲観主義とは、前にうまくいっているにもかかわらず、これから迎える状況に対して、最悪の事態を予想する認知的方略のことである。例えば、人前でプレゼンテーションを行わないといけない状況が迫っているときには、〝台詞を忘れて頭が真っ白になるのではないか〟〝自分の声が小さくて、聞き取れないのではないか〟〝聴衆が退屈して、途中で退室するのではないか〟、果ては〝コンピュータがフリーズしてパワーポイントが使えなくなったらどうしよう〟〝壇上に置かれた水がこぼれて資料が読めなくなったらどうしよう〟と次から次へと不安事がおそってくる。

しかし、この悲観的思考はただの非生産的なネガティブ思考ではない。悪いほう悪いほうへ予想し、予想される最悪の事態を鮮明に思い浮かべることによって、対策を練ることができるのである。先ほどのプレゼンテーションの例でいうと、彼らは、何度も何度も練習を繰り返すだろう。ときには周りにいる誰かを相手にし、来たるべき質問を想定した回答例を作るかもしれない。また、本番には自分の資料を二部用意し、コンピュータを二台用意することになるだろう。これから起こる出来事を悪いほう悪いほうに想像し、徹底的にその対処法を整えた防衛的悲観主義者は、本番を迎える頃にはその不安をコントロールし、そして立派なパフォーマンスを修めるのである。

このように、防衛的悲観主義者は〝前にもうまくいったし、今度もうまくいく〟とは決して片づけない。悪い事態を予想することで不安になるが、そうした不安を逆に利用し、モティベーションを高め、悪い事態を避ける最大限の努力をすることで高いパフォーマンスにつなげているのである。

ところで、防衛的悲観主義の人が、こうした悲観的思考をやめたらどうなるのであろうか。例えば、これから重要な場面（試験、面接、試合など）を迎える防衛的悲観主義の人に〝クヨクヨするな。ポジティブに考えよう！　きっとうまくいくよ〟と勇気づけたとする。あるいは悲観的思考から離れさせるために、何か気晴らしをさせたとする。それでもこれまでと同じように、あるいはこれまで以上のパフォーマンスを成し遂げることができるのだろうか。答えは否である。それでは、そのことを示す心理学の実験（Spencer & Norem, 1996）を紹介しよう。

この実験では、あらかじめ質問紙によって抽出された防衛的悲観主義者と楽観主義者に参加してもらった。実験参加者は、〝コーピング・イマジナリー〟〝マスタリー・イマジナリー〟、そして〝リラクゼーション〟の三つの条件のどれかにランダムに割り当てられ、それぞれ異なるイメージ・トレーニングを行った後に、ダーツの成績を競い合ってもらった。

〝コーピング・イマジナリー〟条件とは、〝コーピング・イマジナリーのテープ〟を聞かせることによって、パフォーマンスのすべての場面を想定させ、さらにどんなミスをしそうか、もしそのミスをしたら、どうやってそれをリカバーするのかまで思い描かせる条件である。普段、防衛的悲観主義の人が使っている方略である。

〝マスタリー・イマジナリー〟条件とは、〝マスタリー・イマジナリーのテープ〟を聞かせることによって、完璧なパフォーマンスを鮮明に想像させる条件である。スポーツ選手が本番前に頭のなかで完璧な動きをイメージ・トレーニングすると、それに対応する運動機能が強化されて、より自然に正確な動きが出せ、より良いパフォーマンスにつながるというが、そのテクニックに非常に似ている。

最後に〝リラクゼーション〟条件とは、パフォーマンスについての思考から離れ、筋肉をすみずみまで弛緩させ、くつろがせる条件である。ここでは、太陽の輝く南国のビーチで、温かい砂に身を沈めている場面を思い描かせるような〝リラクゼーション・イメージのテープ〟を聞いてもらった。このテクニックもスポーツ選手のパフォーマンスを向上させるためによく使われるもので、そこでは、癒しの音楽を聴いたり、リラックスしている自分の姿を思い描いたりする。

それでは、結果である。図4を見ていただきたい。防衛的悲観主義者は〝コーピング・イマジナ

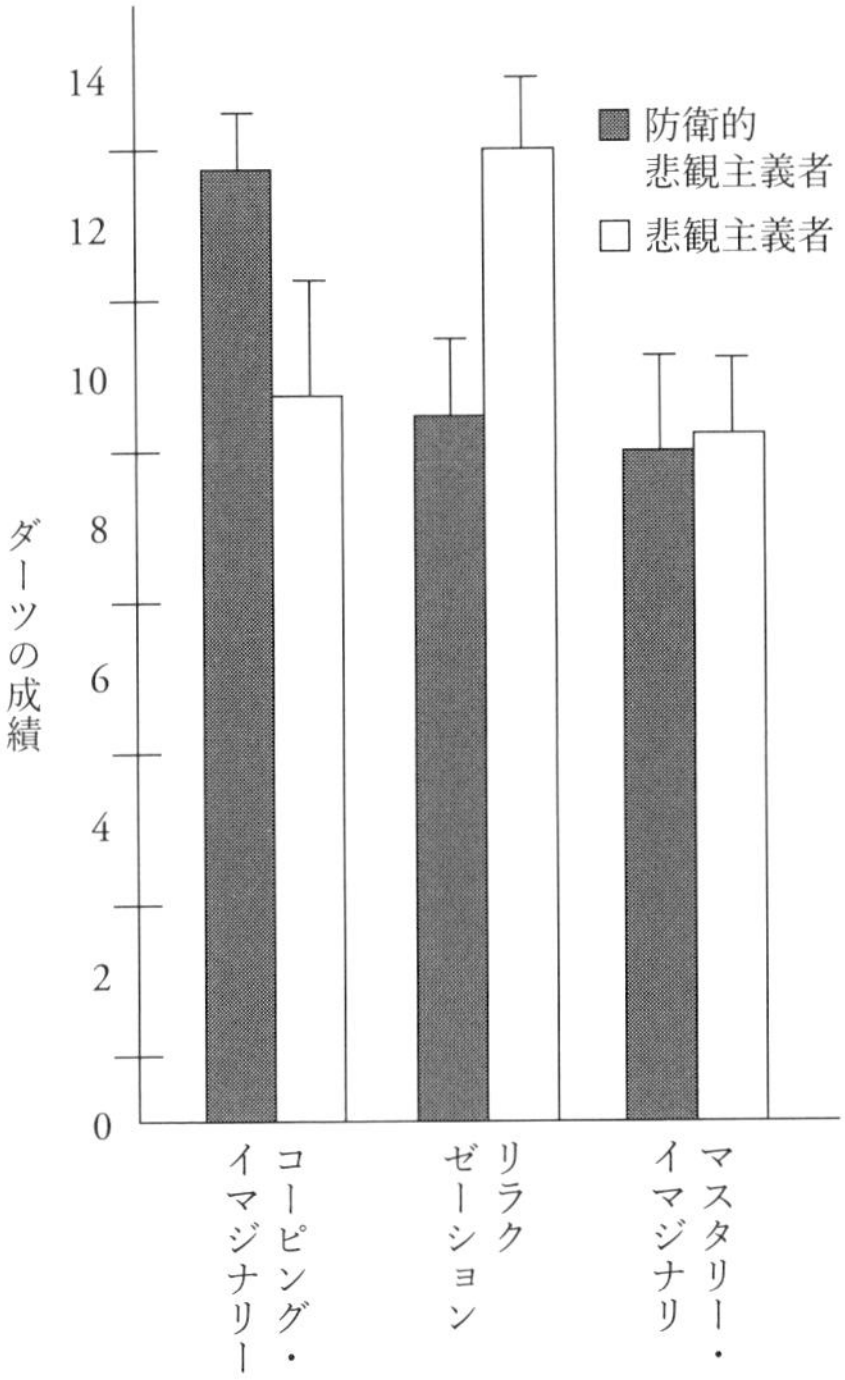

図4　防衛的悲観主義者と楽観主義者の各条件件によるパフォーマンス得点
(Spencer & Norem, 1996)

リー〟条件において、楽観主義者は〝リラクゼーション〟条件において、ダーツの成績が最も良かった。そして、ダーツの成績自体には、両者で差が見られなかったことも明らかになっている（つまり、悲観主義者が楽観主義者にパフォーマンスで劣るということではない）。

この実験結果からわかったことは、防衛的悲観主義の人は楽観的になると出来が悪くなり、悲観的なままでいるときは出来が良いということである。ポジティブだと誰もがうまくいくわけではないのである。同様に、たとえ楽観主義の人であっても、これから起こる出来事を悪いほうに想像し、洗いざらいのディティールを思い描くやり方をさせると、途端にパフォーマンスが下がる。

高いパフォーマンスを修めるためには、積極的になることが大切である。しかし、防衛的悲観主義の人のように、つねに物事を悲観的にとらえる人に〝ポジティブに考えようぜ〟と言っても、ポジティブに考えられるはずがないし、不安なときに無理にポジティブに考えようとすると、裏目に出やすい。ポジティブ思考がいつも万能だという考え方は、明らかに間違っている。人はそれぞれ違うし、ある人に効くものも、ある人には効かないかもしれない。楽観主義者と悲観主義者とでは、目標に向かう際の心理状態が大きく違うからだ（Monteil & Huguet, 1999）。楽観主義者は不安を感じることが少なく、逆に悲観主義者は不安をもちやすいのである。楽観主義者は、不安を寄せつけない方略を必要とし、悲観主義者は、不安を効果的にコントロールする方略を必要としている。そこで、前者には、あまり考えたり悩んだりしないような方略がベストであるし、後者には、予想できる最悪の事態を想像し、それを避ける最大限の努力をする方略がぴったりということになる。高いパフォーマンスを収めるためには、自分に合った方略を選択することが重要になってくる。

文献

Forster, J., Higgins, E.T. & Bianco, A.T., 2003, Speed/accuracy decisions in task performance : Built-in trade-off or separate strategic concerns? Organizational Behavior and Human Decision Processes, 90, 148-164.

Higgins, E.T., 1997, Beyond pleasure and pain. American Psychologist, 52, 1280-1300.

Markman, A.B., Baldwin, G.C. & Maddox, W.T., 2005, The interaction of payoff structure and regulatory focus in classification. Psychological Science, 16, 852-855.

Molden, D.C., Lee, A.Y. & Higgins, E.T., 2008, Motivations for promotion and prevention. In : J.Y. Shah & W.L. Gardner（Eds.）Handbook of Motivation Science. New York : Guilford Press.

Monteil, J.M., & Huguet, P., 1999, Social Context and Cognitive Performance : Towards a Social Psychology of Cognition. Hove, East Sussex : Psychology Press.

Spencer, S.M. & Norem, J.K., 1996, Reflection and distraction : Defensive pessimism, strategic optimism, and performance. Personality and Social Psychology Bulletin, 22, 354-365.

外山美樹 2006「中学生の学業成績の向上に関する研究——比較他者の遂行と学業コンピテンスの影響」『教育心理学研究』54, 55-62

外山美樹 2007「中学生の学業成績の向上における社会的比較と学業コンピテンスの影響——遂行比較と学

習比較」『教育心理学研究』55, 72-81
外山美樹 2009「社会的比較が学業成績に影響を及ぼす因果プロセスの検討――感情と行動を媒介にして」『パーソナリティ研究』17, 168-181
外山美樹 2013「運動学習における結果の知識と自己評価の効果――協応運動課題を用いて」『心理学研究』84, 436-442

「もっと学びたい!」人のための読書案内──Book Review

† 外山美樹(著) 2011『行動を起こし、持続する力──モチベーションの心理学』新曜社
"ほめるとやる気が起きる?""褒美はモチベーションを高める?""レベルの高い学校に行ったほうが学習意欲が出る?" こうした常識は心理学の世界ではどのように考えられているのか、心理学の知見を踏まえたモチベーション(動機づけ)に関する考え方を紹介している。

† Shah, J.Y. & Gardner, W.L. (Eds.), 2008, *Handbook of Motivation Science*. New York : Guilford Press.
英語で書かれているので読むのを躊躇するかもしれないが、動機づけ研究に関して、このハンドブックほど体系的かつ網羅的に、さまざまな理論が書かれている本を筆者は知らない。動機づけ研究に関するさまざまな理論について、幅広く学ぶのに最適な書籍である。

† アンジェラ・ダックワース(著) 神崎朗子(訳)『やり抜く力GRIT──人生のあらゆる成功を決める「究極の能力」を身につける』ダイヤモンド社
人生のあらゆる分野での成功において最も重要なファクターとして考えられているやり抜く力(グリット)について、さまざまな視点から取り上げた書籍である。

Theory 6

よりよく学ぶためのヒント

自己調整学習

犬塚美輪 INUZUKA Miwa

「学ぶ」という活動は学校のなかだけで終わるものだろうか？　いや、むしろ大人になってからのほうが「学ぶ」ことを意識すると言えるかもしれない。仕事のために新しい技術や資格を身につける、外国語の勉強を始める、育児書を読む、節税対策を考える……生活のなかのさまざまな場面で、私たちは「学ぶ」ことを必要としている。このように考えると、「よりよく学ぶこと」と「よりよく生きること」は密接にリンクしていると言えるだろう。では、よりよく学ぶためにはどうすればよいのだろうか。本章では、「自分で自分の学習過程を能動的に調整していくこと」を重視する「自己調整学習」の理論に注目する。学ぶための活動をより上手にコントロールするためにはどうすればよいか、自己調整学習の理論は、学習のプロセスにおけるパフォーマンスに着目し、具体的な取り組み方を提案してくれる。そのなかでも、よりよい学びのための私たちの武器となるのが「方略」である。本章を通して、よりよい学びのためのヒントを見つけてほしい。

1 学習場面での「パフォーマンス」とは何か？

本章では、「学習する場面」における学習者の認知プロセスや、それを促進する教授法の開発などに関する研究知見から、よりよい学びのためのヒントを探っていく。「学習」という語を、ここでは、記憶や理解、問題解決スキルの獲得などを含めて、広く定義する。紹介する研究の多くは、学校場面や学校で教わる内容を中心になされているが、得られた知見には、大人になってからの学びにも共通する部分が多い。人はどのように学んでいるか、どうすればよりよく理解する（させる）ことができるか、という大きな問いに、心理学の研究知見はどのように答えているのだろうか。

まず、本書のテーマである「パフォーマンス」について、学習という視点から明確にしてみよう。日本語であれば、このような文脈では、「学力」「成績」といったことばを用いることが多いだろう。「学力」に対応する英単語としては、"academic achievement"や"academic ability""academic performance"などが挙げられる。一方、「成績」についても同様に"academic results""academic record""achievement""performance"といった語が対応しているようである。日本語で「学力」「成績」と言うときには、こうした異なる側面を含めていると考えられる。雑な分類ではあるが、才能（ability）を指す側面、一定の基準を想定し、「どの程度の基準を達成したか」というachievementの側面、特

表1　「学んだ力」としての学力と「学ぶ力」としての学力（市川 2004）

学んだ力	知識の量、読解力、論述力、討論力、批判的思考力、問題解決力、追求力
学ぶ力	学習意欲、知的好奇心、学習計画力、学習方法、集中力、持続力、コミュニケーション力

定の問題に取り組む際に「どのようにふるまうか」というperformanceの側面、そしてそれらの記録としてのrecordというように、四つの意味で私たちは「学力」や「成績」という言葉を使っているようである。このように考えると、「教え教えられる場面／学習する場面におけるパフォーマンス（performance）」は、「私たちがどのように学習するか」「学習の結果どのようなふるまいを身につけるか」と言いかえられるのではないだろうか。

市川（2004）は、学力の概念を「学んだ力」と「学ぶ力」として整理している（表1）。上述の議論に当てはめてみると、「学んだ力」は“achievement”の観点から、「学ぶ力」は“performance”の観点から、私たちが学ぶということを捉えていると言えそうである。このように考えると、「学習する場面におけるパフォーマンス」とは「学ぶ力」としての学力と位置づけられる。

冒頭にも述べたように、私たちが必要とする知識は人生にわたって変化し、そのつど新たな学習をしていかなくてはならない。そう考えると、「どのように学ぶか」「学ぶ力」としての学習のパフォーマンスは、私たちの人生にわたる学習活動を支える基盤と言えるだろう。

そこで本章では、「どのように学ぶか」「学ぶ力」という観点から、よりよく学ぶためのヒントを探していくことにする。そのために本章で注目するのが「自己調整学習」の理論である。まず、よりよい学習のあり方とはどのようなものかを、自己調整学習の理論から概観する。そして、よりよい学びを支える要素としての「方略」に注目し、より掘り下げた議論をしていきたい。

2 自己調整学習から見る「よりよい学び」

自己調整学習は、アメリカの心理学者ジマーマンが中心となって提案している学習に関する理論である（Zimmerman & Schunk, 2001）。自己調整とは、「学習者が、メタ認知・動機づけ・行動において、自分自身の学習過程に能動的に関与していること」と定義できる（Zimmerman, 1989）。言いかえると、自己調整学習とは、学習者が自分自身の学習プロセスを能動的に調整していくこと、ということになる。自分がうまく学習できるようにさまざまな方法や工夫を行なうことが「よりよく学ぶ」ためのポイントだということである。

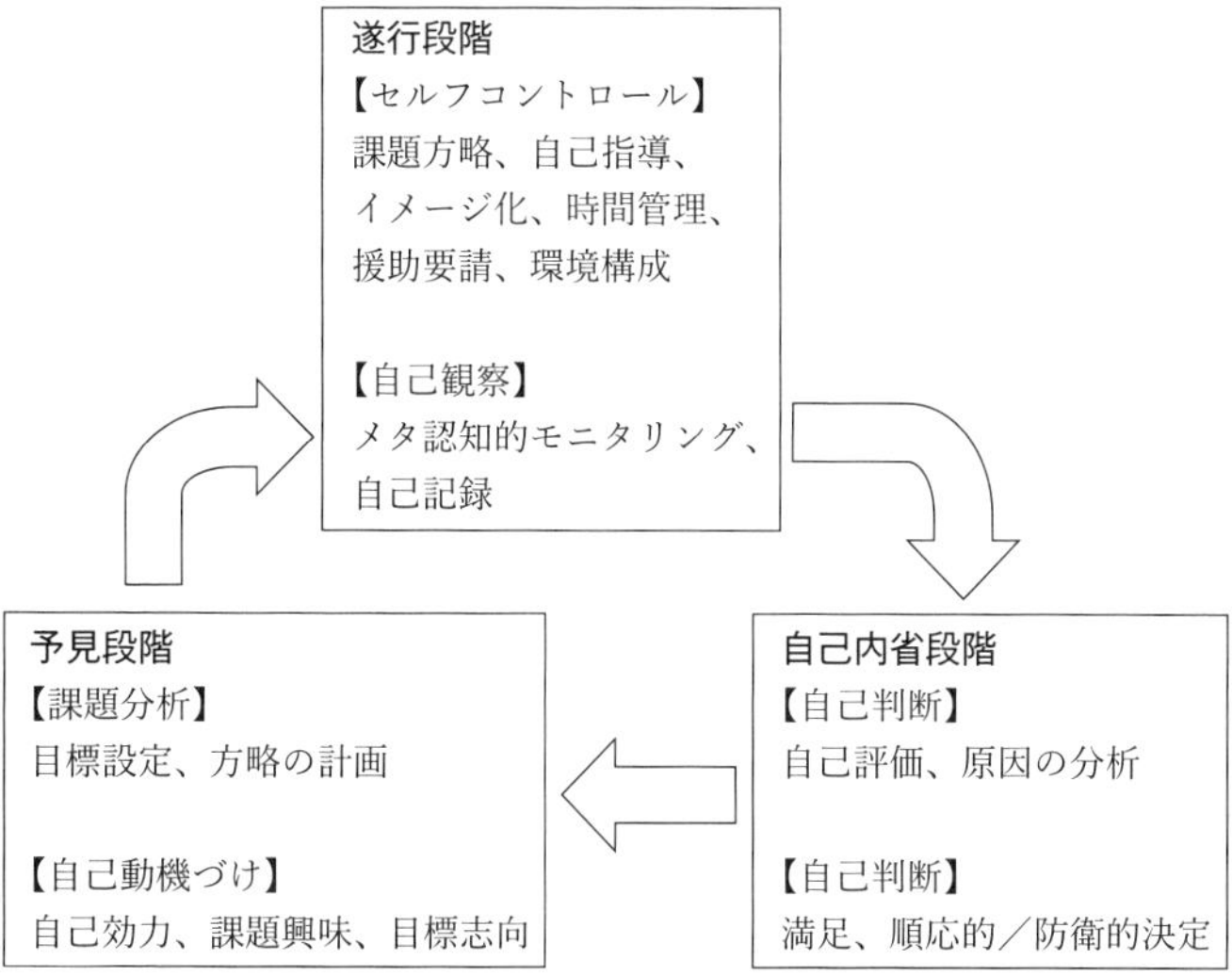

図1　自己調整学習のサイクル（Zimmerman & Moylan（2009）を改変）

1　学習を「サイクル」で捉える

「学習場面を思い浮かべてください」と言われたら、どのような姿を思い浮かべるだろうか。多くの読者は、自分が一生懸命勉強している姿（ノートに何か書き込んだり問題を解いたりしているところ）を思い浮かべるのではないだろうか。自己調整学習の第一の特徴は、「勉強に取り組んでいるまさにそのとき」だけでなく、事前・事後を含めた「サイクル」で学習プロセスを捉えるという点にある（Zimmerman & Moylan, 2009／図1）。つまり、実際に学習を行なっている場面（遂行段階）だけでなく、その学習に取りかかる前

（予見段階）、そして学習を終えた後（自己内省段階）が重要なのである。では、それぞれの段階でどのような活動が関わっているのだろうか。

あなたが最近何か新しいことを学習しようとした経験を思い出してほしい。語学やプログラミング、法律などその内容は人によって違っているはずだが、そこに共通する要素も見つけられるだろう。

まず、予見段階は、学習の目標を設定し、どのように学ぶか計画する段階である。例えば、「一年後の国際プロジェクトの発足までに英語でのプレゼンテーションを身につける」という目標を立て、「毎週英語教室に通う」「毎朝英語ラジオを聴いて通勤する」という計画を立てたとしよう。このとき、計画そのものと同様に重要なのが感情の側面である。特に自己効力をもつことは重要で、「とはいえ、できないだろうなあ……」とあきらめ気味で始めるのと、「よし、絶対できるぞ！」と期待を強くもって学習を始めるのとでは、その後のパフォーマンスは大きく変わってくる。また、その課題をどのくらい「面白そうだ」と感じているか、という興味の側面もこの段階の重要な要素である。素朴に考えても、「面白くなさそうだけど仕方ない」といやいや始めた学習はなかなかうまくいかないだろうとわかる。その後の学習の展開を順調にするためには、「できる」と思える目標や計画を立てることや、興味を高めるような仕掛け作りが重要なのである。

次に、遂行段階では、取り組んでいる課題に注意を集中することや、自分の取り組み状況をモニタリング（本書第2章参照）することが重要な要素となる。遂行段階は、予見段階での計画内容を実行するだけ、と見ることもできるが、目標や計画に向かうための過程には、さまざまな障害があるだろう。例えば、取り組みはじめたものの、ほかの仕事が忙しくなってしまって、予定通り英語教室に通えなくなってしまい、「なかなか進まないなあ」とがっかりするかもしれない。また、いざ勉強しはじめたら、周りの騒音が気になって「集中できない」と感じるような経験をすることもあるだろう。こうした経験は、自分で遂行段階の状況をモニタリングしている結果を表してもいる。

ここで、この後の自己内省段階が重要になる。取り組みがどの程度うまくいったかを評価し、「うまくいかなかった」と評価するのであれば、なぜうまくいかなかったかを考える。そしてこの段階で学習が終わるのではなく、自己内省段階での評価や反省が、次の学習場面の予見段階に活かすよう引き継がれることが重要である。「騒がしくてだめだ」「忙しくて通えない」という評価と原因の分析について、どのような計画を立てられるだろうか。「騒がしくて集中できない」と環境に原因があると考えた場合は、「場所を変えて学習する」という計画を立てられるだろう。「教室に通うのはほかの仕事の関係上難しい」という場合は、時間に融通のきくほかのやり方を考えたりすることで、次の遂行段階に進むことができる。

このように、私たちが実際に学習に取り組んでいる状況は、その場面単独で捉えるより、予見・遂行・自己内省の三段階を循環すると考えるほうがより的確であり、よりよく学ぶことに直結しやすいように思われる。このように「サイクル」で学習を捉えるのが、自己調整学習理論の第一の特徴である。

2 優れた学習者の特徴とは何か?

自己調整学習の第二の特徴は、上に述べたような三つの段階をうまく循環させるための「パフォーマンス」に注目するという点である。つまり、どのように振る舞うことが三つの段階の良い循環につながるのか、学び方や取り組み方に注目するのである。

では、具体的にどのような観点から自己調整学習におけるパフォーマンスを捉えられるだろうか。図2に、「優れた自己調整学習者」と「未熟な自己調整学習者」がどのように学習に取り組むか、それぞれのパフォーマンスの例を示そう (Zimmerman, 1989)。

「優れた自己調整学習者」は、予見段階において、「今週中に○○ができるようになる」というような特定的な目標をもち、「がんばれる、きっとできる」という高い自己効力感と内発的興味を示している。遂行段階においては、集中して取り組むことができ、自分自身の学習活動をうまく導いている。その活動がうまく進められているかどうかをモニタリングしていて、何らかの理由でうまくいかないときに、その問題を解決しようとする。例えば、「うるさくて集中できない」と感じたら場所を変える、というような環境調整も必要であり、「専門用語の知識を見直さなくては」と学習内容を調

優れた自己調整学習者
うーん。××にはわからない単語が多いな。別の本で調べ直してみよう！
よし、今週中に必要な専門用語は全部英語でわかるようにしよう。へえ、英語ではこういう言い方になるのか、面白いな！
集中
自分で自分を励ます
学習の過程に注目
未熟な自己調整学習者
もう3ページも書いたからいいかな。できてないところは能力不足だから仕方ないや。
上手にプレゼンできるようになりたいなあ。A君には負けたくない。そもそも中学校から英語は苦手なんだよなあ……
注意が定まらない
「できないかも」と考える
学習の結果に注目

図2　優れた自己調整学習者と未熟な自己調整学習者

整することも必要だろう。こうして学習した後の自己内省段階においては、「〇〇はだいたいできるようになったぞ」と自分の出来を評価し、それを取り組みの成果として位置づけることができる。

一方、「未熟な自己調整学習者」は、遠くあいまいな目標をもち、自分ができるようになることではなく、他者と比べて優れていると思われることを重視している。「もっと英語ができるようになりたい」「できるやつと思われたい」というような目標や学習観は未熟な自己調整学習者の特徴のひとつである。また、遂行段階においてもなかなか集中することができない。「できないかもしれない」という不安が高く、プロセスではなく結果にばかり注目してしまう。学習後の自己内省段階では、自分の出来を評価しようとせず、できないことをやり方や練習ではなく、「やっぱり自分には語学の才能がない」というような能力のせいにしてしまう。こうしたさまざまな特徴は、結果的に学習している課題の達成を妨げるだけでなく、その後の学習に対して消極的な姿勢や「やっても無駄だ」というあきらめにつながりかねない。

このように、優れた自己調整学習者と未熟な自己調整学習者のパフォーマンスは大きく異なっている。勉強への取り組み方のような認知的要素だけでなく、感情（不安や興味）や行動（環境調整）を含む、総合的なパフォーマンスの違いが最終的な知識や技能の獲得を左右する、というのが自己調整学習の考え方だと言ってよいだろう。おそらく、読者の皆さんも、優れた自己調整学習者のほうが、最終的に良いプレゼンテーションをするだろう、と思われるのではないだろうか。自己調整学習では、「自分がうまく学習できるように自分で調節する」ためには、認知（メタ認知）、感情、行動のいずれもが重要であるという視点に立ち、これらを統合的に捉えようとしているのである。

3 自己調整学習を支える方略

ジマーマン（Zimmerman, 1989）は、自己調整学習を支える三要素として、①自己調整学習方略、②自己効力感、③目標への関与、を挙げている。この提案からも、学習への取り組み方と、そこでの認知・行動・感情の側面への注目が示されていることがわかる。このうち、パフォーマンスという観点からは「方略」が特に重要であると考えられる。

「方略」を日常用語に置き換えるならば、「やり方」という言葉がもっとも近いだろう。認知的な課題を実行するとき、単純に見えるものでも、さまざまなやり方を考えることができる。例えば、電話番号を覚えるときに、ひたすら番号を繰り返して唱える、というやり方もできるが、数字を数個ずつまとめたり、語呂合わせをしたりすることもできる。こうしたやり方の違いを「方略」と呼ぶのである。

学習の文脈で用いられる「方略」をより厳密に定義すると、「(学習方略とは) 学習中に学習者が従事する行為および思考で、符号化プロセスに影響を与えるということを意図したもの」(Weinstein & Mayer, 1986)といえる。「符号化プロセス」とは、ものごとを記憶・理解するための処理プロセスを指している。つまり、学習方略とは、学習者が、物事の記憶や理解をよりよくするために選択する課題のやり方や考え方、と言いかえることができる。したがって、方略には実際に行動として表に出るものだけでなく、頭のなかで実行されるものもある。

私たちは、ごく小さい子どものうちから、方略を用いて課題を解決しようとしている(Wellman, 1988)。どこに行ったかわからなくなってしまったおもちゃをどうやって探すか、「歯磨きを忘れない」ことを忘れないようにするためにどうするか、日常的な活動のなかで、子どもたちは認知的な課題をよりよく実行するための基礎的な方略を実行している。なかには「おもちゃをなくさないように、いつも手に持つことにする」というようなあまり効果的でない方略もある(別の物を手に取ったとたん忘れてしまうに決まっているのに!)が、失敗したり、それが有効でないことを他者に説得されたりすることで、より有効な方略を用いるようになっていく。

学校に通うようになると、学問的内容や課題に特化した方略、より洗練された方略を身につけるようになる。ここでもまた、おもちゃの場合と同じようにあまり有効でない方略を使ったり、方略を知らなかったりして課題ができないときもある。試行錯誤や教師や親からの指導によってより効果のある方略を身につけることで、学習者の方略の量と質が発達していくのである。

では、学習に関する方略とは実際にどのようなものだろうか。自己調整学習に必要な方略のなかには、記憶や理解に直接的に関わる方略だけでなく、時間の使い方や環境の調整、感情の調整などさまざまなものが含まれている。これらを、異なる学習内容で共通して用いられる「課題横断的な方略」と、学習内容・課題に特有の方略に分けて概観してみよう。

1 課題横断的な方略

「たくさんのものを覚える必要がある学習場面」はたくさん思い浮かべることができるが（英単語を覚える、化学式を覚える、公式を覚える、薬品名を覚える、など）、そのときに単純に繰り返し唱えるより、関連づけて整理したものを繰り返すほうがよく記憶できる、ということは共通している。こうした課題が違っても有効にはたらく方略を課題横断的な方略と呼ぶ。

課題横断的な方略としては、どうやって覚えるか、どうやって勉強するか、といった具体的なやり方に関するもの（認知的方略）や、理解度チェックや進捗状況の把握に関するもの（メタ認知的方略）が提案されている（表2／Zimmerman, 1989 ; Zimmerman & Martinez-Ponz, 1990 ; Pintrich et al., 1993）。伊藤・神藤（2003）は、こうした認知的要素に加えて、やる気や興味を維持するための方略にも着目している。それぞれの方略を自己調整学習の三段階に当てはめて整理したものが表2

表2　教科横断的な自己調整学習方略

（Zimmerman（1989）、Pintrich et al.（1993）、伊藤・神藤（2003）をもとに筆者が作成）

段　階	調整する対象	カテゴリー	内　容
予見	メタ認知	目標設定とプランニング	目標や下位目標を自分で立てる、課題に関する情報を集める、課題を分析する
	リソース・動機づけ	環境	物理的環境を整える（机の整理、騒音への対応など）
	動機づけ	報酬	外的な報酬（飲食、親からのごほうび）を用意する
	動機づけ	想像	将来のことや積極的な思考をする
遂行	認知プロセス	体制化	学習題材を自ら配列し直す、学習内容を要約する
		精緻化	学習内容を言いかえる、知っていることと結びつける
		リハーサル	学習内容を繰り返す、さまざまな手段で見直す
		批判的思考	根拠や別の考え方を検討する、吟味する
	メタ認知	記録とモニタリング	成果や進捗状況を記録して参照できるようにしておくこと
	リソース	社会的支援	他者と学ぶ、話し合って理解を深める、他者に援助を求める
	動機づけ	内発的調整	仲間と取り組むことで動機づけを高める、学習内容を身近なことや知っていることに結びつけ興味を高める
		外発的調整	得意なところをする、飽きたら別のところを勉強する、休憩する
自己内省	メタ認知	自己評価	取り組みの進度や質について自分で評価する
		結果の自己調整	継続のための調整をする
	リソース	社会的支援	わからないときに他者に援助を求める

＊すべての方略を網羅したものではない。また、他の段階で用いられることもありうる。

である。学習の予見・遂行・自己内省の三段階にわたって、さまざまな方略を用いていることがわかるだろう。

この表からは、二つの点に着目しよう。第一に、自己調整学習方略の提案からは、予見段階と自己内省段階が重要であることがわかる。一般に「勉強の仕方のコツ」というと、「どのように記憶するか」というような遂行段階の個人内の活動に注目しがちだが、予見段階での目標設定や物理的環境の調整、自己内省段階での達成状況の確認とその後の継続のための調整が重要なのである。

私たちは、特に自己内省段階で良い方略を用いることが難しい。学校での指導を見ても、予見段階については「学習計画表」の作成や「家庭学習」の計画と実行などの指導がなされる一方で、学習終了後の自己内省段階でどのような方略を用いるかに関しては、「答え合わせをする」程度しか指導されないことが多い。計画はしっかり立てるものの、自分の取り組み状況の振り返りやその評価、持続のための調整がなおざりにしてはいないだろうか。市川（1993）は学習後に「どうして間違えてしまったのか」を分析し、次への教訓を引き出す「教訓帰納」が重要であることを指摘しているが、これはまさに自己内省段階における方略の例と言える。自己内省段階においてもこうした具体的な方略に着目し、身につけていくことがよりよい学びにつながるだろう。

第二に、他者とともに学ぶことも重視していることがわかる。「自分自身の学習を能動的に調整する」という自己調整学習の定義からは、他者に頼らずに学習することをイメージするかもしれない。

しかし、自己調整のためには他者との関わりが必要不可欠なのである。「友人と内容について話しているうちにどういうことかわかってきた」「苦しいときに指導者からのアドバイスをもらったおかげでくじけずに続けることができた」という経験はないだろうか。これは、他者が記憶や理解を助け、深めるリソースとなると同時に、動機づけの維持にも重要な役割を果たしていることを示している。他者に依存するのではなく、うまく関わりながら自分自身の学びを向上させることが、自己調整学習において重視されていると言ってよいだろう。

しかし、方略を適切に用いて他者と関わるということは、学習者にとって簡単なことではない。特に「困ったときに他者に『適切に』援助を求める」行動を取ることの難しさはよく知られるところである（瀬尾 2012）。この点を理解することは、学習者としてだけでなく、指導者（あるいはコーチや支援者、上司）としても重要である。学習者としては、適切な援助を要請すること、指導者としては適切な援助を引き出しやすい相手になることが望まれる。

適切に援助を求めるためには、まず「単なる依存にならないようにする」という点が重要である。そのためには、学習者は主体的に援助要請の必要性をよく吟味し、「答え」ではなく「考え方」や「ヒント」を教えてもらおうという姿勢をもつ必要がある（瀬尾 2007）。安易に「答えを知りたい」というだけでなく、「どうすれば自分ができるようになるか」を考えたうえでの援助要請ができなくてはならない。また、「質問したらいいって言うけど、何がわからないかわからない」ということもあるだろう。そのため、自分がわからないところがどこかを明確化するスキルや知識も必要になる。

指導者の側は、相手が援助を求めやすい存在となるように態度や言動への配慮が必要である。「こんなこともわからないの？」「ちゃんと勉強したの？」と怒り出すような相手には援助を求めにくいだろう。また、答えを教えるよりも相手の学習を促進するようなヒントや考え方を提示するほうが難しい。場合によっては、学習者がどこで躓いているのかを吟味したうえで、相手の求め（「答えを教えてほしい！」「どうすればいいですか？」）とずれた回答（「この課題で最も重要な部分を考えて」）をする必要もあるだろう。他者をリソースとして活用することは重要な方略ではあるものの、その適切な実行は簡単ではなく、学習者自身の知識やスキルとともに学習者をとりまく環境のあり方によって左右されるのである。

2 課題特有の方略——読解を例に

前述した方略は、学習内容を問わず、広く学習全般において適用されるものであった。しかし一方で、記述が抽象的であったり、学習内容によってはうまく当てはめることができなかったりするかもしれない。より課題に特化した方略の知識を運用できるようになることで、特定の課題についての自己調整学習のパフォーマンスを向上させることができるだろう。本項では、読解の例を取り上げ、読解で用いられる方略の特徴と重要性を指摘する。ここで読解に特に注目するのには二つの理由がある。

第一に、読解はそれ自体が一つの領域であるだけでなく、さまざまな学習の基礎となるためである。国語科だけの問題ではなく、理科や社会を学ぶ際にも、マーケティングについて学ぶ際にも、テキストを読み理解することが基本となる。そのため、読解方略について知ることは、多様な領域において有用だと考えられる。

第二に、読解が「非方略的な活動」と誤解されやすいためである。「読書百遍意自ずから通ず」ということわざから、「とにかく繰り返すこと」が強調されることもある。「母語で書かれたものは読み上げられれば意味は『自然と』『入ってくる』」などと言われることもある。一方で、「読んではみたもののチンプンカンプンだ」と感じた経験は多くの人に共通しているだろう。実際には、読むことは読み手の主体的な活動によって意味を作り上げていく活動であり、「自然と」意味がわかることはない。読んで理解するためには、適切な知識と方略を用いた積極的な読解活動が不可欠なのである。読解に用いられる方略は「読解方略」と呼ばれる。ここでは、読解方略の具体例を通して、課題に特化した方略の果たす役割を考えてみよう。

「文章を読むのが苦手だ」「頭に入らない」という人に特に考えてもらいたいのは、自分が読むときにどのような工夫をしているか（どのような方略を用いているか）、ということである。「母語であれば読めば自然と頭に入るに違いない」と考えていると、表3や表4に示すような読解方略をあまり用いずに、文章をなんとなく読んでしまっていることが多いと推測できる。表3に示したのは、自己調整学習の予見・遂行・自己内省という枠組みに沿って読解方略を整理した研究（Pressley & Afflerbach, 1995）で挙げられた方略の例である。ここには、予見・遂行・自己内省の段階における読み手の方略が示されている。読みはじめる前に自分が知っていることを思い返してみたり、ざっと読んで自分や目下の課題に最も関連しそうな部分を見つけたり、というような方略から、重要情報を特定するための書き込みやまとめの作成など、読解前、読解中、読解後にさまざまな方略を用いることができる。読解中に特に注目して方略を整理した試みとしては、犬塚（2002, 2009）が挙げられ、ここでは表面的なレベルからより深いレベルまでの理解を促進する方略が提案されている（表4）。未熟な読み手は、深いレベルの方略をあまり用いないことがわかっているが、皆さんはどうだろうか。本書を読んでいるときの自分自身の方略使用について検討してみてほしい。

表3・4に具体例として挙げたのは、それぞれの研究で示された方略の一部であるが、読み手が実に多様な方略を用いて文章を読んでいることがわかる。もちろん、すべての読解場面ですべての方略が用いられるわけではない。用いられる方略の種類や使用頻度は、読み手の既有知識や読解スキル、文章の内容やジャンル（専門書か、小説か）、用いられている単語の難度、読解の目的（楽しみのために読むか、レポート作成のために読むか）といった要因によって異なる。

表3　読解方略の例（Pressley & Afflerbach（1995）をもとに筆者が作成）

段階	具体的内容の例
読む前	• テキストを読む目的を明確にする • **全体をざっと読む**：テキストの特徴（長さや構造）をチェックする、重要な部分はどこかチェックする、どんな順番で読むか決める、じっくり読むところと流すところを決める • **関連知識を活性化する**：トピックや著者に関して知っていることを思い出す、参考文献リストを見る
読んでいる途中	• **前から順に読んでいく**：重要そうな箇所を読む、声に出して読む、テキストを繰り返して覚えようとする、予想を立ててそれが合っているか確認する • **重要な情報を特定する**：読解の目標に関連する情報を探して選択的に読む、キーワードやトピックセンテンスを探す、覚えておく箇所を決める、線を引く、丸をつける、メモをとるなどして重要箇所を目立たせる、具体例は無視する • **意図的な推論**：代名詞が指すことばを推論する、欠けている情報を補う、知っていることとテキストの内容を関連づける、著者の意図や背景を考える • **部分的要素を統合する**：全体像を把握しようとする、テキストの各パートの位置づけと関連性を明確にする、テキストの構造や文脈からテキストの意味を理解しようとする • **解釈する**：わかりやすい言葉に言いかえる、概念や関連を視覚化する、知っていることから具体的な例を考える、テキストの内容に沿って実際にやってみようとする
読んだ後	• 読み直す • よく覚えられるように書き直す • テキスト内容を箇条書きにする • 要約を書く • 自分自身の理解をテストしてみる •「もしこういう場合だったら」と考えてテキストの内容を再検討する • 後で使えるように復習する

表4　読解中の方略とその水準（犬塚（2002, 2009）をもとに作成）

理解の水準	方略の大カテゴリー	方略の小カテゴリー	具体例
浅い	理解補償	コントロール	わからないところはゆっくり読む
↕		意味明確化	難しい文は自分の言葉で噛み砕いて言い直しながら読む
	内容理解	記憶	難しいことばや内容は理解しないで丸暗記してしまう
		要点把握	大切なところに線を引く、コメントや内容をまとめたものを書き込む
		質問生成	自分がどのくらいわかっているかをチェックするような質問を自分にしながら読む
	理解深化	構造注目	接続詞（しかし、そして、つまり、などのことば）に注目しながら読む
深い		既有知識活用	すでに知っていることと読んでいる内容を結びつけようとしながら読む

表3や表4に挙げた方略は、「紙に書かれた情報を理解する」ための方略であり、基本的な方略として位置づけられる。そのため、より発展的な場面では、異なる方略が必要なことも考えられる。発展的な場面の例としては、批判的読解が必要な場面や、インターネット上の題材の読解などが考えられるだろう。日常生活のなかで目にする文章を思い浮かべてみると、妥当性が確実でないもの（健康食品の説明書きは妥当なものだろうか？）や、より積極的に文章の論理性を吟味し、適切な判断をすることが必要なもの（選挙で誰に投票すべきだろうか？）がたくさんあることに気がつく。インターネット上の題材を読む機会も増加しているが、画面に提示される文章を読むときの方略は、紙に書かれた説明文を読むときと同じだろうか。こうした問題について、自己調整学習の理論のなかでの知見はまだ体系的に得られていないが、関連する研究からは次のような指摘がなされている。

まず、批判的な検討が必要な場面での読解についても、基本的な方略が役に立つことがわかっている。例えば、複数の矛盾する文章を理解する際には、それぞれの内容を要約するメモを作ることが効果的である（Kobayashi, 2009）。一方、批判的に読むための方略も必要である。例えば、井上（1998）は、証拠となる資料・事例を検討すること、論理展開を吟味することの重要性を指摘している。他者とのかかわりで言うと、「その領域で優れた人のお手本を見ること」「仲間とディスカッションすること」も批判的に読むための方略として挙げられる。沖林（2004）は、専門的な学術論文を読解する場合に、お手本となるようなコメント例を見たうえで仲間とディスカッションすると、適切なコメントが増加することを示している。お手本となったコメント例が、読み手の着眼点をより適切な方向に導くこと、またそうした着眼点を共有する仲間とのディスカッションが批判的な読みを向上させる方略として働きうることが示唆されたと言える。

また、インターネットやマルチメディアの読解についても、基本的な方略が有効であると考えられる。読解力の高い人がインターネット上の題材を読む際のプロセスを検討した研究（Cho, 2014）は、意味を明確化したり、理解状況をモニタリングしたりするような基本的な方略が使われていることを示している。一方、インターネットやマルチメディアに特化した方略も必要である。熟達した読み手は、「このリンク先は確認したほうがよい」「このURLはあまり関係なさそうだ」といった具合に、リンクのURLや文章の全体像をもとにリンク先の情報の関連性をあらかじめ判断したり、必要な情報が何かを積極的に考えるという方略を使っている（Kim & Kamil, 1999）。

このように、表3や表4に示したような基本的な読解方略はどのような状況においても重要ではあるものの、目標や状況・題材など、さまざまな要因によって用いるべき方略が異なるため、「つねにこのように読めばよい」という一般的な規則を見出すことはできない。「よりよく読む」ためには、方略のレパートリーをたくさん知識としてもっているだけでなく、自分の状況を判断し、どの方略を使えばよいかを適切に判断することも必要なのである。

④ どうやって方略を身につけるか

こうして方略について話をすると、しばしば「もっとそういうことを学校で教えてくれればいいのに！」という反応に出会う。いくつかの調査から、方略が明示的に教えられる機会が十分でないことが示されており（犬塚 2007；Pressley et al., 1998）、学校ではっきりと「このような学習のやり方がありますよ」と指導されることは少ないようである。「方略は自分の力で獲得するもの」という考え方もあるかもしれないが、例えば「読み方」を指南する一般書は数多く出版されており、方略を明示的に教えてほしいというニーズが多いことも推測できる。

自己調整学習の研究からは、方略について明示的な指導を受け、それを用いる練習を行なうことで、方略を用いたよりよい学習ができるようになることが繰り返し示されている。その際のポイントを以下に三点挙げる。

1 重要な方略をセットで学ぶこと――「いつ」「どの」方略を用いるかを知る

単一の方略を指導されるよりも、複数の方略をセットで学習した場合のほうが、より効果が高いことがさまざまな研究から示されている。ただし、どのような方略をセットにすると効果的か、という点については、はっきりした法則が見出されているわけではない。年齢やその領域における経験、学習習慣などによって、必要な方略は異なるため、すべての人に有効な万能方略はないのである。例えば、全くの新入社員と中堅社員では、同じテーマについて学習する場合でも課題が異なるし、必要な方略も異なるだろう。新入社員であれば、その領域や業界における基礎知識やキーワードに注目してそれらを記憶することが必要だろうし、中堅社員であれば関連する事業や過去の事例と比べる視点が期待されるかもしれない。

読解方略の例では、読解前・読解中・読解後の各段階に行なうべき方略を三つずつ指導するTWA (Think before reading, think While reading, think After reading) と呼ばれる方略セットの指導法が知られている (Mason, 2004)。この場合も、学習者の現状を把握するためのテストや読解プロセスの観察をもとに、その学習者に適した方略を選んで指導することが重視されている。

したがって、学習者自身が自分の方略使用を改善したいと考える場合には、自分はどのような課題が苦手か考え、方略リストを見て「自分がまだあまり使っていないけれども、使ってみるとよさそうな方略」を選ぶことが必要である。読解の例を挙げると、多くの人が「要点把握」方略を用いるものの、「質問生成」方略や「既有知識活用」方略は使われにくいことがわかっている (犬塚 2002, 2013)。これらの方略に注目して、具体的な行動リストを作るなどすると、よりよい読解ができると推測できる。

2 他者とともに学ぶこと――方略がどのように有効か理解する

方略の学習においても他者の存在は重要である。勉強会や読書サークルなどの意義は、ただほかの人と一緒にいることではなく、意識的な方略の練習ができるところにあると言えるだろう。

読解方略の指導では、「相互教授法」という介入方法が開発されている（Palincsar & Brown, 1984）。この指導法の特色は、読み手のグループが一緒に会話を通して方略の使い方を学んでいくという点にある。相互教授法のもとでも「方略をセットで学ぶ」という前項のポイントが踏まえられており、「予測する」「明確化する」「質問する」「要約する」という四つの方略が指導された。はじめは先生が「リーダー役」となり、これらの方略を使ってみせる。次に学習者が交代でリーダー役をして方略を使いながら読んだ内容について説明していく。ほかのメンバーは、リーダーが要約するのを助けたり、質問に答えたりしていく。このやり取りを通して、方略がどういうものかという知識だけでなく、方略をどうやって使うかを身につけていくのである。

例えば自分の読解内容に質問するより、他者の読解内容（の発表）に質問をするほうが簡単である。それに自分の質問が相手の理解を深めることや他者の質問で自分の理解が深まることを実感できれば、「なるほど、質問することには意味がある」とその有効性を感じるだろう。また、他者の良い質問をお手本にすることで、その後のより有効な「質問生成」ができるようになることもあるだろう。このように、方略の有効性を実感し、よりうまく使えるようになるために、他者と方略を用いた会話をすることが効果的である。

こうした学習者同士あるいは学習者と指導者の対話を通した指導のあり方は、科学的概念の理解に関わる方略（Roth & Bowen, 1994）や、数学におけるグラフ利用方略（Uesaka & Manalo, 2011）などでも実践されており、他者とともに方略を用いる経験をすること、そのなかで有効性を理解することが、方略の学習において重要だと考えられる。

3 自然な文脈のなかで練習すること――意欲と有効性を高める

最後に、方略だけを取り上げて学ぶのではなく、実際の学習の文脈のなかで方略を用いることが有効であることも指摘されている。従来、方略の指導では、方略だけを取り上げた明示的指導が主流であった。これはたとえて言うならば、バッティングの練習だけをひたすら続けるようなものである。これには、バッティングの課題には注目しやすいが、実際の試合とは周りの状況が大きく異なるため、身につけたスキルが試合でうまく発揮されにくいという弱点がある。学習の方略でも同様に、方略だけを取り上げた指導は、その方略に注目しやすいものの、実際の学習状況との隔たりが大きく、実際どのように有効なのかわかりにくいことが考えられる。さらに、実際の活動とかけ離れた状況での訓練に対して意欲が低下しやすいことも想像できる。バッティング練習だけではつまらなくなってくるのが人情である。

読解方略の例では、ガスリーたち（Guthrie et al., 1998）の研究がよく知られている。彼らは、小学校の児童に読解方略を教えるための指導方法を開発した。この指導法のポイントは、読解方略だけを取り出して教えるのではなく、「昆虫の生態」というような教科の単元に関する学習を進めるなかで、「教材を読むために必要なスキル」として方略を教えるという点にある。前項に挙げた二つのポイントを考慮したり、体験的な活動や興味を惹く教材を用意するなどの工夫を組み合わせたりして、意欲を高めつつ方略を用いることが自分の理解につながることを実感させる、ということを可能にした指導方法として知られている。

このように「実際の活動のなかで学ぶ」ことの効果は、読解方略以外の学習方略でも同様だと考えられる。例えば、「英単語を覚えるための方略を身につけたい」と考えたときに、「テキストに沿って英語の学習をする」ときよりも、「自分の仕事の領域に関連する内容を英語で取り上げる」ときのほうが、方略が有効に働くことをより実感しやすく、意欲も維持されやすいだろう。

＊

適切な方略を身につけることは、「よりよく学ぶ」ための必要条件である。試行錯誤を通して方略を身につけることが必要な場面ももちろんあるが、指導者から明示的に方略を学ぶことで、理解や問題解決が促進されることが期待できる。指導者がいない、いわゆる独学の場面でも、上述したポイントを生かしてよりよい学習環境をつくることは可能だろう。重要なのは、「一人でやり方を考えずに」「テキストを順番に」こなしていくのではなく、「仲間との会話を通してやり方を考えながら」「実際の課題を実行するなかで必要な知識を」学んでいくことである。そのときに、一つの「万能方略」を見つけようとするのではなく、プロセス全体を考えるとどのような方略セットが必要か、自分にとって重要な方略は何か、といった視点をもつことも大切である。このような取り組みを通して方略を身につけることで、パフォーマンスを向上させることができるだろう。

⑤ まとめ——自己調整学習理論からの提案

本章では、自己調整学習理論におけるパフォーマンスについて、「学習のサイクル」と「方略」をキーワードとして概観してきた。「よりよく学ぶ」というときには、遂行段階の認知的要素だけでなく、予見段階や自己内省段階に目を向け、環境や他者といった要素を考えることも重要であった。方略については、学校や職場では明示的に教えられる機会が（今のところ）十分ではなさそうなので、自分で身につけることも考えなくてはならない。方略を身につけるためには、①方略のセットを、②他者とともに、③自然な文脈のなかで学ぶことが効果的であることが、研究知見から示されていた。自分の学習を能動的に調整するためには、自分にとって必要な方略はどのようなものか、それはどのような環境でうまく身につけられるかをよく検討することが必要である。「こうすれば『よりよい学び』にたどりつける！」という明確な答えを提示することは難しい。自己調整学習理論は、学習のサイクルをイメージして、自分の状況や課題に適した方略とリソース（仲間や環境）を利用するという、やや抽象的なヒントを提案している。これを手がかりとして、読者の皆さんがよりよく学んでいかれることを期待したい。

文献

Cho, B., 2014, Competent adolescent readers' use of internet reading strategies : A think-aloud study. Cognition and Instruction, 32, 253-289.

Guthrie, J.T., Van Meter, P., Hancock, G., Alao, S., Anderson, E. & McCann, A., 1998, Does concept-oriented reading instruction increase strategy use and conceptual learning from text? Journal of Educational Psychology, 90, 261-278.

市川伸一 1993『学習を支える認知カウンセリング——心理学と教育の新たな接点』ブレーン出版

市川伸一 2004『学ぶ意欲とスキルを育てる——今求められる学力向上策』小学館

井上尚美 1998『思考力育成への方略——メタ認知・自己学習・言語理論』明治図書

犬塚美輪 2002「説明文における読解方略の構造」『教育心理学研究』50, 152-162

犬塚美輪 2007「生徒たちはどのように説明文読解方略を学ぶか（ポスター発表）」『日本教育心理学会第49回大会・文教大学・二〇〇七年八月・日本教育心理学会総会発表論文集』49, 264

犬塚美輪 2009「メタ記憶と教育」清水寛之（編著）『メタ記憶——記憶のモニタリングとコントロール』北大路書房 pp.153-172

犬塚美輪 2013「読解方略の指導」『教育心理学年報』52, 162-172

伊藤崇達・神藤貴昭 2003「自己効力感、不安、自己調整学習方略、学習の持続性に関する因果モデルの検証」『日本教育工学会誌』27, 377-385

Kim, H.S. & Kamil, M.L., 1999, Exploring hypertext reading and strategy use for structured vs. unstructured texts. Paper presented at the National Reading Conference, Orlando, FL.

Kobayashi, K., 2009, The influence of topic knowledge, external strategy use, and college experience on students' comprehension of controversial texts. Learning and Individual Differences, 19, 130-134.

Mason, L.H., 2004, Explicit self-regulated strategy development versus reciprocal questioning : Effects on expository reading comprehension among struggling readers. Journal of Educational Psychology, 96, 283-296.

沖林洋平 2004「ガイダンスとグループディスカッションが学術論文の批判的な読みに及ぼす影響」『教育心理学研究』52, 241-254

Palincsar, A.S. & Brown, A.L., 1984, Reciprocal teaching of comprehension -monitoring activities. Cognition and Instruction, 1, 117-175.

Pintrich, P.R., Smith, D., Garcia, T. & McKaechie, W.J., 1993, Reliability and predictive validity of the motivated strategies for learning questionnaire (MSLQ). Educational and Psychological Measurement, 53, 801-813.

Pressley, M., 2000, What sould comprehension instruction be the instruction of? In : M.L. Kamil, P.B. Mosenthal, P.D. Pearson & R. Barr (Eds.) Handbook of Reading Research. Vol.3. Mahwah, NJ : Lawrence Erlbaum Associates, pp.545-561.

Pressley, M. & Afflerbach, P., 1995, Verbal Protocols of Reading : The Nature of Constructively Responsive Reading. Hillsdale, NJ : Lawrence Erlbaum Associates.

Pressley, M., Wharton-McDonald, R., Mistretta-Hampston, J.M. & Echevarria, M., 1998, The nature of literacy instruction in ten Grade 4/5 classrooms in upstate New York. Scientific Studies of Reading, 2, 159-194.

Roth, W.M. & Bowen, G.M., 1994, Mathematization of experienec in a grade-8 open inquiry environment : An introduction to the representational practice of science. Journal of Research in Science Teaching, 31, 293-318.

瀬尾美紀子 2007「自律的・依存的援助要請における学習観とつまづき明確化方略の役割——多母集団同時

分析による中学・高校生の発達差の検討」『教育心理学研究』55, 170-183

瀬尾美紀子 2012「第五章 学業的援助要請」自己調整学習研究会（編）『自己調整学習――理論と実践の新たな展開へ』北大路書房 pp.93-114.

Uesaka, Y. & Manalo, E., 2011, The effects of peer communication with diagrams on students' math word problem solving processes and outcomes. In : L. Carlson, C. Hoelscher & T.F. Shipley (Eds.) Proceedings of the 30th Annual Conference of the Cognitive Science Society. Austin, TX : Cognitive Science Society, pp.312-317.

Weinstein, C.E. & Mayer, R.E., 1986, The teaching of learning strategies. In : M.C. Wittrock (Ed.) Handbook of Research on Teaching. 3rd Ed. New York : Macmillan, pp.315-327.

Wellman, H.M., 1988, The early development of memory strategies. In : F. Weinert & Perlmutter (Eds.) Memory Development : Universal Change and Individual Differences. Hilsdale, NJ : Lawrence Erlbaum Associates. pp.3-29.

Zimmerman, B.J., 1989, A social cognitive view of self-regulated academic learning. Journal of Educational Psychology, 81, 329-339.

Zimmerman, B.J. & Martinez-Pons, M., 1990, Student differences in self-regulated learning : Relating grade, sex, and giftedness to self efficacy and strategy use. Journal of Educational Psychology, 80, 51-55.

Zimmerman, B.J. & Moylan, A.R., 2009, Self-regulation : Where metacognition and motivation intersect. In : D.J. Hacker, J. Dunlosky & A.C. Graesser (Eds.) Handbook of Metacognition in Education. New York : Routledge, pp.299-315.

Zimmerman, B.J. & Shunk, D.H., 2001, Self Regulated Learning and Academic Achievement. Hillsdale, NJ : Lawrence Erlbaum Associates.（塚野州一（編訳）2006『自己調整学習の理論』北大路書房）

「もっと学びたい!」人のための読書案内——Book Review

† 自己調整学習研究会（編）2012『自己調整学習——理論と実践の新たな展開へ』北大路書房

自己調整学習について、その理論的展開やさまざまな教科における実践が紹介されている。やや専門的な内容もあるが、自己調整学習についてもっと詳しく知りたい人にお勧めしたい。

† 市川伸一（著）2000『勉強法が変わる本』岩波書店（岩波ジュニア新書）

ジュニア向けに学習方略のあり方を説明している。ジュニア向けではあるが、学習方略の背後にある「学習観」にも踏み込んで充実した内容。大人の入門書としてもお勧めである。

† 犬塚美輪・椿本弥生（著）2014『論理的読み書きの理論と実践——知的基盤社会を生きる力の育成に向けて』北大路書房

「読む」ことと「書く」ことに焦点を当て、その育成について多角的に論じた概論書。読むことのプロセスや、読む力を育てることに興味をもった人にお勧めしたい。

Theory 7

意識と無意識のパフォーマンス

潜在意識

及川昌典 OIKAWA Masanori

パフォーマンス（performance）とは何だろうか？　あなたが上司であるにせよ部下であるにせよ、先生であるにせよ学生であるにせよ、親であるにせよ子であるにせよ、パフォーマンスの本質を理解することで、永年あなたを悩ませてきた問題の多くは解決することだろう。自己や他者の力を最大限に示し、活動の能率を高め、成果を出す。パフォーマンスには、私たちの職場や学校、家庭などのあらゆる日常の場面で期待される気力や能力、効率性や実績などが反映されている。

パフォーマンスとは、期待に応えるということである。その具体性や明確さの違いはあるにせよ、私たちは何らかの成果を心に描き、それを基準として活動の成果をパフォーマンスとして評価する。また、私たちは他者からの期待をつねに意識し、あるいは意識するともなく他者からの期待に応えようとする。

パフォーマンスが高いということは、期待以上の成果が得られているということである。気力や能力、効率性などが十分に発揮されていることは喜ばしく、高い自己評価や他者からの受容にもつながる。しかし、もしもパフォーマンスを高めるために多大なコストを払っているのだとしたら、その状態を維持することは難しいだろう。本章では、パフォーマンスの違いを生み出す意識と無意識の心の働きについて解説する。

1 意志の力

パフォーマンスは、人や組織がもつ能力や才能、さらにはその指標となるような実績や成果を指すものとして、特にスポーツやビジネスシーンにおいて関心が寄せられてきた。パフォーマンスの適切な維持・向上は、スポーツトレーニングやビジネスマネージメントの最終目標のひとつであると言ってもよいだろう。パフォーマンスを引き出す、すなわち、私たちが内に秘めた潜在能力を十分に発揮するためには、どうすればよいだろうか？

1 自制心

一般的に、パフォーマンスを高めるためには、意志の力を発揮して意識を高め、弛まぬ努力を続けることが重要であると考えられている。たとえば、スポーツ選手の多くは、意志の力や不屈の精神、粘り強い努力や頑張りなどをその勝因として称えられることが多い。ビジネスにおいても、社員の功績を称える際には、意識の高さや功労、献身が評されることが多い。心理学においても、自らの行動を意識してコントロールしようとする意志の力、すなわちセルフコントロールが、私たちのパフォーマンスに重要な役割を果たすと考えられてきた。

意志の力は、幼少期からすでに芽生えている。あなたがまだ園児であった頃のことを思い出していただきたい。無邪気に遊ぶ園児たちは、パフォーマンスなどというものとは無縁であるかのように思える。しかし、その生活の細部まで思いを巡らせたなら、子どもたちはすでに社会のルールのなかに身を置いており、周囲の大人たちの期待に健気にも応えようとする小さな意志の力が見えてくるかもしれない。

2 マシュマロ・テスト

登園したあなたは、先生としばらく遊んだ後、マシュマロが一つ載った皿と、二つ載った皿を見せられたと想像してほしい。あなたはマシュマロが大好きで、すぐに手を出してしまいたい衝動に駆られる。しかし、あなたは待たなければならない。先生はしばらく部屋を出ていくが、ベルを鳴らせばいつでも戻ってきて、マシュマロが一つ載ったほうの皿をくれるという。しかし、もしもベルを鳴らすことなく、先生が帰ってくるまで待つことができたならば、なんとマシュマロが二つ載ったほうの皿をくれるという。さて、あなたなら意志の力を発揮して、先生の帰りを待つことができただろうか？　それとも、すぐにもベルを鳴らしてしまっただろうか？

待つことはつらい。実際に園児が待つことができるのは、せいぜい数分である。しかし、その数分には、意志の力の違いがはっきりと表れている。報酬遅延実験、あるいは、マシュマロ・テストの通称で知られるこの実験によれば、幼少期の意志の力は、その後の人生のあらゆるパフォーマンスと関連する（Mischel, Shoda & Rodriguez, 1989）。

3　子どもたちのその後

自らの衝動を抑えて期待に応えるには、意志の力が求められる。マシュマロ・テストにおいて数分間でも長く待つことができた子どもたちは、待つことができなかった子どもたちと比較して、一〇年以上も後の先生や親からの評価、交友関係、心身の健康、不登校や非行、学業成績や大学入試判定など、人生のあらゆるパフォーマンスにおいて高い評価を得ていた。マシュマロを我慢することができたかどうかが、その後の人生のパフォーマンスに反映されるのはなぜだろうか？　すぐにでも電話をかけて、マシュマロを子どもたちから遠ざけさせるべきだろうか？　もちろん、マシュマロは問題ではない。マシュマロの代わりにポーカーチップを用いても同様の結果が得られている。人生におけるさまざまなパフォーマンスを左右する本当の問題は、マシュマロを我慢することに限らず、目標と誘惑の葛藤を意志の力で克服することである。待つことはつらい。しかし、先生の期待にも応えたい。マシュマロ・テストで高いパフォーマンスを示すことができた子どもたちは、限られた意志の力を創造的に活用することでつらい試練に耐えていた。燃え上がりそうな熱い感情を冷静にやりすごすために、ある子はマシュマロの載った皿から目をそらし、ある子は目を閉じて考えに浸り、またある子は足の指をピアノに見立てて演奏に興じた。意志の力は、衝動を抑え、不満を解消し、誘惑に負けず、課題に集中する力、すなわち、セルフコントロールの源なのである。

2 セルフコントロール

セルフコントロール（自制）とは、意志の力を発揮して、やりたいことをやらない、または、やりたくないことをやることを指す。たとえば、すぐにマシュマロをもらいたいという衝動を抑えたり、待つというつらい試練に耐えたりすることは、典型的なセルフコントロールであり、そのためには意志の力が試される。私たちの社会は、何をやるべきか、あるいは何をやるべきでないかを規定する有形無形の規範や倫理、期待で溢れている。このような現代社会においては、セルフコントロールの差は、あらゆるパフォーマンスの差を生み出す。私たちはつねに自制を求められており、セルフコントロールの失敗は、自己評価や社会的信頼を落とすことにもつながる。しかし、セルフコントロールはそう簡単なことではない。

1 意志力の枯渇

意志の力は、すぐに枯渇してしまう。意志の力はセルフコントロールを可能にするための有限な資源のようなものであって、その気になればいくらでも湧いてくるというものではないのだ（自我枯渇理論）（Baumeister et al., 1998）。マシュマロを食べない、身体の痛みを我慢する、集中力の必要な課題を続ける、怒りを抑える、偏見を示さない、禁酒、禁煙、ダイエットなど、私たちの日常は意志の力が求められるセルフコントロールに溢れている。どのようなものであっても、セルフコントロールには意志の力が求められるため、そう長くは続かない。

どんなに強靭な意志の力の持ち主であったとしても、寝不足の重い身体を引きずり、満員の通勤電車に耐え、上司の高圧的な態度と部下の愚痴に笑顔で付き合いながら、喫煙や間食を避け、サービス残業の末に、ようやく家路についたときには、意志の力は枯渇している。もはや他者を気遣うための余裕は残されておらず、恋人やパートナー、まだ小さな子どもの些細な失敗にすら怒りを露わにしてしまうかも知れない。できることなら、寝不足や空腹のときには、大切な会議やデートに臨むことは控えたほうが無難だろう。

適度な休憩を挟むことは重要である。スペインやアルゼンチンなどの一部の国では、昼休憩（シエスタ）をとることが伝統的な生活習慣として組み込まれているが、これはストレスや疲労をため込まないためだけでなく、パフォーマンスの低下を防ぐためにも賢明な選択であるかもしれない。また、一般的に、人間のパフォーマンスは起床してから午前中までは上昇し、正午頃にピークを迎え、午後からのパフォーマンスは基本的に低下する。もしも、あなたが午前中に雑用を片付けて、午後から大切な仕事に専念するというスタイルであるならば、スケジュールの見直しを検討するだけでもパフォーマンスを向上させることができるかもしれない。あなたの意志の力の残量は、現在どのくらいだろうか？

2 パフォーマンスの低下

意志の力が枯渇すると、セルフコントロール全般のパフォーマンスが低下する。現代社会においては、いつでも変わらず意志の力を発揮できることが成熟した大人の証であり、少し疲れたくらいで自制心を失うようなことがあってはならないと考えられている。しかし、どんなに成熟した大人であったとしても、意志の力が枯渇すれば自制心を保つことは難しくなる。おそらくこれは誰もが身に覚えがあることだろう。しかし、あまり共有されていない事実だ。セルフコントロールによって意志の力が枯渇すると、心の資源が回復するまでのしばらくの間は、別のセルフコントロールのパフォーマンスも低下することになる。たとえば、家庭での不和によって意志の力が枯渇すると、その影響が職場でのパフォーマンスにまで波及したとしても無理からぬことだ。セルフコントロールの失敗やパフォーマンスの低下の原因は、個人の未熟さや意志の力の弱さではなく、別のセルフコントロールにあるかもしれないのだ。ワークライフバランスや福利厚生、職場の人間関係などを改善させる取り組みは、同時に意志の力の枯渇問題を解消させる取り組みにもなるため、パフォーマンスを全般的に向上させるという思いがけない効用をもたらす可能性がある。

一度に複数の作業をこなすこと、すなわちマルチタスキングは意志の力を枯渇させ、パフォーマンスの低下を招く（Wang & Tchernev, 2012）。現代の情報化社会においては、マルチタスキングにこれまで以上に注目が寄せられてきている。最新の情報機器を用いたマルチタスキングは、いかにもパフォーマンスの向上につながりそうに思えるかもしれない。実際に、インターネットやスマートホン、多機能テレビなどの普及によって、複数のマルチメディアを同時に利用することが一般化してきている。しかし、私たちの心が処理することのできる情報の量が変わったわけではない。たとえば、文書作成をしながら、メールを確認しつつ、テレビニュースをつけていると、限られた時間を有効活用できたように感じられるかもしれない。しかし、実際には注意は分散され、すべてのパフォーマンスが低下してしまう。単純作業をするときに音楽をかけるように、緩慢な課題を行うときの気晴らしとして、あえて注意を分散させるためのディストラクターとしてならば、マルチタスキングを利用することができる。しかし、限られた心の資源を有効活用しようとするのであれば、できるだけマルチタスキングを避け、一度にひとつずつ、じっくりと課題に専念できる時間をつくることがパフォーマンスの向上につながる。

3 気にしない

ひとつのことだけに意識を集中させて、ほかのことは考えないようにする。ただそれだけのことが、なぜこうも難しいのだろうか？　過去の失敗や現在のストレス、将来の不安など、私たちの心には望まない思考や感情が浮かんでは消えていく。考えないようにしようという意図に反して侵入してくる思考、すなわち侵入思考は意志の力を枯渇させ、パフォーマンスを低下させる。ほかでもない自分自身の心の状態が、なかなか思い通りにならないのはなぜだろうか？

1 シロクマについては考えないでください

考えないようにすること、すなわち思考の抑制は簡単なことではない。不安、抑うつ、嫌悪、恐怖などの不快な感情を呼び起こすような望まない思考を抑制する方法を求めて、専門家を尋ねる人も少なくない。実際に試してみると、思考を浮かばせないようにすることは思っていた以上に難しい。むしろ考えないようにしようと努力すればするほど、その思考が浮かんでくることがわかる。一九世紀後半のロシアを代表する文豪ドストエフスキーは、著書『冬に記す夏の印象』で次のように記している――試みに、シロクマのことを思い出さぬようにすると腹のなかで決めて見るがいい。必ずこの忌々しいシロクマがのべつ頭に浮かんでくる。

シロクマについて考えないように努力するように求めた心理学実験によれば、毎分一回程度はどうしてもシロクマについての思考が浮かんできてしまう（Wegner et al., 1987）。シロクマのような、そもそも気にすることがないようなものであっても、いざ考えないようにしようとすると難しいことがわかる。もちろん、これはシロクマに限ったことではない。私たちは、過去の失敗や現在のストレス、将来の不安など、嫌なことはできるだけ考えないようにしようとする。しかし、考えないようにしようと躍起になるほど、むしろ考えてしまう。

思考や感情を抑制しようとする意図に反して、かえってその反応が増幅してしまう。これは、即自的増幅効果と呼ばれる現象である。人前で話すことが苦手な人は、スピーチに伴う不安や緊張を抑制しようとして、ますます不安や緊張を増幅させてしまう。テニスやゴルフのようなメンタルが重視されるスポーツでは、力んではいけないと思うほど力が入り、まさに避けようとしていたミスを招く。これらは、即時的増幅効果の典型である。さらに厄介なことに、抑制を止めると、その途端に抑えられていた反応がせきを切ったように押し寄せることがある。これは、リバウンド効果と呼ばれる。ダイエットを止めた途端に、チョコレートケーキが無性に欲しくなるのは、リバウンド効果の典型である。どちらも、パフォーマンスの低下やセルフコントロールの失敗と深く関わる。

2 皮肉な心理過程

気にしてはならないと思うと、かえって気になってしまう。その原因は私たちの心の仕組みにある（皮肉過程理論）（Wegner, 2009）。私たちの心には、限られた心の資源を効果的に活用して目標を達成するために発達した二つの過程が備わっている。ひとつは、目標を設定して、その進捗状況を見守る監視過程である。進捗状況が基準を満たしていれば問題はないが、不十分な場合には警鐘を鳴らし、方略の見直しを促す役割を果たす。もうひとつは、目標達成に必要なことを行う実行過程である。このような二つの心理過程によるフィードバックシステムは、目標に集中しようとするには効果的だが、望まない思考や感情などを無視しようとする際には、皮肉な結果をもたらす。

私たちの心は、注目することは得意だが、無視することは苦手なのである。何かを気にしないようにするためには、何を気にしないようにするのか、その対象を心に留めておかねばならない。たとえば、シロクマについて考えないようにするために、監視過程は「シロクマについては考えない」という目標を心に留め、「シロクマについて考えていないだろうか？」と心のなかを見張る。もしもシロクマについて考えてしまったならば、監視過程は思考の侵入を警告し、実行過程に思考内容の変更や、更なる努力と警戒を促す。実行過程は、気にしないようにしている対象以外の何かに意識を集中させようとする。たとえば、シロクマについて考えないようにするために、実行過程は「シロクマ以外の何か」に意識を集中させようとする。

セルフコントロールの進捗状況を見守る監視過程の働きによって、望まない思考や感情に対する警戒が強まることで、その思考や感情に対してはかえって過敏な状態となる。その結果、まさに気にしないようにしていた事柄が、かえって気になってしまうことになる。監視過程はほぼ自動的に働くが、実行過程は意志の力を発揮して働かせる必要がある。そのため、意志の力の枯渇、マルチタスキング、ストレス、時間圧など、心の負担は抑制の実行過程を困難にする。同時に、ストレスは自動的な心理過程への依存を強めるため、まさに避けようとしていた反応に対する監視や警戒を増幅させる（Wegner, 1994）。たとえば、ダイエット中にストレスを感じているほど、高カロリー食を避けるために必要な意志の力は低下し、同時に、高カロリー食の誘惑はますます魅力的に感じられる。これは思考に限らず、感情や衝動、行動など、パフォーマンスに関わるあらゆるセルフコントロールに当てはまる。気持ちが高ぶっているときには、入眠時に思考を抑制しようとするとかえって眠れなくなり、怒りを抑えようとすればするほどイライラがつのり、ゴルフなどで落ち着こうとすると力が入るのはこのためだ。どうしてもセルフコントロールを試みる必要がある場合には、意志の力の枯渇、マルチタスキング、ストレス、時間圧など、心の負担ができるだけ少ないときを狙うべきだろう。

3 心配の時間

望まない思考や感情を完全に締め出すことが難しいならば、一時的に延期することはどうだろうか。たとえば、職場での心配事を完全に締め出すことは難しいとしても、それを家庭に持ち込まないようにすることはできないだろうか。日常の問題にある程度の気を配ることは必要だが、過ぎた心配はかえって活動の妨げとなる。望まない思考や感情を一時的に延期することができれば、それだけでも日常の活動のパフォーマンスは大幅に向上する。心配への対処を扱った研究では、その日に起きた問題をまとめて振り返る時間をつくることが提案されている。心配は後ですればよいと考えれば、気持ちが楽になる。たとえば、毎日三〇分程度の〝心配の時間〟を設定し、心配事はその時間まで延期するようにすれば、日常の心配事によって活動を中断されずに済む(Brosschot & van der Doef, 2006)。

一般に、ほかでもない自分の心の状態はコントロールできて当然だというような風潮があるが、そのような姿勢でセルフコントロールをとらえれば、意図せざる侵入思考に対する過剰な反応や自己嫌悪につながり、むしろパフォーマンスを低下させる。セルフコントロールにおいては、あまり積極的に取り組もうとするよりも、考えすぎないことが功を奏する(木村 2005)。とりわけ、望まない思考の侵入や不快な感情の増幅には、あまり積極的に対処しようとしないほうが賢明である。あまり深く考えすぎずに、抑制をあくまでも一時的な延期としてとらえたならば、たとえ侵入思考が経験されたとしても、後で考えればよいこととして受け流すことができる。セルフコントロールは意志の力を必要とする困難な課題であり、ストレス、二重課題、時間圧などの下で失敗したとしても無理はない。また、私たちの心は注意を払うことは得意だが、無視することは苦手なのである。これは特別なことではなく、セルフコントロールの進捗状況を監視する自動的な心の働きに伴う弊害であると考えれば、無理に対処しようとする必要はないだろう。

4 無意識の力

私たちの心には、意識的な自覚や熟慮を伴う部分だけでなく、無意識のうちに自動的に働く部分がある。たとえば、シロクマについて考えないようにしようとする場合、シロクマ以外の何かについて考える実行過程の働きは意識されるが、シロクマについての考えが意識に侵入していないかを見張る監視過程は意識されずに自動的に働く。私たちの意識にのぼる心理過程とは独立して働く、無意識の心理過程の働きについて知ることは、パフォーマンスの理解にも役立つだろう。

1 新しい無意識

無意識の心の働きが人間の行動に果たす役割は、現代の心理学において最も重要な研究トピックのひとつである。かつては、無意識といえば意識するに堪えないような不快な記憶が抑圧された心の領域であり、精神疾患や不適応な行動と関連するものと考えられていた。現代の心理学における無意識は、フロイトが想定したような不適応な衝動や抑圧された思考を管理するための特別な機構というよりは、人間ならではの適応的な行動を生み出す、一般的な仕組みとしてとらえられるようになってきている(Wilson, 2002)。無意識のとらえ方は、パフォーマンスを低下させるものから、パフォーマンスを支え、向上させるものへと一転したことになる。

現代の心理学では、あらゆる活動において意識と無意識の二つのシステムの働きが想定されるようになってきている。無意識は自動化されているため、意識に比べて負荷が少なく、高い効率性を備えている。一方で、意識は内省や自覚、意図を伴う分析的で精緻な心理過程だが、無意識に比べると負荷が大きく効率が低い。人は心の負荷をあまり好まないため、できるだけ意識的に熟慮することを避けて、無意識のうちに簡便に判断できる手がかりに頼ろうとする傾向がある。また、ストレスや心の負荷がかかる状況では、意識よりも無意識が一層優勢になる。衝動の抑制やセルフコントロールの問題も、意識と無意識の関係から説明することができる。このように、意識的な自覚や熟慮を伴うシステムよりも素早く、習慣や直感に基づいて働く無意識のシステムの仕組みが考慮されるようになったことで、心理過程の理解は大きく前進した。現代の心理学では、無意識の定義が広がり、意識の外で働く心理過程のすべてを指すようになってきている。

2 意識の限界

私たちの日常の活動のすべてを意識に委ねることは現実的ではない。近年では、意識にはさまざまな限界があることが明らかにされてきており、無意識には、意識の限界を越えた高いパフォーマンスを可能にする力があると考えられるようになってきている。たとえば、私たちの意識は一度にひとつずつのことしか考えることができない。しかし、無意識は複数の関連した情報を同時並列的に処理することができる。本書を読んでいるあなたの意識は、思考の流れをひとつずつ追っているが、それを可能にしているのは無意識の働きにほかならない。あなたの無意識は、視覚情報を統合して文字を単語、単語を文章へと変換しながら、その意味を抽出し、得られた情報を記憶内のさまざまな事柄と結びつけている。私たちが体験しているこの主観的な世界は、無意識の下処理を経た後に、私たちの意識へと届けられているのだ。

私たちが意識して処理することのできる情報の容量は小さく、無意識の容量は大きい。私たちの無意識は、必要な情報処理の大部分を自動化させることで、意識の負担を大幅に軽減させる役割を果たしている。目や耳を通じて流れ込む情報のすべてに意識を払おうとしても、すぐに意識が処理できる容量を超えてしまう。そこで無意識は、たとえば耳にした音を自動的に選別し、重要な情報だけをピックアップし、関連した記憶情報にアクセスし、簡潔に要点だけをまとめて意識に伝えているのである。ＩＣレコーダーなどに録音された会議の記録を後から聴くと、あまりの雑音の多さに驚かされる。実際に会議に参加していたときには、空調やメモ書きの音、咳払いなどの雑音に気がつかなかったのは、私たちの無意識が重要でないとみなした情報は、意識に伝わる前にノイズとしてカットされるためだ。ＩＣレコーダーにも、特定の周波数をカットするものなどノイズキャンセリングの機能を備えたものがあるが、私たちの無意識の選択的注意のパフォーマンスには到底及ばない。

無意識は、素早く効率的に働く。仕事が着実なだけでなく、努力もあまり必要としない。それに対して私たちの意識は遅く、たくさんの努力を必要とする。意識的な注意を払って課題に取り組めば、より精緻な情報処理が可能になる。しかし、その代償として意志の力は枯渇し、すぐにパフォーマンスが低下することになる（Baumeister et al., 1998）。無意識は意志の力をほとんど必要としないばかりか、働かせるつもりがなくても自動的に働く。たとえば、人は毎日何千歩も無意識に歩いており、脚の動きを意識して歩くことはまずない。無意識に頼ることで、私たちは「左足を踏み込んで右足を上げる、前にけり出して重心を左足から右足に移動、踵から着地して左足を上げる……」といったことをいちいち意識せずに済んでいる。発達途上にいる未歩行児を観察する機会に恵まれたならば、無意識に頼ることができず、意識だけで歩くということが、どれだけ心もとないかを思い知らされることだろう。歩行に限らず、日常の活動を無意識に委ね、意識せずに行えるようになることは、大変心強い。

私たちは無意識に歩くことができるが、その気になれば、身体中の筋肉や関節の動きをできるだけ意識しながら歩くこともできる。しかし、その試みは激しい意志の力の枯渇を代償として、緩慢で不自然な動作を生み出すことだろう。私たちの心ができるだけ多くのことを無意識に委ねようとするのはこのためである。

3 無意識の決定

意識のあずかり知らないところで私たちの決定や行動が影響されているという考えには、不安を感じる人もいるだろう。たとえ無意識の力が高いパフォーマンスを備えていたとしても、それは素早く効率的に粗悪な結論へと私たちを導くのではないかと疑問に思う人もいるかもしれない。日常のすべての決定に意識的な注意を払うことは現実的ではないとしても、せめて複雑で重要な決定だけでも、意識に委ねるべきではないだろうか？

意識的な熟慮を経たほうが、後悔のない優れた決定ができる場合もある。ただし、それは意識の限界を越えた問題でなければの話だ。意識の容量は小さいため、問題が複雑になるほど決定の質が低下する。無意識の容量は相対的に大きく、複雑な問題でも決定の質が落ちない（無意識思考理論（Dijksterhuis et al., 2006)。たとえば、いくつかの候補のなかからひとつのシャンプーを選ぶ場合には、じっくりと意識的な熟慮を経てから決定すればよいだろう。そうすれば、何も考えずに直観に任せるよりも、客観的に質の高い商品を選ぶことができ、また、ほかの商品にしておけばよかったと後悔することも少ない。シャンプーを選ぶときに考慮しなければならない情報は比較的少ないため、意識の小さな容量でも不足はない。靴を選ぶ場合でも同様である。しかし、デジタルカメラを選ぶ場合には事情は変わってくる。センサーサイズ、有効画素数、ズーム倍率、レンズの明るさ、動画性能、シャッタースピード、フォーカス性能、手振れ補正、連写性能、高感度性能、測光方式、液晶モニター、バッテリー容量、大きさ、重さなど、考慮すべき情報が多すぎて、意識の容量では間に合わない。カタログを見比べているうちに、何が欲しかったのかわからなくなってしまう。こうなれば無意識の出番だ。候補となる機種の基本情報を確認したならば、ひとまず意識的にあれやこれやと考えることはやめて、夕食の買い出しを先に済ませてしまおう。カメラ売り場に戻ると、なぜか心はもう決まっている。複雑な決定では、意識的な熟慮の末に選ぶよりも、このような無意識の直観に委ねたほうが、客観的に質の高い商品を選ぶことができ、また、ほかの商品にしておけばよかったと後悔することも少ない。アパートの部屋を選ぶ場合でも、車を選ぶ場合でも同様である。

かつて考えられていたよりも、意識にはさまざまな限界があり、私たちの日常の活動のすべてを意識に委ねることは現実的ではない。一方で、無意識は優れた働きをしており、日常の活動の大部分は無意識に委ねられている。このような、意識と無意識の貢献度分配についての新たな理解は、私たちのパフォーマンスのとらえ方にも変革をもたらすことになるだろう。

一般的に、パフォーマンスの低下の原因は、意志の力の弱さ、あるいは意識の低さにあると考えられてきた。しかし、どんなに強靭な意志の持ち主であっても、また、どんなに意識が高くとも、意志の力には限界があるため、やりたいことをやらない、あるいはやりたくないことをやろうとすれば、すぐにパフォーマンスは低下してしまう。高いパフォーマンスを維持するためには、がむしゃらに意識を高め意志の力に頼ろうとすることよりも、無意識の力に活動を委ねたほうがうまくいくかもしれない。

5 意識と無意識の協働

無意識は優れた働きをしており、日常の活動の大部分は無意識に委ねられている。しかし、車の運転の九〇%以上は道なりに直進することであったとしても、ときおり角を曲がることが重要でないということにはならない。意識の役割はつねに自らの行動をコントロールすることではなく、時折進路変更のための介入をすることにあるのかもしれない。

1　意識モードと無意識モード

私たちの活動は、意識と無意識の協働によって成立している。たとえば、車を運転する経験が長くなると、もはやそれは自動化され、今何をしているのか、次は何をすればよいのかといったことをいちいち意識せずとも、ただ運転することができるようになる。しかし、どんなに経験を積んだベテラン・ドライバーも、かつては初心者マークをつけていた。そのころの運転は、意識して行われていたはずである。また、運転に慣れてからも、雨天などの慣れない道路状況では、運転は無意識モードから意識モードへと切り替わり、普段使わないワイパーの動作、道路の滑り具合、他の車の挙動など、さまざまなものが意識されるようになる。

私たちの日々の活動の多くは平凡な行程の繰り返しだが、しばしば馴染みのない状況や新奇の問題に遭遇することがある。無意識は私たちの両耳の間で静かに働くスーパーコンピューターであり、事前にプログラムされた通りの処理を素早く効率的に行うことができる。そのため、平凡な行程の繰り返しにおいては高いパフォーマンスを発揮する。一方で、意識は不測の事態に対応することのできる柔軟性を備えている。私たちの暮らしは、変化の少ない自然環境への適応だけでなく、変化の多い人間関係への適応を求められている。それだけ予期せぬ事態や馴染みのない状況、新奇の問題への対処を頻繁に迫られることになる。このような不測の事態に対処できる柔軟性は、意識の大きな特長である。

2 目標意図と実行意図

意識の柔軟性と無意識の効率性を協働させることができれば、私たちのパフォーマンスは大幅に向上する。そのためには、単に目標を意図するだけでなく、綿密な実行計画を意図することが重要となる（Gollwitzer, 1999）。目標意図とは、目標Xを達成しようとする意図（例えば「資源ごみをリサイクルするぞ」）を指す。実際には、このような何かをしようという目標を定めたとしても、それを実行するためには意識的な努力が必要となるため、結局は行動に結びつかないことが多い。しかし、いつ、どこで、どのように、目標に取り組むのかという具体的な手がかりと行動を結ぶ計画、すなわち実行意図（例えば「朝起きたら、資源ごみをリサイクルするぞ」）をもつことで、行動の実行は環境手がかりによって自動的に作動する無意識に委ねられ、意識的な注意を払う必要がなくなる。たとえば、単にリサイクルをしようという目標意図を心に誓った場合と比べて、いつ、どこで、どのようにリサイクルをするのか、実行意図を形成した場合のパフォーマンスは実に四倍にも及ぶという報告もある（Holland, Aarts & Langendam, 2006）。

3 適材適所

意識を働かせることが無意識よりも優れたパフォーマンスを必ず生み出すという保証はない。たとえば、スポーツなどの自動化された技能を意識して行うことはできない。意識したことで、無意識の自動化された動きが崩されてしまうためだ。また、意識は集中力切れを起こしやすく、そもそも処理できる情報量が少ないため、重要な情報の見過ごしや、たまたま注目した情報に過剰な重み付けをする傾向がある。些細な失敗から自らの動きを意識的に修正しようとすることは、アスリートたちが試合中に大きくコンディションを崩す原因のひとつだ。意識はしばしば、無意識の働きを無効化し、私たちを初心者へと引き戻してしまう（Oikawa, 2004）。

意識と無意識の協働という考えを認めるならば、無意識のパフォーマンスを信じて活動の大半を任せながら、必要に応じて意識を働かせることができるようになるだろう。無意識は大まかな決定を行うと同時に、その内容を自動的にモニタリングし、意識を働かせる必要を伝える警告システムの役割を果たす。警告を受けるまでは意識は介入せず、判断の大部分を無意識の直観に委ねておくが、警告を受けたならばじっくりと考える時間をもつ。たとえば、不祥事が発覚したため、すべての業務に見直しが求められたとする。このような決定には、大筋のところでは納得がいく。不祥事があった。不祥事はあってはならない。よって、業務を見直さなければならない。しかし、無意識はこれに理屈の上では納得しても、同時に感情的な警告を鳴らすかもしれない（「すべての業務を見直すというのは、いささか行きすぎではないだろうか？」）無意識からの警告が伝わると、意識が働きはじめる。すべての業務を見直すには膨大なコストがかかり、そのコストは結局のところ見直しの質の低下を招くだろう。「すべての業務の見直し」よりも効果的に、今回の不祥事の原因を追究し、再発を防止できる対策はないだろうか。こうして無意識の連想が動き出す。このような意識と無意識の協働によって、私たちのパフォーマンスはさらに向上する余地を残している。

6 おわりに――社会とつながる意識と無意識のパフォーマンス

人とつながり社会のなかで生きるには、他者の期待やニーズを知り、それに応えるように自己をコントロールする必要がある。私たちの社会は、何をやるべきか、あるいは何をやるべきでないかを規定する有形無形の規範や倫理、期待で溢れている。やりたくないことをやる、あるいはやりたいことをやらない、すなわちセルフコントロールは、このような社会における私たちのパフォーマンスを支える礎であり、そのためには意志の力が必要となる。もちろん、セルフコントロールは、摂食制限や運動、資格試験など、自分のためにもなるだろう。しかし、セルフコントロールの最も重要な役割とは、社会から受容されることであると考えられる。セルフコントロールを働かせることで、私たちは礼儀作法やエチケットを守り、社会的地位や信頼を獲得し、仕事につき、恋人をつくり、良好な関係を維持することができる。しかし、意志の力には限界がある。

どんなに強靭な意志の持ち主であったとしても、意志の力には限界があり、意志の力が枯渇してしまえば、すべてのセルフコントロールのパフォーマンスは低下する。また、意識的な注意を払って努力することは難しいだけでなく、逆効果となる場合もある。セルフコントロールを行うときや、行った後は、できるだけ他のセルフコントロールを行うことは避けたほうがよいだろう。ストレスやマルチタスクを減らすことや、適度な休憩を挟むことでも、意志の力の枯渇をある程度までは防ぐことができる。しかし、意志の力ばかりに頼ることは現実的ではなく、また、無理にそうする必要もない。

私たち人間の心には、活動を自動化させることで、意識に頼ることなく高いパフォーマンスを維持することのできる、無意識の力が備わっている。無意識が素早く効率的に働くことができるのは、過去の経験や努力、個人の信念や他者との関係、社会や文化とのつながりなどから構築された心のネットワークの恩恵である。それは私たちの心の自然な成り立ちであると同時に、私たちが置かれた状況の自然ななりゆきでもある。無意識の力は強く、意識の高さや意志の力によってそれに逆らうことは難しい。ならば無理に逆らおうとするよりも、無意識を効果的に働かせることのできるような、適切な自己理解や他者との良好なつながりを意識することが、真のパフォーマンスの向上へとつながるだろう。

私たちの心には、他者とつながり社会から受容されるために特化された数々の仕組みが備わっている。たとえば、他者も自己と同じような心をもっているという理解や、他者の目に自分がどう映っているかを推測する能力、自己の体験を言語によって他者に伝えるスキルや、他者の体験をあたかも自分のことであるかのように感じる力などは、どれも私たちが互いにつながるために特化された、適切な自己理解と他者との良好な関係を維持するためのものだ。私たちは他者からの期待をつねに意識し、あるいは意識するともなく他者からの期待に応えようとする。パフォーマンスとは、期待に応えるということであり、それは私たち人間を他者や社会と結びつけ、意識と無意識を協働させる巧妙な仕組みである。

文献

Baumeister, R.F., Bratslavsky, E., Muraven, M. & Tice, D.M., 1998, Ego depletion : Is the active self a limited resource? Journal of Personality and Social Psychology, 74, 1252-1265.

Brosschot, J.F. & van der Doef, M., 2006, Daily worrying and somatic health complaints : Testing the effectiveness of a simple worry reduction intervention. Psychology and Health, 21, 19-31.

Dijksterhuis, A., Bos, M.W., Nordgren, L.F. & van Baaren, R.B., 2006, On making the right choice : The deliberation-without-attention effect. Science, 311, 1005-1007.

Freud, S., 1936, The Ego and the Mechanism of Defense. London : Hogarth.（外林大作（訳）1958『自我と防衛』誠信書房）

Gollwitzer, P.M., 1999, Implementation intentions : Strong effects of simple plans. American Psychologist, 54, 493-503.

Holland, R.W., Aarts, H. & Langendam, D., 2006, Breaking and creating habits on the working floor : A field-experiment on the power of implementation intentions. Journal of Experimental Social Psychology, 42, 776-783.

木村 晴 2005「抑制スタイルが抑制の逆説的効果の生起に及ぼす影響」『教育心理学研究』53, 230-240

Mischel, W., Shoda, Y. & Rodriguez, M.L., 1989, Delay of gratification in children. Science, 244, 933-938.

Oikawa, M., 2004, Moderation of automatic achievement goals by conscious monitoring. Psychological Reports, 95, 975-980.

Wang, Z. & Tchernev, J.M., 2012, The“ myth” of media multitasking : Reciprocal dynamics of media multitasking, personal needs, and gratifications. Journal of Communication, 62, 493-513.

Wegner, D.M., 1994, Ironic processes of mental control. Psychological Review, 101, 34-52.

Wegner, D.M., 2009, How to think, say, or do precisely the worst thing for any occasion. Science, 325, 48-50.

Wegner, D.M., Schneider, D.J., Carter, S. & White, T., 1987, Paradoxical effects of thought suppression. Journal of Personality and Social Psychology, 53, 5-13.

Wilson, T.D., 2002, Strangers to Ourselves : Discovering the Adaptive Unconscious. Cambridge, MA : Harvard

University Press.（村田光二（監訳）2005『自分を知り、自分を変える――適応的無意識の心理学』新曜社）

「もっと学びたい!」人のための読書案内——Book Review

† ウォルター・ミシェル（著）柴田裕之（訳）2015『マシュマロ・テスト——成功する子・しない子』早川書房

心理学で最も有名なテストを受けた子どもたちのパフォーマンスを半世紀にわたって追いつづけた研究の成果から、長期的な成功のために、短期的な誘惑に耐えることの重要性や秘訣をわかりやすく解説した名著。

† キャロル・S・ドゥエック（著）今西康子（訳）2008『「やればできる！」の研究——能力を開花させるマインドセットの力』草思社

できる人とできない人の違いはどこから来るのか？　パフォーマンスは才能ではなく、心の持ちようから生まれることを解き明かす。

† ロイ・バウマイスター＋ジョン・ディアニー（著）渡会圭子（訳）2013『WILLPOWER——意志力の科学』インターシフト

意志力は筋肉のように疲労し、また鍛えることもできる。さまざまな学問領域で最も引用されることの多い、心理学者と気鋭のジャーナリストによるコラボレーション。

Theory 8

ストレスとのつきあいかた

ストレスマネジメント

田上明日香 TANOUE Asuka
鈴木伸一 SUZUKI Shin'ichi

ストレスとは何だろうか。ストレスという実体のない日常生活でよく使われる言葉の意味を正確に説明することは、簡単そうで難しい。ストレスは物理学や工学の分野で使われていた言葉であったが、これを生理学の分野に応用したことにはじまり、現在のように一般的に使われるようになっている。このような過程のなかで整理されてきた、ストレスのメカニズムの理解や心身に与える影響についての主要な研究成果にふれながら、わたしたちがどのようにストレスとつきあっていくことが、心身の健康や良好なパフォーマンスの発揮につながるのかを考えてみたい。

そして、変化の大きい環境下への適応が求められる際に、心身の抵抗力や回復力を高め、パフォーマンスを発揮するために何が必要なのかという視点から、個人に加えて組織という集団をとらえたときに、明らかになってきた研究成果についても紹介したい。

1 あなたのストレスの正体

みなさんが毎日の生活のなかでストレスに感じることは何だろうか？　ストレス解消のために何かしていることがあるだろうか？　食べすぎたりイライラしたりしている自分に気づいたときなど、「最近ストレスがたまっているな……」と感じたことはないだろうか？　このような質問をされたら、どう答えるだろう。「ストレス」という言葉は、日常生活のなかで身近に使われる言葉になっているが、ストレスの正体をつかまえることは簡単ではない。「ストレス」と聞いて、特定の苦手な人をイメージした方は、ストレスの原因をイメージしているし、週末に運動をしてすっきりすることをイメージした方は、運動しているときに、たまったものがとれていくような対処方法をイメージしているともいえる。肥満をイメージした方は、イライラして食べすぎた結果として生じたことをイメージしているのかもしれない。

このように、ストレスは誰が見ても確認できるような目に見える物体ではなく、実体がないものである。ではなぜ、このようにストレスという言葉が一般的に使われるようになったのだろうか。ストレスとのつきあいかたを考えるためには、ストレスについて明らかにされてきたことを知ることが役に立つ。

1 闘うか？ 逃げるか？

私たちの身体は、長い進化の過程で、たとえば、闘うか逃げるかしか選択できないような敵の脅威を切り抜けるために備わった、動物としての本能を受け継いでいると考えられている。これを「闘争か逃走か（fight or flight）反応」といい、一九〇〇年代にストレスによる反応の生理的な仕組みとして、キャノンが明らかにしたものである（Cannon, 1929）。具体的には、たとえば犬に吠えられた猫の体内で、副腎皮質ホルモンであるアドレナリンが分泌され、毛が逆立ち、瞳孔の拡大、心拍数の増加や血圧の上昇、足底の発汗、筋肉のこわばり、炎症や消化活動の抑制などがみられることを示したものである。これら一連の反応は、緊急反応（emergency reaction）と呼ばれている。身体に起こる変化は、いざとなったら俊敏に全力を出して行動するための本能的な身体の機能であり、ホルモンの分泌という観点からストレスを受けた結果生じた変化を示している。現代の生活のなか（重要なミーティングでのプレゼンの場など）で、とりわけ緊張や恐怖を感じる脅威場面で生じる手の発汗や、動悸の早まりなどは、良好なパフォーマンスを発揮するためには、「なければいいのに……」と感じられる人もいるかもしれないが、私たち人類が生き残ってきた過程で身体に備わったストレスへの緊急反応ともいえる。

2 長期化するストレス状態の影響

闘うか逃げるかといった状況が、ある場面で一時的に生じる場合と長期化し慢性的な状態になる場合とでは、ストレスによる影響が異なると考えられている。一九三〇年代まで「ストレス」は物理学や工学の分野で使用される言葉で、外圧により生じるゆがみを意味していたが、セリエによって生理学に応用された（Selye, 1976）。セリエは、熱さや寒さ、X線の照射、運動負荷など異なる刺激であっても、身体にとって有害な刺激が加われば、非特異的な反応をもたらすというストレス学説を提唱した。インフルエンザなどの感染症は、ウイルスが原因となり、発熱や咳といった症状が身体の特定の部位に現れるが、ストレス刺激にさらされた身体の反応は全体にみられ、原因にかかわらず、類似した症状が現れるという学説である。セリエはこれを、汎適応症候群（General Adaptation Syndrome : GAS）と名づけ、三つの段階に分けて説明している（図1）。

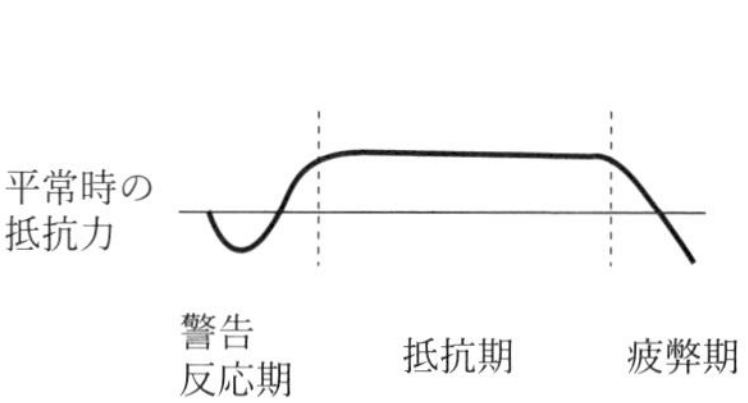

図1　汎適応症候群の3つの段階
（Selye, 1976）

1　警告反応期（stage of alarm reaction）

ストレス刺激にさらされると、その刺激に抵抗しようとして、内分泌系や自律神経系（「闘争か逃走か反応」をつかさどる交感神経系と、休息や回復を促す副交感神経系）の主に交感神経に関わる反応が活発になり、ストレスへ対応する態勢を整えようとする。この時期は二つの段階に分けられる。まずは〝ショック相〟といわれる段階が先行し、体温低下、低血圧、低血糖、白血球やリンパ球の減少など、一時的に身体の抵抗力が低下する段階が生じる。次に防衛反応として、ショック相の反対の症状（体温上昇、血圧上昇、血糖値の上昇、白血球の増加など）が生じ、抵抗力が高まりはじめる〝反ショック相〟といわれる段階に入る。このように、ストレス刺激に抵抗するための準備が整えられる。

2　抵抗期（stage of resistance）

抵抗期は、ストレス刺激に生体が適応し、抵抗力も正常時を上回って増加し、維持される時期である。ただし、原因となったストレス刺激に対する抵抗力であり、新たな別のストレス刺激に対する通常の抵抗力は弱まっているため、ダメージを受けやすい（仕事は順調に進んでいても、体調を崩しやすい）ことも指摘されている。

3　疲弊期（stage of exhaustion）

ストレス刺激がなくなるか、生体の抵抗力がストレス刺激に打ち勝つことができれば、生理的反応は元の水準に戻るが、ストレス刺激が強力で慢性的に持続するような場合、生体は抵抗できなくなり、徐々に抵抗力は減退し、再度「警告反応期」の〝ショック相〟の状態がみられるようになり、適応状態を維持することができなくなる。この疲弊期には、神経系、内分泌系、免疫系をはじめとするさまざまな身体疾患への罹患可能性が高まるとされる。

＊

これらのストレス学説は、生理的な側面に焦点をあてたものであり、心理的な要因についてはふれられていない。しかし、長期にわたる慢性的なストレス刺激が私たちの身体へ及ぼす影響を考えるために有用なものであり、ストレス研究発展の基礎となった研究といえる。これらの考え方を、パフォーマンスという観点からとらえると、何らかのストレス刺激に出会ったときに、私たちの身体は、備わっている抵抗力をもって対応しようとするという機能を備えており、恒常性（ホメオスタシス）を維持しようとする。この反応によって、私たちの身体は活性化され、ストレス刺激がプラスの効果をもたらすこともある。しかし、強力で慢性化したストレス刺激に長期にわたってさらされると、活性化されたパフォーマンスの維持を妨げるような身体の生理的な機能が働くと考えられている。

❷ ストレスは悪物か？

セリエは、The Stress of Life（1976）のなかで、ストレスは、必ずしも悪いものではなく、ストレスの原因となる、あらゆる感情や行動は生活のスパイスにもなっているといっている。長期的に続く強度の強い慢性的なストレスの身体への悪影響については、前述の通りだが、セリエは、ストレスの原因となる刺激も、その強さや持続時間、ストレスを受ける心身の状態によって、私たちの身体が受け入れることができ、健康にも有益となるような快ストレス（eustress）になることもあると述べている。しかし一方で、私たちの身体が受け入れられず、健康を害し病気を引き起こすような不快なストレス（distress）にもなると考えた。

ストレスが人生のスパイスでもあるならば、ストレス状態がパフォーマンスにどのような影響を及ぼすのだろうか？　また、ストレスが不快ストレスになるのは、どういう種類のストレスに出会ったときなのだろうか？

1　パフォーマンスとストレス

ストレスが快ストレスにもなるとするならば、毎日の仕事や学習などを、効率的に進めることにも応用できないだろうか。これは多くの方が感じられることではないだろうか。期限の間際にならないと、なかなかやる気が起きずに、直前になって緊張状態のなかで集中して終わらせる体験をしたことがある方は少なくないのではないだろうか。そこまでの状況ではなくても、ほどよい緊張感がある環境のほうが仕事が進むという経験や、逆に、人前で話す場面などで緊張しすぎて頭が真っ白になってしまい、準備していたことを上手に発揮することができず、パフォーマンスに支障が出た経験がある方もいるのではないだろうか。このような状況はなぜ起こるのだろうか。

ヤーキーズとドッドソン（Yerkes & Dodson, 1908）は、ネズミを使った学習実験で、動機づけに電気ショックを使った困難度の異なる弁別課題を行わせた。その結果、困難度の高い課題では、弱い電気ショックを与えたネズミのほうの学習速度が速く、困難度が低い課題では強い電気ショックを与えたネズミのほうの学習速度が速いことを明らかにした。このことは、動機づけと学習のパ

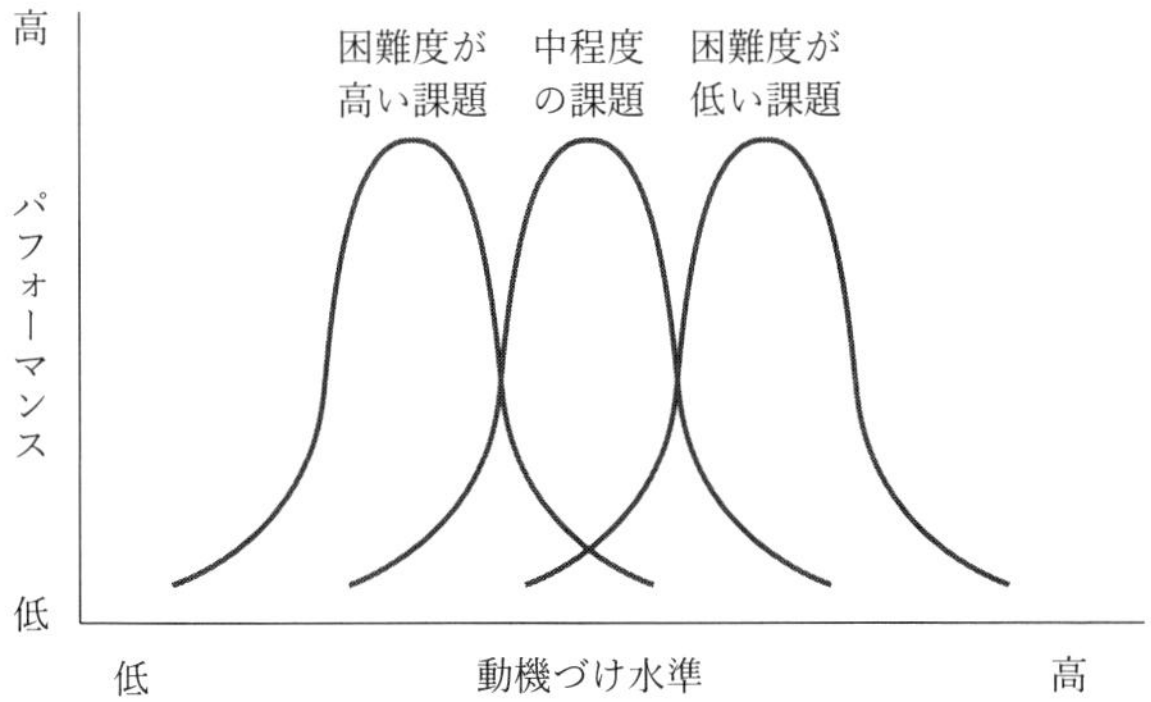

図2　ヤーキーズ・ドッドソンの法則（Yerkes & Dodson（1908）を参考に作成）

フォーマンスとの間には逆U字の関係があり、課題の難易度にあった動機づけの最適水準があることを示している（図2）。動機づけとパフォーマンスの関係には、脳の覚醒水準が関連すると考えられており(Hebb, 1972)、覚醒水準は脳の興奮や活動性の高い状態であることから、ストレス状態と同様に考えることもできる。すなわち、睡眠から目覚めたばかりのほとんどストレスを感じていない状態や、極度のストレス下にある場合の記憶や知覚などの正確さは、中程度の覚醒水準と比べると低下しているといえる。また、課題の難易度が高い場合に必要とされる覚醒レベルの強度は弱く、逆に難易度が低い場合に必要とされる覚醒レベルの強度が高いことも明らかにされ、簡単な仕事であるほど一定の緊張感や集中が必要であり、難易度の高い仕事であるほどリラックスした状態のほうがパフォーマンスが上がりやすいなど、課題の特徴に応じて最適な覚醒レベルの強さが異なることを示している。また、初心者は、わずかな覚醒水準の変化でもパフォーマンスに影響が出やすいが、熟練者は、安定したパフォーマンスを上げることができ、逆U字は台形型になるともいわれている。

これらの結果から、自分が取り組もうとしている仕事や学習の内容に応じたパフォーマンスの最適性を高めるために、緊張しすぎているときには、少しリラックスしたり、逆に、飽きてしまってぼんやりしているときには、時間を決めて終わらせるといった自分なりの制限を設けて、緊張感を高めたりすることが、パフォーマンス向上には役立つと考えられる。これらの考え方は、自分がどのような状態のときに集中して仕事や学習などに取り組めているのか、その状況を再現するために何が必要なのかということを考えるために、役立てることができる。

2 良いストレスと悪いストレス

次に、どのような出来事が、快ストレスや不快ストレスになるのかを考えてみたい。

厚生労働省が五年に一度実施している「労働者健康状態調査」（2012）によると、働く人の多くが最もストレスの原因と感じていることとして、人間関係（四一・三％）という結果が出ている。この結果は、仕事の質（三三・一％）や仕事の量（三〇・三％）と比較しても高い数値である。その意味では、ストレスの原因として人間関係をイメージされる方も多いかもしれないが、ストレスの原因は人間関係だけではない。たとえば、物理的なストレス（騒音、悪臭、振動、気象変化など）や、生物的なストレス（ウイルスなどの病原菌、花粉など）や、化学的ストレス（アスベストなどの化学物質、ダイオキシンなどの環境ホルモンなど）もストレスの原因になる。これらのさまざまなストレスの原因を、環境の変化とその適応に要する負担感という観点で整理したものが、ライフイベントと呼ばれるものである。

ライフイベントは、自然災害や破産などによる生活環境の変化や、大切な人との別れなど、多くの人がストレスを感じるような出来事であるし、結婚や子どもの誕生や、大学生活から社会人になるという環境の変化など、喜ばしいことであると同時に生活環境が一変して適応に負荷がかかる出来事でもある。このように、その影響によって生じた生活の変化をのりこえて再び適応していくために労力が必要となるという考え方から、再適応までの労力の大きさによってその出来事の重大性を評価する「社会再適応評価尺度」が、ホームズとレイによって作成されている（Holmes & Rahe, 1967／表1）。これは、結婚を五〇の基準点とし、これとの比較によって数値化されたものであり、過去一年間に体験したイベントの合計点が高いほど、身体疾患の発生率が高まるとされているものである（過去一年の合計が三〇〇点以上の約八割、二〇〇点以上の約五割の人が、次の年に何らかの身体疾患を発症する可能性があるとされる）。これらの研究は、項目のあいまいさや文化差や個人

表1　社会再適応評価尺度（Homes & Rahe, 1967）

順位	生活事件	衝撃度
1	配偶者の死	100
2	離婚	73
3	夫婦別居	65
4	拘留	63
5	親族の死	63
6	自分のけがや病気	53
7	結婚	50
8	解雇・失業	47
9	夫婦の和解・調停	45
10	退職	45
11	家族の健康上の変化	44
12	妊娠	40
13	性生活上の問題	39
14	新しい家族が増える	39
15	仕事上の再適応	39
16	経済状態の大きな変化	38
17	親友の死	37
18	他職種への異動・転職	36
19	夫婦の口論回数の変化	35
20	1万ドル以上の抵当か借金	31
21	担保・貸付金の損失	30
22	仕事上の責任の変化	29
23	子どもが家を離れる	29
24	配偶者の親族とのトラブル	29
25	顕著な個人的な成功	28
26	妻の就職や離職	26
27	自分の入学や卒業	26
28	生活環境の変化	25
29	個人的習慣の修正	24
30	上司とのトラブル	23
31	労働条件の変化	20
32	転居	20
33	転校	20
34	レクリエーションの変化	19
35	宗教活動の変化	19
36	社会活動の変化	18
37	1万ドル以下の抵当か借金	17
38	睡眠習慣の変化	16
39	団らんで集う家族数の変化	15
40	食習慣の変化	15
41	休暇	13
42	クリスマス	12
43	ちょっとした違反行為	11

衝撃度：各イベントの再適応がどの程度大変か、時間がかかるかを表した数値

差が残されているなどの指摘もあるが、ライフイベントを測定し評価することの重要性を広く示した研究といえる。たとえば単身赴任による職種の変更も伴う異動などでは、夫婦別居、仕事上の再適応、生活環境の変化、団らんで集う家族数の変化、食習慣の変化といったように、再適応が必要な環境の変化が複数同時に生じているととらえることで、セルフケアに役立てることもできる。具体的には、休息を積極的にとること、家族間のコミュニケーションを日常的にとれるような工夫をすることや、新しい環境での生活習慣を確立することなど、新たな環境でのパフォーマンスを低下させないための準備ができる。

一方で、先ほどの仕事での異動の例などでも、喜ばしい異動である場合と、望まない異動であった場合とでは、ストレスの感じ方が異なることもあり、主観的に出来事をどのようにとらえるのかということが重要であるという指摘もある。またライフイベントのような大きな変化だけでなく、経済的な余裕のなさや、人間関係や仕事の難しさ、周囲からの騒音など、日常生活のなかでのささいで厄介な出来事（daily hassles）のほうが、ライフイベントよりも心身の健康と関連が深いという研究結果もある。そして、これらストレス因には避けられないものもあり、そのような環境下で自分の置かれている状況をどのようにとらえるのか、加えてどのように対処するのかといったことが、心身の不調に影響することがわかっている。このような知識をもつことが、自分でコントロールできる良好なパフォーマンスを保つためのヒントとなるかもしれない。

3 同じ環境にいても、感じ方は人それぞれ

ここまでは、私たちをとりまく環境の変化や、身体に備わった機能などの生理学の観点を中心に、ストレスとパフォーマンスについて考えてきた。次に、どうして同じ環境で働いていたり学習したりしていても、過剰なストレスと感じて心身の変調が生じる人と生じない人がいるのかなど、パフォーマンスにも影響を及ぼすと考えられている、ストレスによって心身の不調に至るメカニズムの個人差を考えてみたい。

1 出来事のとらえかたと対処方法がストレスに影響を与える

ラザルスとフォルクマン（Lazarus & Folkman, 1984）は、私たちがストレスの原因となる出来事に出遭った場合に、その出来事をどうとらえて（認知的評価）、どのように対処するのか（コーピング）によって、ストレス反応の現れかたが大きく異なることを明らかにしている。

1 出来事をどうとらえるのか――認知的評価

出来事をどうとらえるかは認知的評価と呼ばれ、一次的評価と二次的評価があるといわれている。まず、出来事の脅威性の評価（どの程度こわいと思うか）と、影響性の評価（どの程度自分に関係すると思うか）という二つの主要な側面から、出来事と出遭ったときに、自分にとってストレスとなる状況かどうかを判断する。これを一次的評価という。①無関係（何も失うものも得るものもない）、②無関係―肯定的（出会いの結果が肯定的である）、③ストレスフル（損害を受けている）の三つの区分で分けられるうえに、③ストレスフルな状態の評価は、（1）損害（すでに損害や喪失を受けている――〝試験に失敗してしまった〟）、（2）脅威（これから損害や喪失の可能性がある――〝試験に失敗したらどうしよう〟）、（3）挑戦（成長やさらなる利益のための機会――〝合格するために頑張ろう〟）からなる。失敗したらどうしよう（脅威）と思いながら、合格のために頑張る（挑戦）といったように、二つの評価が同時に生じることもある。

次の二次的評価では、出来事に直面した場合に、何が問題になっているかを見極め、その影響を最小限にするためにはどのような方法を用いることができるか、何ができるかに焦点をあててコントロール可能性（どの程度その状況をコントロールできると思うか）を判断する。

これらの一次的評価と二次的評価は、必ず一次から二次へと順番に生じるものではなく、相互に影響を与えながら私たちは評価している。そして、出来事や要求が自分にとって脅威を感じるものであり、さらにコントロール不可能なものとして評価され、抑うつや不安、イライラ、不機嫌、怒り、興奮などの情動的反応を引き起こした場合にはじめて、それらが心身の不調に影響を及ぼすストレスの原因になっていると考える。つまり、どのような出来事であっても、そのような評価がなされずに、情動的反応が喚起されなければ、その人にとっては、心身の不調に影響を及ぼすようなストレスの原因とはならない。このことは、同じ過酷な状況下でも、自分の置かれた状況のとらえかたによって心身に及ぼす影響が異なるという個人差をとらえる視点となる。

2　どのように対処するのか——ストレス・コーピング

日常生活のなかで、さまざまな対処を意識的に行っている人は少ないかもしれない。そもそも、それまでの経験から身につけてきたことで対処できると認知的評価の段階でとらえた場合には、強いストレスを感じることなく、いつものように対処することができる。認知的評価を通じて、自分への影響が強く、脅威であり、コントロールすることが難しいと評価されるような出来事に出遭うと、私たちは強いストレス（イライラ、怒り、不安など）を感じ、それらを最小限にとどめるためにさまざまなことを試みる。このように、ストレス状況によって生じた情動的な反応に動機づけられ、それらを解消することを目的としたあらゆる認知的・行動的努力を、ストレス対処（ストレス・コーピング）という。

ストレス対処の分類は、研究者によってさまざまなものがあげられているが、ラザルスとフォルクマン（Lazarus & Folkman, 1984）は大きく、問題焦点型と情動焦点型の二種類に大別している。問題焦点型のコーピングとは、問題の所在を明らかにし、問題解決のための計画を立て、それを実行するなど、直面している問題の状況を直接的に変化させようとする努力である。一方で、情動焦点型コーピングとは、喚起された情動を低減するためになされることであり、問題について考えることを避けて、事態を深刻に考えないようにすることや、気晴らしや気分転換などが含まれる。一般的には、「情報を収集する」「計画を立てる」などの問題解決的な対処法が有効であるといわれるが、困難なストレス状況下においては、「気分の調整に焦点をあてる」ことや、「回避する」することが有効であることもわかっている（鈴木 2002）。ストレス対処は、パーソナリティ特性のような一貫して変化しにくいものではなく、次々と移り変わるプロセスのなかで生じる現象である。そして、状況の展開を予測しながら、有効なコーピングを柔軟に組み合わせて活用することが重要であるといわれている。

3　その他の修飾要因——自己効力／ハーディネス

また、過酷な状況にあっても積極的にパフォーマンスを促し、認知的評価にも良い影響を与えてくれる要因として、自己効力（セルフエフィカシー）があげられる。これは、ストレス場面で、どの程度必要とされる行動を行うことができるかということに関する予期であり、ストレス反応の現れかたに影響を与える。自己効力が高い人は、困難場面においても、積極的に行動し、情緒も安定しているといわれている（Bandura, 1997）。さらに、ストレスに強いパーソナリティ特性としてハーディネス（hardiness）があげられる。ハーディネスは、自分自身や自分のすることが重要で価値があると信じ、目的をもってさまざまな場面で積極的に出来事に関与する傾向を示す〝コミットメント〟、過酷な状況下でも無力感に陥らずに、その出来事に影響を及ぼすことができる感覚である〝コントロール〟、そして変化を脅威ではなく、成長の機会として立ち向かっていく〝チャレンジ〟の三つの特性からなり、ストレス状況下でも精神身体的健康の維持に有効であることが示されている（Kobasa, Maddi & Kahn, 1982）。このようなパーソナリティ特性も、認知的評価に影響すると考えられている。

＊

このように、避けることができない場合もある環境からの影響（たとえばライフイベントやデイリーハッスル）を考慮するだけでなく、ストレスのとらえかたや対処方法といった個人差の観点からストレス状態の全体像をとらえることが、ストレスとうまくつきあうヒントを与えてくれる。すなわち、職場環境の調整のように個人をとりまく「環境への介入」、個人内の柔軟性や多様性を広げる「考えかた（出来事のとらえかた）への介入」や「コーピング（ストレスへの対処方法）への介入」、リラクセーションなどで反応そのものを和らげる「ストレス反応への介入」といったように、ストレス状態が慢性的に長期化しないための、さまざまな軽減策を立てられるようになるのである。

2 職場環境に特化したストレス理論

特に職場のストレスに関しても、健康障害を引き起こすような仕事の特徴を明らかにするための、さまざまな職業性ストレスモデルの研究がある。そのなかでも、カラセック（Karasek, 1979）による「仕事の要求度－コントロール・モデル（the job demand-control model）」は、活動性という観点から、パフォーマンスとストレス要因の関連を示している代表的な研究のひとつである。

このモデルは、仕事の要求度（job demand）と仕事の裁量度（job decision latitude）の二要因から構成される。要求度とは、仕事量の多さ、時間的な制約や切迫感、仕事上の役割やそれに伴う責任、役割葛藤や役割のあいまいさなど、仕事の負荷を総合したものである。裁量度とは、仕事を行ううえで意志決定などの裁量権をどの程度もっているのか、状況に対応するだけの能力をどの程度有しているのかといった、仕事に対するコントロールを示す裁量権や自由度を示したものである。

カラセックは、仕事の要求度が健康に与える影響が、仕事のコントロール状況によって異なることに注目し、仕事のコントロール水準が低い場合に、仕事の要求度の影響が大きくなると考え、仕事の要求度の高低と、仕事の裁量度の高低の組み合わせで、仕事の特徴を四分類している。

①要求度が高く、コントロールも高い――「活動的（active）」
②要求度が高く、コントロールが低い――「高ストレイン（high strain）」
③要求度が低く、コントロールが高い――「低ストレイン（law strain）」
④要求度が低く、コントロールも低い――「受動的（passive）」

②の「高ストレイン群」では、心理的な緊張や心臓血管系への負担が重く、冠動脈疾患の危険因子といわれるなど、身体的疾病のリスクが指摘されている。①の「活動的」な仕事においては、生

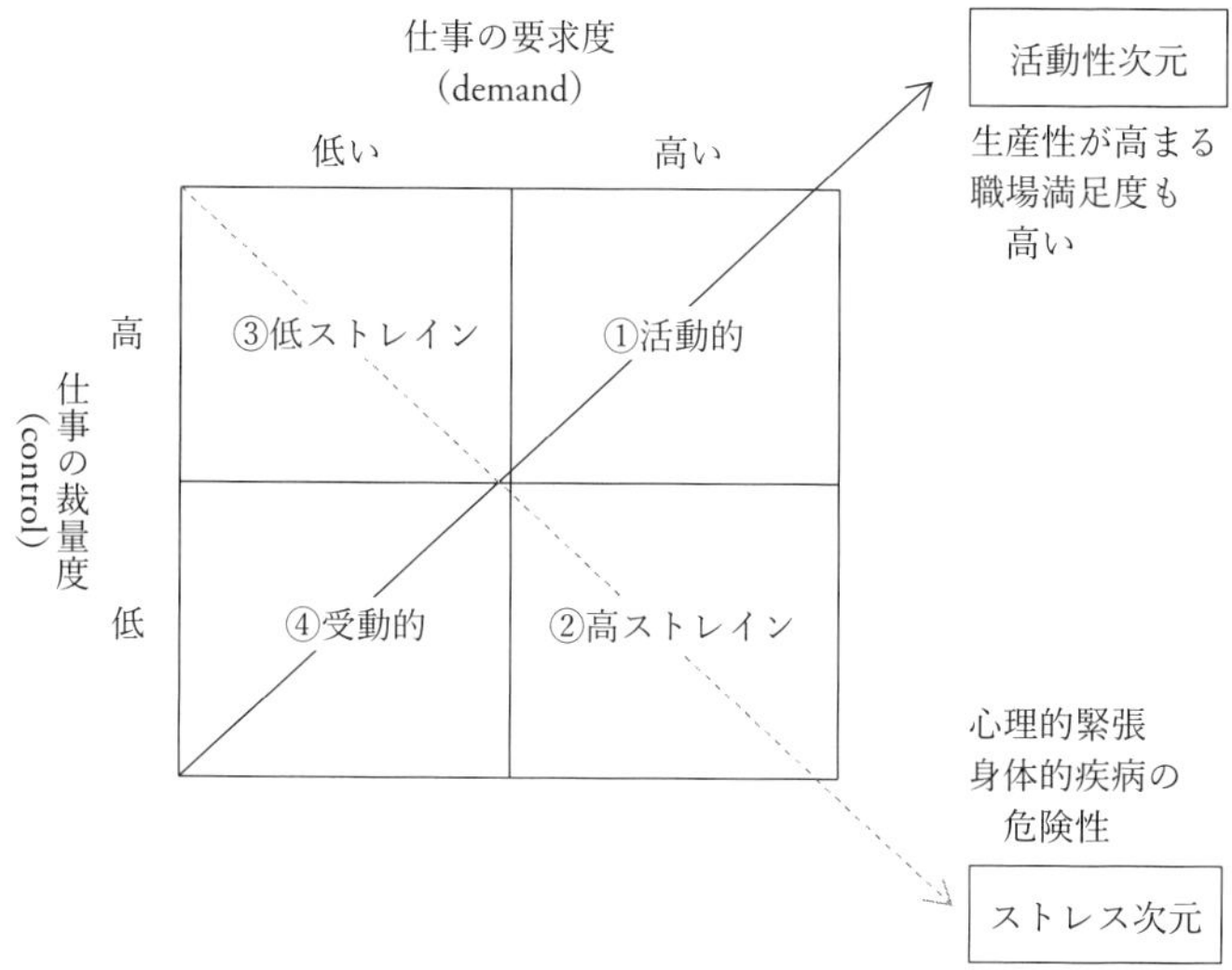

図3　仕事の要求度ーコントロール・モデル（Karasek（1979）を一部改変）

産性が高まり、職場での満足度も高いことが報告されている。一方で、④の「受動的」な仕事状況では、仕事スキルや対処スキルが損なわれることも指摘されている。

この四つの分類のうち、「④受動的」から「①活動的」への軸が「活動性次元」、「③低ストレイン」から「②高ストレイン」への軸が「ストレス次元」であり、消耗感や抑うつは仕事の要求度が高く仕事のコントロール水準が低いストレス次元に沿って増加するといわれている。一方、身体的健康や満足度は、高ストレスの状態になると低下するが、活動性が高まると逆に増加するという、二つの次元に影響を受けた関係が示されている。また、これらの結果は、仕事の要求度を下げることが難しい状況にあっても、仕事のコントロールを高めることができれば、心身の健康や生産性などのパフォーマンスの向上につなげることができるということも意味している。

そして、このモデルは、ジョンソンとホール（Johnson & Hall, 1988）によって、職場における社会的支援（workplace support）というソーシャル・サポートの観点が追加され、「要求－コントロール－社会的支援モデル（demand-control-support model）」としても活用されている。ソーシャル・サポートは、ストレスを和らげる効果をもつと考えられ、要求度が高くコントロール水準が低いという最もストレス反応の高まる状況であっても、上司や同僚からサポートを受けることで、ストレス反応が和らぐことがわかっている。

④ 環境変化への適応とパフォーマンスの視点

経済情勢の変化、組織改編や雇用環境の変化、予測できない災害や大事な人の喪失といった大きな環境変化、短期間での成果を求められて緊張感をより感じやすい働きかたへの変化など、日常生活において、私たちはさまざまな予測の難しい変化に対応する必要に迫られている。さらに、職場では少ない人数で効率的にパフォーマンスを上げていく生産性の高い働きかたが求められるようになり、ストレスケア（メンタルヘルス）の重要性が高まっているともいえる。

そこで本章の最後に、環境変化への適応という観点から、個人が適応していくためのヒントとなるような視点を紹介したい。さらにはストレスケア（メンタルヘルス）と企業の生産性の研究動向から、個人だけでなく組織に必要な視点としてのストレス対策について考えてみたい。

1 レジリエンス――回復力

日常生活でのストレスだけでなく、自然災害や、テロリズム、戦争など、多くの人が衝撃を受けるような出来事が生じている社会環境のなかにあって、メンタルヘルス領域で再認識されているのが、レジリエンス（resilience）というキーワードである。レジリエンスは、精神的・心理的回復力や、立ち直る力、復元力、復活力などと訳される言葉で、効果的で柔軟なストレス対処（コーピング）や適応に関する概念である。レジリエンスには二つの特徴的な性質があるといわれる。ひとつはネガティブな情動体験からすぐに立ち直る能力で、もうひとつは変化しつづけるストレスの多い環境に柔軟に適応する能力である（Block & Block, 1980 ; Block & Kremen, 1996 ; Lazarus, 1993）。レジリエンスを高めるプログラムは、基本的にポジティブ心理学（楽観主義）の理論をベースにつくられており、ストレスの原因をとらえるには、楽観主義の考えかたが役に立つと考えられている。ここまでにも触れてきたように、ストレス（メンタルヘルス）のテーマはどちらかというと、落ち込み、悲しみ、不安、怒り、ストレスなどといったネガティブな感情を伴う反応を改善することを目指した研究が中心であり、それによって、ストレスの研究や精神疾患に関する研究が進み、対策や治療が進んできたという側面がある。一方、ポジティブ心理学で重要視するのは、楽しみ、陽気な遊び心、充足感、満足感、温かい友情、愛情、愛着などのポジティブ感情であり、これらはレジリエンスとストレス対処能力を高めることが指摘されている。

具体的には、二〇年以上にわたり介入効果が検証されてきたレジリンスの実践トレーニングとして、「ペン・レジリエンシー・プログラム（The Penn Resiliency Program：PRP）」があげられる。これは学校介入からはじまったプログラムだが、今では民間企業や米陸軍などにも採用されている。ライビッチとシャテー（Reivich & Shatte, 2002）がまとめたPRPの内容のエッセンスによると、レジリエンスは、習得可能で向上できるものであり、その本質は次の七つの能力で構成されているという――①プレッシャーのもとで落ち着きを保つ〝感情調整力〟、②自分の衝動をコントロールする〝衝動調整力〟、③他者の心理的・感情的状態を示す手がかりをどれだけうまく読み取ることができるかを表す〝共感力〟、④未来を明るいものとしてとらえる〝楽観力〟、⑤自分の問題の原因を正確に特定する〝原因分析力〟、⑥これから起こるであろう問題を解決できるという信念や自分を成功に導く確信を表す〝自己効力感〟、⑦状況に働きかける〝リーチアウト力〟。企業などでもこれら七つの能力を高めるようなレジリエンス・トレーニングが行われ、研修から三カ月後の職務遂行能力評価で対照群の同僚の評価を上回ったという、パフォーマンスへの影響に関する研究報告もある。また、ツゲイドとフレドリクソン（Tugade & Fredrickson, 2004）によると、レジリエンス特性の高い人は、低い人に比べてストレス課題の脅威をより低く評価し、課題によって喚起された心血管系反応が素早く回復するという。つまり、レジリエンスは、心だけでなく身体にも良い影響を支える。

このように、ポジティブ心理学の根底にある、ポジティブな資源を活用するという視点は、自分が気づかなかった（言語化していなかった）強みへの気づきとなることも想定され、パフォーマンスを考える際、苦手を克服するだけでなく得意なこと（ポジティブな側面）を伸ばすという考えかたにも通じる視点である。このように、ストレスの原因となることが多い状況にあっても、タフネスのような心身の強さで跳ね返すことを目指すのではなく、一旦影響を受けたとしても、短い時間で回復するというレジリエンスの概念は、ストレスマネジメントの領域でも重要視されるようになってきている。

2 労働生産性に影響する要因――プレゼンティーズムとアブセンティーズム

次に、メンタルヘルスと企業業績（組織のパフォーマンス）との関係から、個人だけでなく組織に求められるストレスマネジメントをとらえてみたい。

プレゼンティーズムとは、出勤している労働者の健康問題による労働遂行能力の低下のことであり、主観的に測定が可能なものと定義されている（山下・荒木田 2006）。メンタルヘルスの不調が労働者の生産性にいかに影響を及ぼすのかについては、このプレゼンティーズムとアブセンティーズム（absenteeism／労働者の健康問題による休業）によって検討されてきた。労働生産性に影響を与える要因についての議論は、長らくアブセンティーズムが中心課題であり、企業にとっても個人にとっても把握や管理がしやすい客観的な事実である休業問題への対策が主体だった。

組織全体のパフォーマンスともいえる企業利益にアブセンティーズムが与える影響については、山本・黒田（2014）が、約四五〇社のデータをもとに、二〇〇四年から二〇〇七年にかけて、メンタルヘルス不調により連続一カ月以上の長期休職をしている正社員の比率が上昇した企業とそれ以外の企業で、売上高利益率の変化にどのような差異が見られるかを明らかにしている（図4）。この結果、二〇〇七年時点では、休職者比率が上昇した企業とそれ以外の企業に差異はみられないが、二〇〇八年以降では、リーマンショックによる景気後退の影響もあって、どの企業も業績を悪化さ

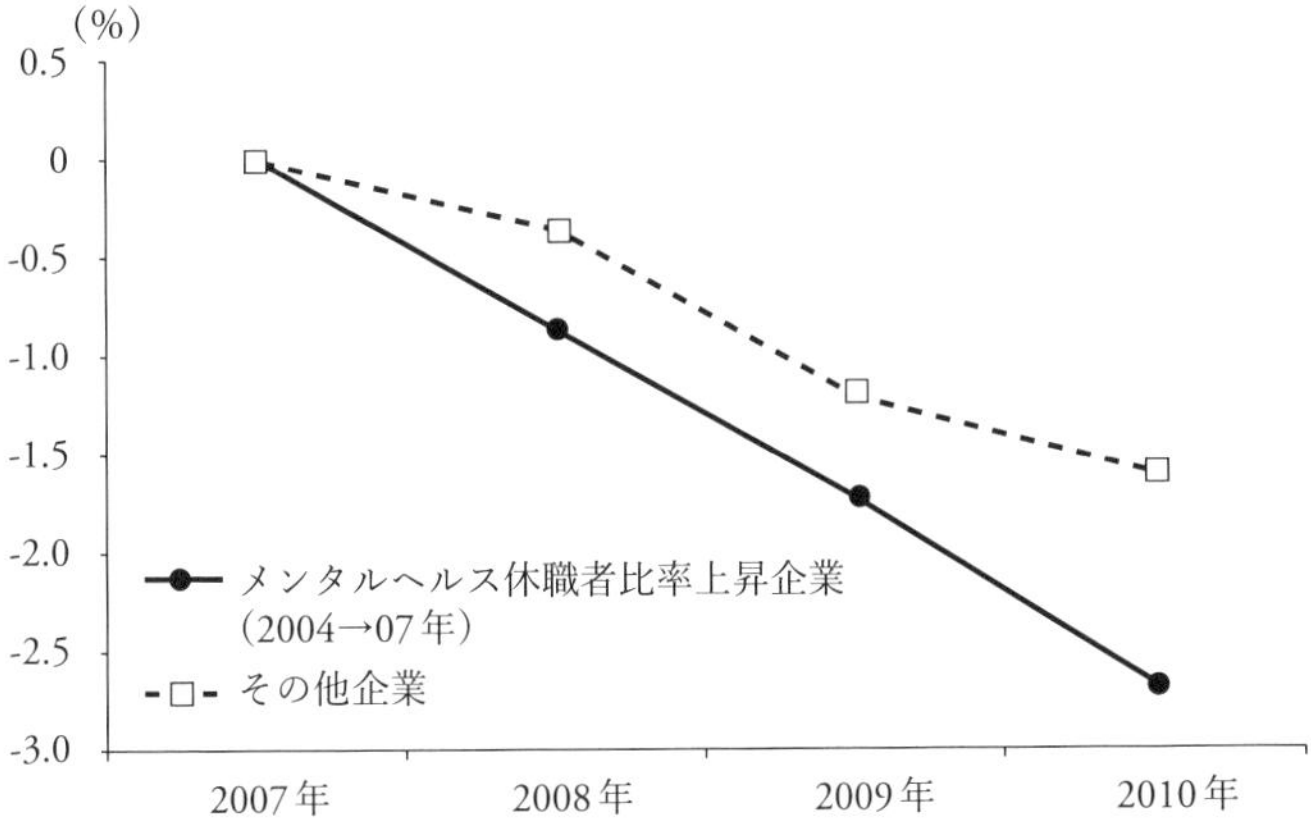

図4　メンタルヘルス休職者比率と売上高利益率の変化幅との関係
(山本・黒田 2014)

せており、休職者が増加した企業ほど利益率の落ち込みが大きくなっている。さらに、メンタルヘルスを損なった従業員が増加した場合、その影響はすぐにはあらわれないものの、二年程度で企業の利益率を押し下げるという結果を示している。同集団の休職者の割合は一%未満だが、このような影響が出たことについて、メンタルヘルスの休職者比率が、労働慣行や職場管理の悪さの代理指標、あるいは先行指標になっていることを指摘している。つまりアブセンティーズムは、職場全体のストレス状態と関連する可能性があると考えられる。

ロープクたち(Loeppke et al., 2009)は、米国の一〇企業の約一五万人を対象にした調査から、二五の主要な慢性疾患ごとに医療費、薬剤費、アブセンティーズム、プレゼンティーズムの各コストの合計を算出している。それによると上位一〇の疾患は、コストの合計が大きい疾患から、うつ病、肥満、関節炎、頸背部痛、不安障害、胃食道逆流症、アレルギー、その他のがん、その他の慢性疾患、高血圧であることが示されている。頸背部痛とその他のがん、その他の慢性疾患は、医療費に占める割合が最も多いものの、それ以外の疾患はすべて、医療費や薬剤費よりも、労働生産性低下につながるアブセンティーズムとプレゼンティーズムの合計のコストの割合が大きく、労働生産性低下と関連する疾患であると考えられている。なかでも、健康問題による労働遂行能力の低下によるコストが最も大きい疾患はうつ病だった。厚生労働省の患者調査によると、うつ病を含む気分感情障害の患者は、二〇〇八年には百万人を超え、一九九九年と比較すると二・四倍であり、増加傾向が続いている。このように、プレゼンティーズムで測定している労働遂行能力の低下に加えて、患者数も増加しているという疾患もあり、アブセンティーズムとプレゼンティーズムが影響する労働生産性の低下が企業に与える影響も大きくなってきていると考えられる。

まだこの分野の研究数は多くないが、ストレスケア（メンタルヘルス）の問題は個人だけでなく企業や国にとっても、社会的・経済的損失をもたらす問題として考えていかなければならないものとなりつつある。

文献

Bandura, A., 1997, Self-Efficacy : The Exercise of Control. New York : Worth Pub.

Block, J.H. & Block, J., 1980, The role of ego-control and ego-resiliency in the organization of behavior. In Development of cognition, affect, and social relations. The Minnesota symposia on child psychology. Vol.13, pp.39-101.

Block, J. & Kremen, A.M., 1996, IQ and ego-resiliency : Conceptual and empirical connections and separateness. Journal of Personality and Social Psychology, 70-2, 349-361.

Boniwell, I., 2012, Positive Psychology in a Nutshell : The Science Of Happiness. New York : Open University Press.（成瀬まゆみ（訳）2015『ポジティブ心理学が一冊でわかる本』国書刊行会）

Cannon, W.B., 1929, Bodily Changes in Pain : Hunger, Fear, and Rage. 2nd Ed. New York : D. Appleton & Co.

Hebb, D.O., 1972, Text Book of Psychology. 3rd Ed. St. Louis, MO : W.B. Saunders Company.（白井 常ほか（訳）1975『行動学入門』紀伊國屋書店）

Holmes, T.H. & Rahe, R.H., 1967, The social readjustment rating scale. Journal of Psychosomatic Research, 11-2, 213-218.

Johnson, J.V. & Hall, E.M., 1988, Job strain, work place social support, and cardiovascular disease : A cross-sectional study of a random sample of the Swedish working population. American Journal of Public Health, 78-10, 1336-1342.

Karasek, R.A., 1979, Job demands, job decision latitude, and mental strain : Implications for job redesign. Administrative Science Quarterly, 24-2, 285-308.

Kobasa, S.C., Maddi, S.R. & Kahn, S., 1982, Hardiness and health : A prospective study. Journal of Personality and Social Psychology, 42-1, 168-177.

Lazarus, R.S., 1993, From psychological stress to the emotions : A history of changing outlooks. Personality : Critical Concepts in Psychology, 4, 1-21.

Lazarus, R.S. & Folkman, S., 1984, Stress, Appraisal, and Coping. New York : Springer.（本明 寛ほか（監訳）1991『ストレスの心理学――認知的評価と対処の研究』実務教育出版）

Loeppke, R., Taitel, M., Haufle, V., Parry, T., Kessler, R.C. & Jinnett, K., 2009, Health and productivity as a business strategy : A multiemployer study. Journal of Occupational and Environmental Medicine, 51-4, 411-428.

Robert, M.Y. & John, D., 1908, The relation of strength of stimulus to rapidity of habit-formation. Journal of Comparative Neurology and Psychology, 18, 459-482.

Reivich, K. & Shatte, A., 2002, The Resilience Factor : 7 Keys to Finding Your Inner Strength and Overcoming Life's Hurdles. New York : Harmony.（宇野かおり（訳）2015『レジリエンスの教科書』草思社）

Selye, H., 1976, The Stress of Life. Rev. Ed. New York : McGraw-Hill.（杉靖三郎ほか（訳）1988『現代社会とストレス』法政大学出版局）

鈴木伸一 2002『ストレス対処の心理・生理的反応に及ぼす影響に関する研究』風間書房

Tugade, M.M. & Fredrickson, B.L., 2004, Resilient individuals use positive emotions to bounce back from negative emotional experiences. Journal of Personality and social Psychology, 86-2 ; 320-333.

山本 勲・黒田祥子 2014『労働時間の経済分析――超高齢社会の働き方を展望する』日本経済新聞出版社

山下未来・荒木田美香子 2006「Presenteeism の概念分析及び本邦における活用可能性」『産業衛生学雑誌』48-6, 201-213

Yerkes, R.M., & Dodson, J.D., 1908, The relation of strength of stimulus to rapidity of habit-formation. Journal of Comparative Neurology and Psychology, 18, 459-482.

「もっと学びたい!」人のための読書案内――Book Review

† ハンス・セリエ(著)杉靖三郎ほか(訳)1988『現代社会とストレス』法政大学出版局

物理学で使われていたストレスという言葉を、生物学や医学で使用しはじめた経緯や、ストレスの意味や研究成果が丁寧に書かれている。本の刊行目的に、医学がストレスを究めて得たものを、もっと平易な理解しやすいかたちで説明することと書かれており、例も多く、読み応えのある本ではあるが読みやすい。生物学や医学に非常に大きな影響を与えたセリエの研究の全体像がわかる。

† リチャード・ラザルス+スーザン・フォルクマン(著)本明 寛ほか(監訳)1991『ストレスの心理学――認知的評価と対処の研究』実務教育出版

心理学や社会学でのプロセスの研究を通して、ストレスの問題を取り扱い、個人差が生まれる要因について、認知的評価と対処についての多くの研究成果をまとめた本。現在のストレス研究につながる多くの研究成果が示されており、何度読み返しても新たな気づきを得られる内容の濃い一冊。

† 坂野雄二(監修)嶋田洋徳・鈴木伸一(編著)2004『学校、職場、地域におけるストレスマネジメント実践マニュアル』北大路書房

学校・職場・地域・医療の各領域で実施されているストレスマネジメントの実践をまとめた本。具体的な介入における進行の仕方やツールなどの紹介によって、ストレスマネジメントの理解が深まる応用編の一冊。

Theory 9

行動からパフォーマンスを考える

行動分析学

坂上貴之 SAKAGAMI Takayuki

行動分析学（behavior analysis）は「行動の予測と制御によって行動の理解を目指す実験科学」（上田・菊水・坂上ほか 2013）である。この学問領域は、よく統制された実験室で行動の因果関係を分析する実験的分野と、そこで得られた原理を現実場面での人間の行動変容に適用していく応用的分野に大きく分かれるが、本章では実験行動分析学からパフォーマンスに迫ってみたい。行動分析学におけるパフォーマンスのとらえ方から始め、その中心的なフレームワークである「随伴性」の考え方を解説し、行動を変容する4つの随伴性を整理する。そして、これらの随伴性のシステマティックな操作によって、行動を強める新しい環境を準備したり、今までに自発されたことがない行動を作ったり、行動を増強したり減弱したり、複雑な行動を組み上げたりする方法を述べる。他者や自分自身のパフォーマンスを変えるために、読者はエビデンスに裏付けられた方法に従った行動変容技法の基礎を学ぶことができる。 p

1 行動とパフォーマンスを区別する

行動の予測と制御をするには、研究者は観察や操作を組織的に行わなくてはならない。観測の対象となった生物個体の変容を「行動」といい、特定されたある行動を「反応」と呼んでいる。一方、操作の対象となった環境が特定されたときには、それを「刺激」と呼んでいる。しかし実際には、行動と反応、環境と刺激は、特に区別の必要な場面を除いて、いずれも同じものとして取り扱われている。行動と似た言葉として行為、活動、運動などがあるが、行動分析学では、これらの用語が行動や反応の代わりに使われることはあまりない。

それに対して、パフォーマンスという言葉は、「結果として表れた複数の行動や反応の集まりそれ自体、あるいは、複数の行動や反応の結果生み出された成果や達成されたもの」という意味で用いられており、単なる行動や反応とは厳密に区別されている。したがって、行動分析学はパフォーマンスそのものを直接に取り扱うことはせず、そのパフォーマンスに結び付く行動や反応を制御したり、予測したりすることになる。たとえば、学校での成績は典型的なパフォーマンスのひとつであるが、「成績を上げるにはどのようにしたらよいのか」という問いに対して、行動分析学では成績上昇につながるさまざまな行動（たとえば、机に向かう行動、図書館に行く行動）に着目して、その行動をどのように制御したらよいかを考える。机の上を整理整頓し、勉強を妨げる手がかりを置かないようにするなどは、行動分析学からの具体的な提案のひとつである。

とはいえ、パフォーマンスに直結しているような行動も数多く見出すことができる。吸い殻の山は喫煙行動の結果であるし、体重の減少は日々のジョギングの成果であろう。喫煙行動を減らしたり、ジョギングを維持させたりするような、上手な環境のアレンジ（環境を変化させたり、整理して配置しなおしたりすること。以降、この意味でのアレンジを「整置」と呼ぶことにする）を発見できれば、パフォーマンスを直接変容させることができるに違いない。したがって、本章ではどのように行動を変容させるのかについて述べることで、パフォーマンスの変容を考えていこう。

2 サイエンス・フィクションとして「随伴性」を表す

私たちはまぎれもなく生物の一員であり、その意味で生物が共通にもつ性質を当然のように共有しているし、そこで働いている生物が共有する遺伝的、解剖的、生理的な仕組みに支配されている。生物個体としての私たちは、環境のなかで生きている。環境は個体が生存するためのさまざまな物質的な基礎（たとえば、空気や水、捕食できる他の生物）を与えているだけではなく、個体を区別できるさまざまな特徴や特性（色や匂いなどを有した物質など）をもたらしている。

こうした環境によって構成された三次元の空間のなかで、何らかの生命活動をしているのが私たちである。この活動は個体としてのまとまりをもった身体の変容として観察することができる。私たちは、絶え間なく表れては消えていく、際立った特徴をもつ特定の環境（刺激）を感じながら、それらに呼応して身体を変容することで、あるいはまったくそれらとは無関係に身体を変容することで、ある特定の行動（反応）をつねに行っている。行動をつねに行うというのは生物個体の特徴、つまり生きているということを表す特徴のひとつと言える。パフォーマンスで問題になるのは、このような行動や反応をどのように予測したり制御したりしたらよいかということである。

多くの心理学理論が、行動の原因を（1）心的実在（精神、心、意識、感情など）、（2）心的構成概念（記憶、知能、動機づけなど）、（3）生理学的概念（神経伝達物質、脳など）のいずれかに探し求め、それらによって行動を理解しようとしてきた。

一方、行動分析学は、行動の制御要因には、（1）遺伝的要因、（2）個体の行動履歴（誕生から現在までの環境と行動との諸関係の歴史）、（3）行動が出現したときの環境要因、という三つがあり、それぞれが単独もしくは他との組み合わせで制御要因として働いていると考えている。行動分析学で特に重要なのは、実際に予測と制御が観察・操作できる（2）と（3）の要因である。これらの要因を構成するさまざまな環境（刺激）や行動（反応）という出来事（事象）の諸関係を表す

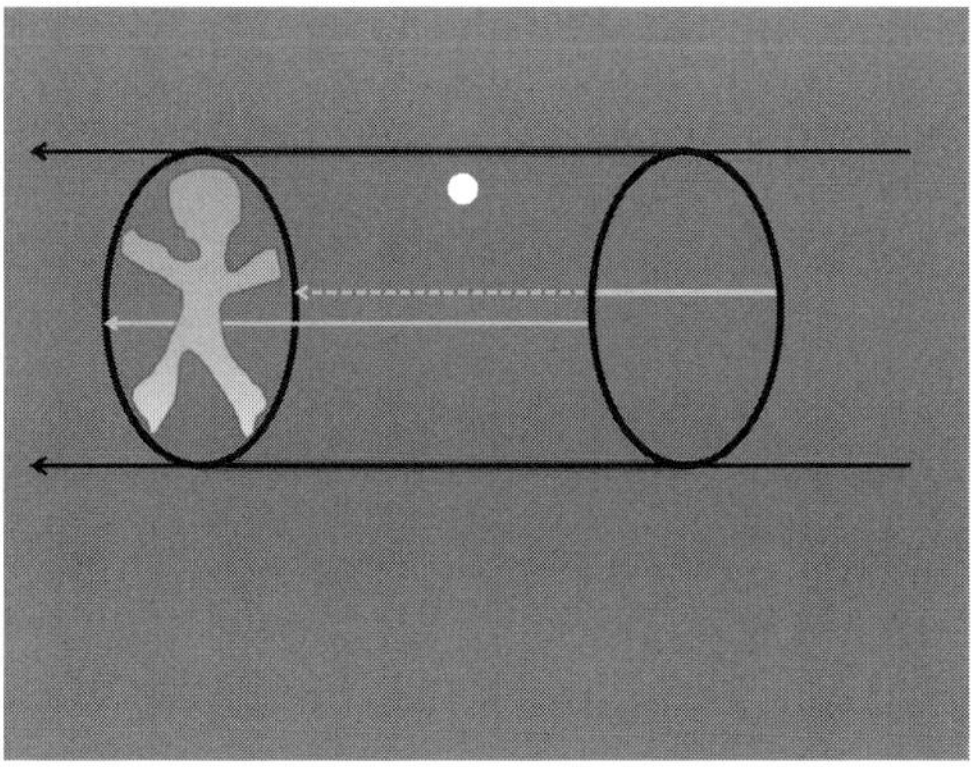

図1　サイエンス・フィクション的随伴性
（時間チューブは右から左へと流れており、左にはヒトがピン止めされており、
右の白い点であるBISがヒトに向かって左へと移動している）

言葉に「随伴性」がある。行動分析学ではこの随伴性を理解することが最も大切であるため、ここから詳しく話を始めることにする。

1　「流れる時間チューブ」と「ピン止めされたあなた」——あなたが経験する随伴性

この項では、随伴性を説明するのに、サイエンス・フィクションばりの道具立てを使ってみたい（図1）。あなたは今、右手より左手に向かって一定の速度で流れていく時間のチューブのなかにピン止めされている。あなたはその場所で動くことができない代わりに、自身の体表の色彩、明るさ、同じ色彩が現れる頻度といったものが、あなたの行動や反応の特徴を表している。色彩は反応の型、明るさは反応の強さ、頻度は反応の時間当たりの出現数に対応している。体表は通常、寒色系の色彩、たとえば水色や緑色などで輝いており、この色はあなたが何かの反応を自発している——たとえば、まわりを見渡したり体を動かしたりする反応をしている——ことを表す。

時間チューブの内壁は漆黒で、環境世界のさまざまな刺激はその漆黒のなかでの光点の輝きとして表される。時間チューブは右手（川上）から左手（川下）に流れていくため、川上にある光点は、これから経験される刺激を、川下側にある光点はすでに経験された刺激を表す。この光点は明るさや色彩でさまざまな刺激の種類を表すことにしよう。あなたは、これらの光点が自分を通過するときにだけ、刺激の影響を受ける。もしもこの光点が時間チューブに沿って光「線」のような長さをもっているならば、あなたはその長さの分だけ、光点を経験することになる。しかしここでは話が煩雑になるので、光点にはあらかじめ一定の長さがあるものとして話を進めよう。

2 明るい白色光点——BISと誘発・淘汰、オペラント条件づけ

川上に表れた光点のなかで、とりわけ明るく白く輝く刺激は、「生物学的に重要な刺激（Biological Important Stimuli : BIS)」を表している。BISとは系統発生上、その生物の生存に不可欠となった（資源として限られている）刺激を意味し、具体的には餌や水や痛みを与える刺激を指している。この

BISが川上からあなたを通過すると、あなたの体表の一部は暖色系に輝く。暖色系の輝きは、あなたの反応がBISによって引き起こされたこと、つまり誘発された反応であることを表している。BISはあなたという生物個体に対して、生まれながらにして（経験を経ずして）反応を誘発する刺激なのである。

これと同時にBISはあなたを通過した際に、そこで輝いていた体表の寒色系の色彩（たとえば水色）の「今後の」明るさや出現頻度、時には色彩にも影響を与える。つまり、後に体表の明るさが増したり減ったり、輝く頻度が増加したり減少したり、また色彩が水色よりも青くなったり緑になったりもする。こうしたBISの働きを淘汰という。BISは生得的に反応を淘汰する刺激でもあるのだ。

このようにBISがあなたの反応に伴った結果、その強度・頻度・反応型を変える現象や手続きのことをオペラント条件づけと呼ぶ。強度や頻度をもとに比べて増加させる効果を強化、その効果をもった刺激は強化子、減少させる効果を弱化、その効果をもった刺激は弱化子と名づけられている。なぜ「条件づけ」と呼ばれるかというと、反応（体表の色彩の特徴）に刺激（白色のBIS）が伴うことで、あなたの体表に特徴の変容が起こったからである。BISの誘発機能は、ある特定の生得的に決められた暖色系の色彩を生み出すだけだが、淘汰機能は、その後の頻度・明るさ・色彩を変容させる。すべてのBISが誘発と淘汰の機能を両方もっているのか、あるいは誘発だけ、淘汰だけの機能をもつものがあるのかについては、完全なところはわかっていない。

3 灰色光点の白色化——中性刺激の条件レスポンデント刺激化とレスポンデント条件づけ

さらに真っ白な光点（BIS）とは違って、灰色で暗く薄く輝く光点がいくつもある。これは、そのままではあなたの体表の色彩・明るさ・頻度を変化させない中性刺激である。灰色の明るさの程度は刺激の目立ちやすさを表している。さて、この灰色の光点があなたのすぐ川上に現れ、それに引き続いて真っ白な光点（BIS）が現れたとしよう。あなたは灰色光点による時間を経験し、そのすぐ後に白色光点を経験することになる。これが何度も繰り返されると、この灰色光点は次第にBISによく似た明るい白色に変わっていく。そしてついには、もとは暗い灰色の光点であったものが、明るい白色光点となり、その通過によってあなたの体表を暖色系に輝かせるようになる。

しかし、もしもBISによって伴われなくなると、その色彩は次第にもとの暗い灰色に戻っていく。こうした中性刺激（暗い灰色光点）とBISという生得的な誘発刺激（白色光点）との追提示によって、中性刺激が誘発機能を新たに獲得する現象や手続きのことをレスポンデント条件づけと呼んでいる。ここでの「条件づけ」は、これまでにない、新しい刺激と反応の関係の獲得を表している。なお、生得性ということを表すのに「無条件」という言葉を、学習性ということを表すのに「条件」という言葉を使うこともある。したがって、BISのような生得性の誘発刺激は無条件（レスポンデント）刺激、学習性の誘発刺激は条件（レスポンデント）刺激と呼ばれることがある。

淘汰機能についても同じようなことが言える。中性刺激とBISのような生得的な淘汰刺激とを追提示すると、中性刺激は次第に白色となり、生得性の淘汰刺激の力を借りなくとも、それだけで個体の体表の色彩・出現頻度・明るさを変えることができるようになる。この刺激だけで、オペラント条件づけをすることが可能となるが、上と同様、もはやBISが伴わなくなると、その色彩は次第にもとの暗い灰色に戻っていく。また、生得性の淘汰刺激としてのBISは無条件強化（弱化）子、学習性の淘汰刺激は条件強化（弱化）子と呼ばれる。

4 灰色光点の色彩化——中性刺激の弁別刺激化と弁別オペラント条件づけ

次に、オペラント条件づけによって、すでに特定の寒色系（たとえば水色）の輝きの頻度や強度が十分に高くなっている状況を考えよう。ここでは異なる二つの場面をあなたは体験する。第一の場面では、まず丸い形をした灰色の光点が現れてあなたを通過する。このときにあなたはちょうど水色に輝いている。それに引き続いて白色光点が訪れる。（強化子の出現によって水色の頻度や強度が強くなったり保たれたりすることになる）第二の場面では、何の光点も経験しないときにあなたは水色に輝いており、しかもそのときには、その後に白色光点は訪れない（つまり強化子は現れない）。これが何度も経験されると、丸い灰色光点は、その明るさを変えずに、次第にある色（たとえば水色）に染まっていく。そしてこの水色光点が現れたときのあなたの体表には、水色が現れる頻度が次第に多くなって、しかもそれに、白色光点が伴うようになる。一方、この水色光点が現れなかったときには、次第に体表に水色が現れる頻度が減少していく。そしてついには、水色光点が訪れると体表が水色になり、その後にのみ白色光点が現れるという、時間順序を伴った三つの出来事（水色光点、水色体表、白色光点）の連なりができあがる。このつながりのことを三項強化随伴性と呼んでいる。

上でいう灰色光点から変化した水色光点を弁別刺激という。そして経験の結果、水色光点の出現が、その後の反応の出現の機会を設定するようになる現象や手続きを弁別オペラント条件づけと呼んでいる。ここでは、中性刺激（灰色光点）が新たに弁別機能を獲得したために、「条件づけ」という言葉が使われている。また、丸い灰色光点で反応すると強化子が出て、四角い灰色光点で反応しても強化子が出ないような、二つの光点を区別する（弁別する）事態についても弁別オペラント条件づけという名称が使われている。

5 ここまでの概念と用語を整理する

ここまでの話を整理しておこう。明るい白色光点はBISである。灰色光点は中性刺激である。白色光点が個体を通過すると、個体は一時的に暖色系に輝く。この白色光点の作用や働きを誘発と呼んでいる。それと同時に、その通過の瞬間に個体が輝いていた寒色系のその後の色彩・頻度・強度が、白色光点との遭遇によって変容する。この白色光点のもうひとつの作用や働きを淘汰と呼んでおり、遭遇させた手続き・過程・事態をオペラント条件づけと呼んでいる。

灰色光点に続いて白色光点が個体を通過すると、灰色光点は次第に白色となるが、白色光点を対にしないとまた灰色に戻る。灰色光点が白色となって、それだけで個体を暖色系に輝かせる手続き・過程・事態をレスポンデント条件づけと呼んでいる。この対にする手続きを使うと、白色となった灰色光点に淘汰機能をもたせることもできる。

最後の条件づけでは、まずオペラント条件づけを通じて、個体が寒色系の特定の色彩を強く放っているようになっているところから出発する。ある灰色光点が個体を通過しているときに、個体に特定の色彩が現れ、その時に限って引き続き白色光点が伴うと、その灰色光点は次第に個体のもっていたその特定の色彩に変わっていき、その後、その光点が経験されると、個体はその特定の色彩を放つようになる。この灰色光点から変化した光点は弁別刺激、これが形成された手続き・過程・事態を弁別オペラント条件づけと呼んでいる。

それでは随伴性という言葉はどのように理解すべきなのだろうか。まず私たちが時間チューブのなかでさまざまな光点と出会うことができるのは、ちょうど光点と身体とが重なっている期間しかないということである。すべてはこの時に起こる。灰色光点と白色光点との追提示が誘発・淘汰・弁別機能を灰色光点にもたらすのも、光点による誘発・淘汰・弁別作用が体表の色彩・強度・頻度に影響を与えるのも、この時である。いろいろな光点と通過時の体表の輝き（すなわち刺激と反応という事象）の間にあるさまざまな関係は、ひとつは、どちらが先で、どのくらいの時間間隔かといった互いの時間的な関係であり、もうひとつは、ある事象出現の下での別の事象がどのくらい出現するかという確率的な関係である。つまり随伴性というのは、事象間の時間的確率的関係の総体なのである。これらの関係のなかには、因果的な関係も、相関的な関係も、そして全く独立した関係もある（たとえば、体表が輝くことで生み出される光点があるかもしれない）。しかし、感じられた光点と体表の輝きとの随伴性は、それらの間が因果、相関、独立のうちのどのような関係であっても、影響を与えたり与えられたりする可能性をもっているのである。

6 体表の二つの色彩間での相互制約——自由接近事態時の反応の制約と反応遮断化理論

ここまで、時間チューブの内壁に表れた光点とあなたの体表の色彩の変容について述べてきたが、あなたの体表の二種類の色彩の関係の変容についても、ここで考えてみよう。緑色と青色の二種類の色彩（反応）を取り上げる。もちろん、体表はこの二つの色彩以外にも輝いているだろうが、この二つにだけ注目することにする。さて、この二つの色彩の現在の出現頻度を測ることから始める。このときには、手がかりとなるような時間チューブ内壁の光点は何も出されていないか、灰色光点である中性刺激ばかりなので、二つの色彩は自由に輝く。その結果、二〇分の間、二分間は緑、八分間は青で輝いていたとしよう。残りの一〇分は別の色彩で輝いていたことになる。このように何分間か、好きなだけ決められた反応ができることを自由接近事態という。この間、緑と青の出現比率は一：四となっていた。

次に、ある三つの異なる決まりに従って、緑色で輝くときと青色で輝くときとの組み合わせを実施する。

第一の決まりは、体表が緑で一分輝くと青で三〇秒輝き、青で三〇秒輝くと緑で一分輝き、そしてこれらが何度も繰り返されるような制約とする。具体的な例として、緑色が教科書を読む反応、青色がマンガを読む反応と考えてみよう。教科書を一分読んだらマンガを三〇秒読むことができ、マンガを三〇秒読んだら教科書を一分間読むというような制約が課せられていると考えればよい（この操作は、緑と青の二つの光点を代わる代わる決まった長さだけ照らすことで制約を設けることに似ているかもしれない）。さて、その結果、こうした場面では、八分間緑色（教科書を読む）、四分間青色（マンガを読む）というような新しい反応出現時間となった。つまり、緑色が二分間から八分間に、青色が八分間から四分間に変容したのである（それ以外の色は八分間である）。この第一の決まりでは、その制約の仕方から、緑：青は二：一となっている。そして結果は、緑が増えて青が減った。反応が増加することを強化、減少することを弱化と呼んだので、緑色（教科書を読む反応）は強化され、青色（マンガを読む反応）は弱化されたことになる。

第二の決まりは、緑色で一五秒輝くと青色で二分間輝けるという制約である。その結果、緑色は二分間から一分三〇秒へ、青色は八分間から一二分間に変容した（それ以外の色は六分三〇秒）。第三の決まりは、緑色で三〇秒輝くと青色で二分間輝けるという制約である。この場合、二〇分の間、二分間は緑色、八分間は青色で輝くという結果が得られた。この結果は、自由接近事態の場面から、それぞれの色彩が輝いている時間が変容しないことを意味している。第二の決まりでは制約から、緑：青は一：八となり、緑色は減って、青色は増えている。つまり、緑は弱化され、青は強化されている。最後の第三の決まりは、緑色で三〇秒間輝くと青色で二分間輝けるという制約である。緑：青の出現比率は一：四となり、その結果、緑色も青色もその輝いている長さは自由接近事態と比べて変化しない。

これらの結果を、反応遮断化理論から次のように要約できる。「自由接近事態で得られた二つの反応の比に対して、制約関係によって、より遮断化された反応は、そうでない反応に対して強化子として働き、より遮断化されていない反応は、そうでない反応に対して弱化子として働く」。例の場合では、自由接近事態では緑：青は一：四であった。第一の決まりでの制約は二：一なので、緑色は遮断化されておらず、青色がより遮断化された。したがって青色反応は強化子となって、緑色反応を増加させた。第二の決まりでの制約は一：八なので、緑色は遮断化され、青色は遮断化されていない。その結果、緑色反応は強化子となって青反応を増加させた。第三の決まりでの制約は、自由接近事態での反応比を変えていない。したがってどちらも強化子にも弱化子にもならない。

③ 四つの随伴性を整理する

ここまでサイエンス・フィクション風に随伴性を説明してきた。ここからは現実に戻って、前節で取り上げた四つの随伴性を整理する。

（1）S：S随伴性――レスポンデント条件づけの中核となる随伴性で、先行する最初のSは中性刺激、後続する次のSは無条件レスポンデント刺激を表す。このように追提示することでSは新たに条件レスポンデント刺激となって、無条件レスポンデント刺激が誘発した無条件レスポンデントとよく似た、あるいはこれを補完する条件レスポンデントを誘発するようになる（この現象は条件反射とも呼ばれることがある）。この随伴性は、同じく、先行する中性刺激に淘汰機能を与えたり（条件強化子の生成）、おそらく弁別機能も与えたりする。

（2）R：S随伴性――オペラント条件づけの中核となる随伴性で、後続するSは無条件強化（弱化）子を表し、個体によって自発された先行する反応Rの頻度、強度、反応型を変容するといった淘汰機能をもっている。変容された反応はオペラントと呼ばれる。変容する方向がもともとのRに比べて増強されればSは強化子、減弱されればSは弱化子と呼ばれる。このR：S随伴性を効果的に用いることで、後述する反応形成を行うことができる。一つ注意しておきたいのは、R：S随伴性での後続刺激は、それが伴った行動へのその後の効果によって、初めて、強化子や弱化子と名付けられるのであり、あらかじめ報酬（アメ）とか罰（ムチ）とかが決まっているのではないことである。したがって、たとえばアメを反応に随伴させてもその反応が増加しないならば、アメは強化子として働いてはいないというべきである。よく、行動分析学を「アメとムチの心理学」と単純化する向きがあるが、常識では報酬と考えられているものを反応に随伴しても反応が増加しない現象はいくらでも観察できる。

（3）S：R：S随伴性――オペラント条件づけ成立後に、先行する特定のSの下で自発したRにのみ後続するS、すなわち強化（弱化）子を随伴させ、それ以外で自発したR（オペラント）にはSを随伴させないと、次第にRは特定のSの提示下でのみ自発頻度を高めるようになる。このS：R：S随伴性が中核となった条件づけが弁別オペラント条件づけであり、先行刺激Sは弁別刺激と呼ばれる。弁別刺激は、反応の機会を設定する弁別機能を有していると考えられている。弁別刺激－オペラント－強化（弱化）子の三項からなる随伴性は三項強化随伴性と呼ばれ、行動変容の中心となる重要な随伴性である。この三項強化随伴性に基づく行動の分析は、社会的場面や臨床的場面に行動分析学を適用する応用行動分析学では、先行刺激（antecedent）、行動（behavior）、後続事象（consequence）の頭文字をとってABC分析とも呼ばれる。

（4）R：R随伴性——この随伴性を中核とする条件づけの名称はない。しかし、遊ぶ、騒ぐ、駆け回るなどの、特定できる刺激が見出せないような場面で起こるさまざまな反応間を、自由接近事態と比較しながら相互に制約を課すように組織的に組み合わせるという操作や、その操作によって生じる反応量の変容という事態は、上で述べてきた条件づけに対応するものといえる。この随伴性も行動変容に大きな威力をもっており、本章では反応遮断化の技法と呼んでおく。

以降の節では、後続刺激によって淘汰される自発された行動であるオペラントと、ここにあげた四つの随伴性の関係に焦点を当てる。いうまでもなくオペラントの生成と変容は、パフォーマンスの変容と強いかかわりをもっている。

④ 新しく強化子を作る——S：S随伴性と条件強化子

すでに述べたようにS：S随伴性を中核とした条件づけは、中性刺激を誘発性の刺激に変えて、唾液分泌や瞬目反応などの（無条件）レスポンデントを引き起こす。同時に、この随伴性は中性刺激を条件強化（弱化）子にも変える。

条件強化子は、ヒトの行動を理解するときにはとりわけ重要である。なぜなら、私たちの行動は、いつも食物や水といった生物学的に重要な無条件強化子によって支えられているわけではないからである。無条件強化子は大変強力な強化子ではあるが、日常行動を支えるという観点から見ると、大きな欠点がある。

第一の無条件強化子の欠点は、すぐに飽和化してしまうことである。飽和化は遮断化の反対語で、強化子の効果が弱くなる事態、あるいは効果を弱める操作のことをいう。つまり、イヌに「お手」を教える際に、肉片を提示しつづけていると、次第に肉片の強化子としての効果が失われてしまうことを指している。飽和化した無条件強化子は、もはや行動を維持していく力を失う。ところがイヌにあらかじめ「クリック音」と「肉片の提示」というS：S随伴性を用いたクリック音の条件強化子化をしておけば、飽和化しやすい「肉片の提示」の代わりに、「クリック音」という条件強化子を提示しても、「お手」というオペラント行動を維持できるようになる。子どもの学習場面でいえば、条件強化子としての褒め言葉や身体接触が、無条件強化子であるお菓子やジュースの代わりとなって、作り上げた行動を維持するようになる。これらの条件強化子は、飽和化しにくい強化子として長期にわたって効果を維持する。

第二の無条件強化子の欠点は、可搬性や携帯性に乏しいことである。つねに無条件強化子を持ち歩くことが難しかったり、多くの量の準備がなかったりすることから、しばしば標的としている行動に随伴させることができなかったりする。しかし、クリック音を出す器具を持ち歩くことは、それに比べてずっと容易である。

第三の無条件強化子の欠点は、即時性に乏しいことである。反応からの遅延時間が長くなるほど反応に対する強化子の効果は少なくなり、数秒以上経過するとほとんど効果がなくなる。さらに、効果がなくなるだけでなく、その遅延時間中に出現した別の反応を強化子が強めてしまうこともある。無条件強化子のなかには、提示に時間がかかったり、効果があるうちにすぐに提示できなかったりするものがある。それに対して、たとえば褒め言葉や身体接触などはすぐに行動に随伴させることができる優れた条件強化子である。今述べた「褒め言葉」のように、同種他個体の反応が条件強化子となっているような場合、その条件強化子を社会的強化子と呼んでいる。社会的強化子は、飽和化しにくく、可搬性の高い、即時性をもった条件強化子である。

　行動を理解するうえで、忘れてはならない条件強化子の働きがある。S：S随伴性で条件強化子を形成するとき、二項目の刺激として一種類ではなく多種類の無条件強化子を中性刺激と随伴させる場合がある。こうしてできあがった条件強化子は、特に般性条件強化子と呼ばれる。典型的な例は、貨幣である。貨幣はさまざまな無条件強化子と随伴し、大変強力な般性条件強化子となる。そして食物や水などと交換できるだけでなく、他の貨幣とも交換可能である。カジノでのチップ、カードのポイントやマイレージなども貨幣と同じような般性条件強化子であり、トークン（代用貨幣）と呼ばれる。地域通貨などのエコマネーも般性条件強化子である。ただ、注意が必要なのは、これら条件強化子の効果を支えているのは背後にある無条件強化子であるということである。急激なインフレ下の貨幣の強化的な効果がみるみる弱くなっていくように、もしも無条件強化子が提示されなくなると、その効果はたちまち薄れていく。

5 新しい反応を作り上げる——R：S随伴性と反応形成

R：S随伴性は、自発されたRにSを随伴させるため、もともとの自発頻度（オペラントレベル）がほぼゼロに近い反応については、オペラント条件づけを行うことができない。そのときに行う方法は反応形成と呼ばれ、この方法もオペラント条件づけに従っている。

たとえばイヌの「お手」を形成する場合を考えよう。イヌは歩行や接触などのいろいろな理由で、頻繁に前肢を少し地面よりも高くする反応を自発する。こうした自発反応の反応型（先ほどの時間チューブの話では体表の色彩にあたる。この例の場合は、地面からの前肢の高さを想定）は、ひとつとして同じものはなく、一般に、高い頻度で起こる反応型を中心にある程度の変動性が見られる。この反応変動性を利用して、最終ゴール（すなわち「お手」として十分な高さの「前肢上げ」反応）により近い側の反応型のみに強化子を随伴させる（これを分化強化という）と、おそらく反応型の分布はそのゴールのほうにわずかに移動するだろう（つまり前肢をより地面から高くする）。それが安定して自発されるようになったならば、ふたたび最終ゴールにより近い側の反応型（前肢をもっと高いところに上げる）を新たに分化強化する。このように少しずつ確実にゴールに向けて分化強化の基準を変えていく（これを漸次的近似という）と、その反応がその個体にとって不可能なものでない限り、最終ゴールの反応によく似た反応を形成することができる。

反応形成は、「お手」のための「前肢上げ」反応にかかわらず、いろいろなところで用いられている。サーカスや動物ショーで見ることのできる動物たちの素晴らしい芸も、基本的にはこの方法で作られている。それだけでなく、たとえばバイオリンを巧みに弾いたり、スポーツで秀でた記録を残したり、学習場面で立派な成績を修めたりするという、ヒトのさまざまな行動の生成やパフォーマンスにも、反応形成は使われている。重要なのは、漸次的近似のステップの幅を、強化確率や強化率を低くしないよう十分に小さなものとし、即時的に強化子を随伴させ、獲得された反応を定着させてから次のステップに移行することである。

6 反応頻度を増加させたり減少させたりする——S：R：S随伴性とR：R随伴性

S：R：S随伴性つまり三項強化随伴性についての研究には、前半の弁別刺激とオペラントとの関係を扱う刺激性制御と、後半のオペラントと強化子との関係を扱う強化スケジュールという二つの分野がある。これまでに蓄積されてきた研究から、オペラントを増加させたり減少させたりする主要な方法を挙げる。

（1）反応頻度を高くするには、強化子を即時的に反応に随伴し、適切な強化の頻度、強化の量、強化が反応に伴う確率の値を設定する。強化子が反応から遅延すればするほど、強化頻度、量、確率が高すぎても低すぎても反応頻度は低くなる。

（2）反応頻度を高める強化スケジュールには、前回強化子をもらってから次に強化子をもらうまでに一定数の反応をすることが求められる比率スケジュール、しかもその要求反応数が毎回変動するタイプが効果的である（このタイプを変動比率スケジュールという）。また、一定期間内に一定数の反応が求められる高反応率分化スケジュールも有効である。

（3）反応頻度を下げる強化スケジュールには消去、時間、他行動分化スケジュールがある。消去スケジュールは反応があってもなくても強化子を出さない、時間スケジュールは反応のあるなしに関係なく強化子を出す、他行動分化スケジュールは一定時間反応がないと強化子を出すというルールである。このなかで、臨床場面などでよく利用されているのが他行動分化スケジュールやその変形である。

（4）異なる二つの弁別刺激の下でオペラントが同じ強化スケジュールで強化されていたとしよう。どちらの行動の頻度も同じくらい保たれることになるが、その後、一方の弁別刺激の下での行動が消去されると、もう一方の弁別刺激の下での行動は強化スケジュールが変わったわけでもないのに、反応が増加する。この現象を行動対比という。たとえば、教室でも家庭でも乱暴な行動が仲間からの注視によって強化されていた子どもが、もはや教室でその行動が強化されなくなった途端に、家庭での乱暴な行動が増加するような場合には、この行動対比を疑うことができる。

続いて、前に説明したR：R随伴性の反応遮断化による反応頻度の増減法も挙げておく。

（5）自由接近事態で二つの反応の従事時間を測定し、そこに相互依存型スケジュールを導入する。相互依存型スケジュールは、一方の反応Aへの要求が満たされると、他方の反応Bを開始することができ、この反応Bへの要求が満たされると、反応Aを開始することができるというように、相互の依存関係を作り上げるルールからできている。このときに、自由接近事態での反応の配分比と比べて、より遮断化が厳しくなされた（つまり配分比が小さくされた）反応の従事時間は減少する一方で、そうでない反応の従事時間は増加する。

7 複雑な反応を組み上げる――二つのS：R：S随伴性の組み合わせと反応連鎖

ヒトの行動は大変複雑である。これらすべてが反応形成によって作り上げられたものではなく、次に述べる反応連鎖によって作り上げられたものもある。三項強化随伴性では、弁別刺激と強化子がオペラントを介して強く結び付けられるために、次第に弁別刺激は条件強化子としての機能も併せ持つようになる。その結果、この弁別刺激＝条件強化子となった刺激を介して二つの三項強化随伴性が連鎖することが可能になる。これを反応連鎖と呼んでいる。

たとえば、「「差し出したヒトの手」という弁別刺激―イヌの「お手」反応―「餌提示」の強化子」という三項強化随伴性の下で、イヌの「お手」反応が充分に成立していると考えよう。この状態で、「差し出した人の手」は条件強化子としての機能も有していると考えられる。もしも投げたフリスビーをくわえて戻ってくると即座に飼い主が手を差し出せば、このくわえて戻るという反応を条件強化子で強化したことになる。すると「投げ上げられたフリスビー」（弁別刺激）―「くわえて戻ってくる」（オペラント）―「差し出した人の手」（条件強化子・弁別刺激）―「「お手」反応」（オペラント）―「餌提示」（無条件強化子）というように、「差し出した人の手』を介して二つの反応が連鎖したことになる。

上で見た例のように、反応連鎖は最後の三項強化随伴性から作り上げていき、次第に前に戻っていく。この方法は逆行連鎖と呼ばれる最も基本的な方法である。ヒトの場合には、頭から作っていく順行連鎖なども使われる。それだけでなく、言語を理解する場合には、この言語によって三項強化随伴性を記述し、それ自体を弁別刺激として行動を作り上げることもできる。たとえば「そういう場合には（弁別刺激）、これこれをすると（オペラント）、うまくいった（強化子）」という記述に基づいて、ある行動を自発する場合である。こうした随伴性によって制御される行動はルール支配行動と呼ばれ、これまで述べてきたような随伴性形成行動とは区別されている。ルール支配行動は、自分が経験していない随伴性を言語化して利用する、ヒトなどに特異的な行動と考えられている。

8 パフォーマンスの変容をどのように考えるか

ここまで見てきたように、私たちには行動を変容するさまざまな環境の整置法がある。したがって、もしもあるパフォーマンスを変容したいと考えたならば、第一にその変容に結び付く標的行動を定めなくてはならない。たとえばそれが成績の向上であれば、教科書を広げる行動、机に向かう行動、ノートを取る行動、参考書や辞書をひもとく行動、事項を覚える行動等々、数多く関連する行動がリストアップされるであろう。しかし、このなかには成績向上にむけて、より基礎的な行動もあれば、そうした基礎的行動が成立してはじめて意味をもつ行動もある。たとえば、参考書や辞書をひもとく行動の前に、授業中に起きてノートを取る行動などが形成されていなければならない。形成していく行動のこうした順序やレベルが、標的行動を定める手順のなかに入っている必要がある。

第二に大切なのは、そうした行動の変容の手段である。まず行動の査定、介入、評価といった変容のための計画を立て、それぞれの段階での方法を定めるのである。使用される行動の記録法、行動の変容法などが検討されなければならない。変容のための計画法や記録法については紙幅の都合で述べないが、まずは時間当たりの反応頻度（反応率）を取ることから始めるのがよい。

大切なポイントは、行動を変容させたいならば、その先行事象と後続事象に注目するということである。しかし多くの場合、先行事象の、それも言語教示に人々の目が注がれる――どんなふうに注意を喚起したらよいのか、やる気を起こさせるにはどうしたらよいのか、等々。しかし行動分析学の言わんとするところは、行動変容の最も重要な役割は、後続事象にあるということである。この後続事象が行動を変容する強化子や弱化子としてふさわしい環境となっているかが、行動変容の鍵なのである。本章の解説がそうした行動変容についての読者の理解に資することができれば、望外の喜びである。

「もっと学びたい！」人のための読書案内——Book Review

† ウィリアム・T・オドノヒュー＋カイル・E・ファーガソン（著）佐久間徹（監訳）2005『スキナーの心理学——応用行動分析学（ABA）の誕生』二瓶社

行動分析学はB・F・スキナーの創始によるものだが、このスキナーの考え方をわかりやすく紹介した数少ない翻訳書。特に本章では触れることができなかった、行動分析学の哲学、認知や言語行動、応用行動分析についても論じられているので、入門書のひとつとして推薦できる。

† ジェームズ・E・メイザー（著）磯 博行・坂上貴之・川合伸幸（訳）2008『メイザーの学習と行動（第3版）』二瓶社

学習や行動について現在日本語で読める参考書として、最も良質なもののひとつであると翻訳に携わったものとして自負している。著者は現在も実験行動分析学の領域で活躍する実験家・理論家であり、その培われた研究的実践に基づいて、学習や行動についての考え方とそのもとになる現象を丁寧かつわかりやすく展開している。

† 上田恵介・菊水健史・坂上貴之ほか（編）2013『行動生物学辞典』東京化学同人

現在求めうる行動研究についての最も充実した辞典。実験行動分析学の専門用語のほとんどが網羅されている。また生物学における行動研究についても第一線の研究者たちが執筆しており、行動に関心のある人にとっては重要な伴侶となるだろう。

Theory **10**

パフォーマンスの生態学

アフォーダンス／生態学的アプローチ

野中哲士 NONAKA Tetsushi

「パフォーマンス」とはなにか。いくつか意味があるようだが、おそらく、次の点は共通しているのではないか。まず、それは単に心的イメージをもつといった人間の内面にとどめられた活動ではなくて、外部の環境との「際」で起こる活動だろう。第二に、環境との界面で起こる出来事であるがゆえに、それはまわりの他者に対して開かれたパブリックな側面をもち、価値や意味の共有の可能性をもたらすだろう。本章では、「パフォーマンス」を、環境との「際」で起こる出来事としてとらえる。そして、内面的な活動とは異なる、環境に開かれた出来事に特有の問題について論じてみたい。

六歳になる娘が自転車に乗れるようになった。

二〇一四年の冬のある日、小学校にあがる前にと、娘のからだの大きさにあった自転車を自転車屋に選んでもらって購入した。まともな自転車を六歳まで与えずにいたことの反省もこめて、その日からわたしは、娘が自転車に乗る練習につきあうことにした。

最初は、自転車好きの知りあいのアドバイスにしたがって、補助輪はつけずに、両足で地面を蹴ってポーンとちょっとずつ前に進む、ということを何日かやってみた。つづいて、近所の公園に行って、ゆるやかな傾斜を下りながら、片足をペダルに載せたままもう一方の足で地面を蹴って、勢いがついたところで両足をペダルに載せてみる練習をはじめた。

そんなことをして二週間ほどたったある日曜日、わたしたち家族は近所のショッピングセンターを訪れた。娘は併設された広場で、さして上達のきざしが見えない自転車の練習をしていた。わたしはしばらく妻に娘を見ていてもらって、そのあいだに喫茶店で書き物をしていた。

すると、一時間もしないうちに、紅潮した顔の娘がわたしのところにやってきた。娘は興奮した様子で、「パパちょっときて！　七回漕げた！」と言った。ついさっきまで両足をペダルに載せてから一回漕げるかどうか、という状態だったので、わたしは耳を疑った。あわてて一緒に外に出てみると、彼女は自転車に乗り、あぶなっかしいけれども、たしかにちゃんと自転車を漕ぎだした。

いったいなにが起こったのかと娘と妻に問いただすと、いっこうに進歩しない娘とわたしを見かねた妻が、わたしがいないあいだに、前から自転車を引っ張って、「一、二、三」と数えながら、娘が足をペダルから下ろさないままで連続的に漕ぎ進む訓練をしたとのこと。いずれにしても、この瞬間を境に娘は一気に上達し、一時間後には、ゆうに五〇メートルはある広場の端から端まで自転車で横切ることができるようになってしまった。

それ以来、彼女は、かつての「自転車に乗ることができない」状態に戻ったことはない。

これは、いったいどういうことなのだろうか。

変化は突然やってきた。しかし、このわずかな時間のあいだに、いったいなにが起こったというのだろう。

1 技能のありか

想起しようとしている対象が過去に残した痕跡のある場所にまで精気がゆきあたる。[…] 以前にその同じ対象が現れたときに、それで精気が脳の孔に流れたことで、他の孔にくらべてはるかに容易に、いまそこに向かってくる精気によって、再度同じしかたで開かれるようになった。

(Descartes, 1649 [谷川 2008] p.40)

一時間前の娘と、自転車に乗れるようになった目の前の娘とのあいだに、いったいどんな違いがあるのだろうか。あるいは、自転車に乗るときに生じたからだの感覚や運動の痕跡が、この一時間のあいだに、娘の体内のどこかの場所に保存されたのだろうか。

一九五〇年、脳科学者のラシュレーは、「エングラムをさがして（In search of the engram）」と題された有名な論文のなかで、このような痕跡を探して、関連するさまざまな当時の一群の研究をレビューしている（Lashley, 1950）。

たとえば、ラットがある迷路を抜けることができるようになったとする。このとき、ラットに起こった変化とはいったいなんだろう。その痕跡はいったい、物理的に体内のどこに残されているのだろうか。

かつてデカルトは、そのような痕跡は脳に生じると言った。しかし、実際にラシュレーが調べてみると、ことはそう単純ではないようだった。たとえば、残酷な話だが、迷路を抜けることができるようになったラットの小脳を手術によって切除する。すると、ラットは運動の協調に深刻な異常をきたす。しかし、もはや普通に歩けなくなったラットだが、ふたたび迷路に直面すると、からだを引きずるようにして転がりながら、行き止まりの袋小路に入ることなく、まよわず迷路を抜けてしまう。今度は、ラットの大脳皮質を切除すると、左右の半球のどちらかといった切除の部位によらず、迷路抜けのパフォーマンスは切除された領域の大きさに応じて低下していくかのように見える（Lashley, 1950）。

矛盾に満ちたさまざまな実験結果を概観したあとで、ラシュレーは次のように述べた。

わたしは、時折、次のように感じざるを得ない。学習は不可能だというのが必然的な結論なのだと。［…］記憶の痕跡は、神経系のどこにも、局所的には示すことはできない。そして、いわゆる大脳皮質連合野は、特定の記憶の倉庫ではない。（Lashley, 1950, pp.477-478）。

なにかができるようになったとき、そのパフォーマンスと対応する「痕跡」は、からだのなかに局所的に示すことはできない。このことは、いったいなにを意味するのだろう。ラシュレーが示した事実を踏まえると、「なにかができるようになること」とは、いったいどのような出来事だということになるのだろう。

ほかにもいろいろ疑問はある。

スポーツ、楽器の演奏などが練習を通してうまくなったり、上達したりすることを指して、運動科学や脳科学ではしばしば「運動学習（motor learning）」という言葉が用いられる。

しかし、自転車の例にもどると、わたしたちは自転車に乗ることができるけれど、特定の自転車にしか乗れないというわけではない。自転車に応じて違ったからだの姿勢や動きをするけれども、子ども用の自転車だって、マウンテンバイクだって、たいていの人は乗ることができる。おそらく、わたしの娘だって、サドルの高さをちょっと低くしても、路面の状態がちょっと変わっても、自転車に乗りつづけられるだろう。

いや、それどころか、そもそも自転車を乗る状況が毎回同じなどということなどは、実際にはあり得ないことなのではないか。スーパーで牛乳を買ってカゴに入れても、ちょっとした歩道の段差を通るときも、そのときに生じている「感覚」や「動き方」は、厳密に言えば、これまで経験したことのないものだろう。だとすると、自転車に乗れるようになることは、そもそも「からだの動かし方を覚えること」や「運動」の学習とみなすことはできないのではないか。

また、最初に娘が繰り返していたのは、自転車に乗ることのできない、あぶなっかしくぎこちないからだの動きだ。ぎこちないながらも、はじめて自転車に乗った娘は、ちょっと足を地面から離してわずかに進むことができただけでも興奮して大喜びする。娘はうまく乗れないのにもかかわらず、暇さえあれば自転車に乗りたがる。こうして、ぎこちない動きを娘が繰り返したとき、どんどんぎこちない動きにともなう神経間のつながりが「踏み固められ」ていって、ぎこちなさがさらに強化されていくということには、なぜならないのだろうか。

これらの疑問を前にすると、生理学的に見たときに「学習は不可能」だというのがいちばん自然な結論だとするラシュレーの言い分は、なんとなく説得力をもって響いてくる。

ところで、当のラシュレーは、先にとりあげた論文のなかで、実験結果をもとにしたみずからの慎重な見解をひととおり丁寧に述べてから、論文の最後にポロッと次のようなことを書いている。

> 学習のプロセスは、複雑なシステム（a complex system）に参与する要素群の調律（attunement）から成り立っているにちがいない。つまりそれは、特定のコンビネーションや細胞のパターンが、ある経験の前よりも後において、応答しやすくなる仕方での調律である。
>
> （Lashley, 1950, p.479）

これは、感覚や動きの痕跡をためるという話とは、ずいぶんちがう。

たとえて言うなら、このような学習は、ラジオの放送内容を逐一覚えていくというよりは、みずからをチューニングすることで、ある特定の周波数のラジオの電波を検知し、いつでもそこから情報を取り出すことができるようになることに近い。あるいは、自転車の例で言えば、自転車に乗るというパフォーマンスは、「自転車に乗る」という出来事に不変なまわりとの独特な関係に向けて、みずからの活動のチューニングをあわせて、そこに参加すること、という感じだろうか。

右のラシュレーの提案は、つぶやきといった趣のもので、言葉足らずで、具体的なところはなにひとつ説明していない。このような「調律」をいったいなにが可能にしているのかといったことについては、「そのようなことが起こるメカニズムはわからないのだけれど」（Lashley, 1950, p.479）とひとこと言って、ラシュレーは論文を終えている。

しかし、このつぶやきにも似たラシュレーのことばに、革新的な「新しさ」を嗅ぎとって注目した心理学者がいる。

この論文が公刊されてから一六年経ったあと、知覚心理学者ギブソンは、右のラシュレーのつぶやきを引用して、次のように述べた。

このアイデアは新しい。もし学習が、まわりに対するシステムの「調律」のようなものだとしたら、それは、痕跡をためるといった話は見当違いだったということになろう。このアイデアを、もっと追求してみたらどうだろう。（Gibson, 1966a, pp.141-142）

❷ 持続とまわり

ギブソンがラシュレーのアイデアに注目したのは、「学習が必ずしも記憶に依存しないという、驚くべき仮説をほのめかすもののように思われた」（Gibson, 1966a, p.142）からだった。

なにかができるようになることを、からだの記憶を「内部にためること」とすることには、ひとつの問題がある。それは、そのような記憶が「まわり」と切り離されてしまう、という点にかかわっている。

たとえば、ロシアの運動学者、ベルンシュタインはこんな風に言う。

重力のなか、床や地面の上で倒れずに姿勢を保ちながら何かをするとき、わたしたちは、いつだってなんらかの外力にさらされている。「なされるべきことも、克服すべき外力も、動物のからだの内部ではなくて、動物が切り結ぶ先にあるまわりの環境におけるものであって、自分の支配の及ばないところにある」(Bernstein, 2006, p.16)。

駅の雑踏のなか、人にぶつからないように目的地に向かって進むとき、食卓で水の入ったコップを倒さないようにサラダに手を伸ばすとき、会話をしている相手のことばに対して会話の流れをさえぎらずにあいづちを打つとき、車に乗っていて後ろからやってくる車を見ながらタイミングを見はからってレーンを変更するとき、「なされるべきこと」をうまくやってのけるためには、なによりも、自分のまわりになにがあって、どうなっているのかを、ありのままに知る必要がある。しかし、「まわり」とのむすびつきが絶たれた「内部」の記憶そのものには、まわりで進行している出来事について正確に知ることの根拠があるわけではない。そこには、欠けている環がある。

ギブソンは、「持続」という切り口からこの問題を論じている(Gibson, 1966a)。

わたしたちが、自分のまわりになにがあって、どうなっているのかを知ることは、心理学では「知覚」と呼ばれる。知覚とは、言ってみれば、わたしたち動物が環境とのコンタクトを保つプロセスそのものである。

しかし、ひとたび「持続」を考慮に入れると、とたんに心理学では話が変わる。「これまで」自分のまわりになにがあったか、どうなっていたのかを知ることは「記憶」とされ、「これから」自分のまわりになにが起こり、どうなるのかについて知ることは「想像」とされる。そして、そのいずれもが「心的なイメージ」をもつことといった、まわりの流れとは隔てられた内部で起こるプライベートな過程としてとらえられることになる。

でも、一時的に視界から隠れたものが消えてなくなったように見えないのは「記憶」のなせるわざだろうか。飛んでくるボールにグローブを差し出すとき、どこまでが心のなかの「想像」で、どこからが環境とつながる「知覚」なのだろうか。まわりから聞こえる音は、時間的な持続があってはじめて意味をなす。はたして、身のまわりの音に耳を傾けることは、ある時点までの「記憶」に、現在の「知覚」を継ぎ足すことだろうか。ならば、知覚が起こる「現在」とは、いったいどのくらいの長さだろう。一秒、一分、あるいは一時間だろうか。

わたしたちが環境とのコンタクトを保つプロセスは、ほんとうにそのようなコマ切れのプロセスなのだろうか。あるいはもしかすると、心理学の概念的な道具立てが不足しているために、こうしたプロセスをコマ切れのものとしてしかとらえられなくなっている、ということはないだろうか。実際のところ、わたしたちの日常のふるまいは、切れ目なく連続している。そして、それはたいてい、「現在」に終わることなく、「これから起こる」まわりとの接触がもたらす、なにか大事なもののごとに向かっている。

このことは、たとえば「歩行」のような、あまりに日常的すぎて普段は気にも留めないわたしたちの活動においてもあてはまる。

たとえば、ぬかるんだ道を歩いていて、水気の少ない足場を選んで歩を進めるような場面を想像してほしい。わたしたちは、どのようにして、一歩一歩をコントロールするのだろうか。

歩行中に片足をついているとき、わたしたちは物理的には逆さにした振り子のような状態にある。片足が接地した地点を軸に、からだの重心は弧を描いて前に倒れていく（図1）。このとき、重心の軌道は、（1）軸となる片足の位置と、（2）両足をついて蹴り出すときの重心の速度によって決まってしまう。これら二つの変数の調整は、足が着く一歩前ではすでに間に合わない。まわりの足場の状態に応じて、これら二つの変数を両方ともチューニングすることが可能なのは、少なくとも足が着く二歩前である（Mathis & Fajen, 2013）。

そのため、足下に気をつけて歩くとき、わたしたちの注意はたいてい「二歩先」に向けられている（Patla & Vickers, 2003）。そして、「現在」の軸足が着く位置の選択や、地面を蹴って足を振りだ

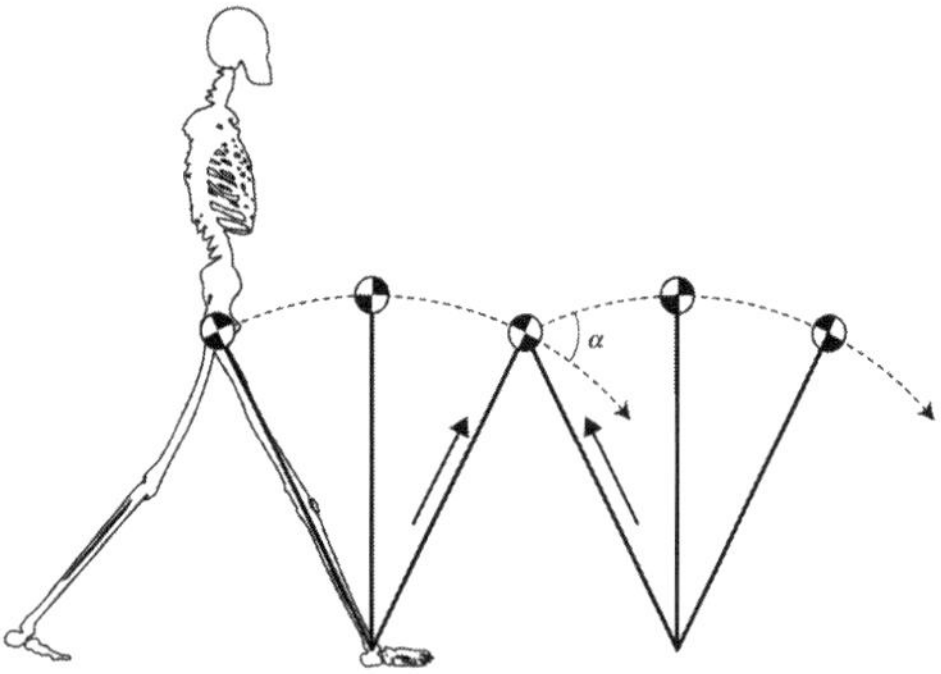

図1　歩行時にからだの重心が支持脚を軸として描く弧
（Matthis & Fajen, 2013）

す動作は、つねに二歩先の「未来」に向けて調整されている（Matthis & Fajen, 2013）。

歩行という活動が依拠するわたしたちのからだに特有の力学的な制約のために、わたしたちが歩くことのコントロールは「現在」にとどまることができず、「未来」はつねに「現在」にまで浸みだしているというわけだ。

このような「未来」に向けた活動の調整は、ほかにもいろいろある。

わたしは仕事場までバスで通っているのだが、ときどき、混雑したバスの二人用座席の、窓際に座ることになる。目的地に着くと、通路側に座っている人に立ってもらい、席をはずしてもらわないと、わたしは降りることができない。

こんなとき、わたしはきまって不思議な体験をする。それは、次のバス停で降りようとすると、通路側に座っている人がこちらの気配を察して、なにも言っていないのにすっと立ってわたしを通してくれる、というものだ。

どうやって、わたしの隣に座っていた人は、わたしが次のバス停で降りるとわかったのだろうか。隣の人は、過去の「記憶」と照合して、わたしの心のなかを「想像」したのだろうか。けれどもこんなとき、隣に座っている人は、自分の判断が心のなかの「想像」のようにあいまいで不確かなものかもしれないというそぶりはまったく見せない。いまだ起こっていない他者の行動についての、このゆるぎない確信はいったいどこからくるのだろうか。

ギブソンは、このような「予知」現象を可能にするものについて、次のようなアイデアを手書きのメモに残している。

> 暗闇のなかで手探りする場合と、最終的に起こる出来事が、当の出来事へといたる複数の出来事によって特定されている場合、すなわち「前兆の影を落とす」出来事を察知したり「事前に」知覚したりする場合とを対比してみたい。[…]最終的に起こることはいたるところに散在する。もたらされる結果は、「出来事の流れ」が変えられないかぎり(すなわち他の出来事が挿入されないかぎり)、「不可避のもの」である。
>
> (Gibson, 1978)

もし仮に、最終的に起こる出来事が、そこへと至る流れのなかに埋め込まれた、さまざまな他の出来事に「映って」いるならば、最終的に起こることはいたるところに散在する。バスの例で言えば、それまでじっと座っていたわたしが立ち上がることに向けて姿勢をそわそわさせるといったことから、それまで読んでいた本や携帯電話をカバンのなかにしまうような身支度の流れ、あるいは運賃を支払うことに向けて財布をとりだし、小銭を確認するといった所作にいたるまで、わたしが「バスを降りる」という近未来の出来事は、そこかしこに散らばって「映って」いる可能性はある。

ギブソンはプライベートな「想像」のように不確かであいまいなものではなく、未来の出来事を特定する構造に注意を向けて検知するわたしたち動物の知覚システムの活動として、こうした「未来」に向けた活動の調整が理解できるのではないかと考えていた。

心理学では、わたしたち動物が環境とのコンタクトを保ち、調整しつづける連続的なプロセスは、「知覚」と「記憶」と「想像」のツギハギだとされてきた。そこでは、わたしたちがまわりとつながる「出来事」そのものを、まるごととらえる言葉が存在しなかった。

現実には、わたしたち動物がおこなう環境との接触の調整は、カミソリの刃のような瞬間で完結するものではなく、区切れのない持続のなかにある。このようななかで、持続を切り詰められた「知覚」と「記憶」と「想像」とのあいだに引かれる境界線は、せいぜい恣意的なものにしかなりえないだろう。

3 四肢麻痺の書家

わたしは、環境との「際」に生まれるパフォーマンスの、ひとつの興味深い事例に立ち会う機会にめぐまれたことがある。

二〇一〇年に、わたしは勤務先の大学の同僚の理学療法士を通じて、第四頸椎損傷の後遺症で四肢麻痺を抱えながら、口で筆をくわえて、書画を二五年以上にわたって制作しつづけている牧野文幸さんという画家／書家に出会った。高校在学中にけがをし、高校に復学するために口で字を書くことを覚えた牧野さんは、高校を卒業してからは絵を描きはじめ、リヒテンシュタインを本拠とする「口と足で描く芸術家協会」に所属し、同協会を通じて作品を発表している。彼は書道もよくし、口で書きながらも、書道師範教授免許状をもっている。現在四六歳の牧野さんは、一日二〜三時間、二日制作をして一日休むというペースで筆をとっている。

あたかも手をあやつるように、牧野さんは口にくわえた筆の先端で紙面に触れ、押し、こすり、やわらかい筆の先端にあらわれるみずからの動きの跡を紙の上に残していく。複雑に動く筆先と紙面の接触の展開には独特のリズムがあり、そのリズムにはやわらかい筆先とざらざらした紙面とのあいだで起こっている出来事に向けられた、独特な慎重さのようなものを見ることができる。

強い印象を受けたわたしは、牧野さんにお願いをして、彼が口に筆をくわえてひとつの字（草書の「静」）を書くときのからだの動きを計測させてもらった（Nonaka, 2013／図2）。

計測では同じ字を繰り返し書いてもらい、そのときの筆をくわえた牧野さんの頭部と首の動きを、複数の変数の組み合わせによってあらわしてみた。本来頸椎はきわめて柔軟に動くことができるが、ここでは煩雑な計算を避け、頭部が頸部に対してなす三つの角度（オイラー角）と、頸部が胸郭に対してなす三つの角度という、合計六つの変数によって牧野さんの動きを記述することにした。さらに、「静」という字を書くときに筆が通る地点を二三点に分けて（図2b）、二三のそれぞれの点を通過する時点において、これらの六つの角度の組み合わせがどのようになっているかを調べてみた。

さらに、字を書くそれぞれの局面において、コントロールされている可能性がある環境との関係の候補として、（1）筆先を紙面に押しつける力、（2）紙面に対して筆管がなす角度、（3）前額面（前から見た面）において重力方向に対して頭部がなす角度、という三つの関係を仮説として立てた。（1）については、そのまま計測できないので、「仮に筆の先端が剛体だったとしたら、それは紙面の下のどのくらいの深さまで沈むか」という値を筆管の運動データから算出した。

これらの三つの「なされるべき関係」はそれぞれ、頭と首の動きをあらわす六つの角度のさまざまな組み合わせによって冗長に達成することができる。二三のそれぞれの地点において、右の六つの角度の組み合わせとして牧野さんの運動をあらわしてみる。

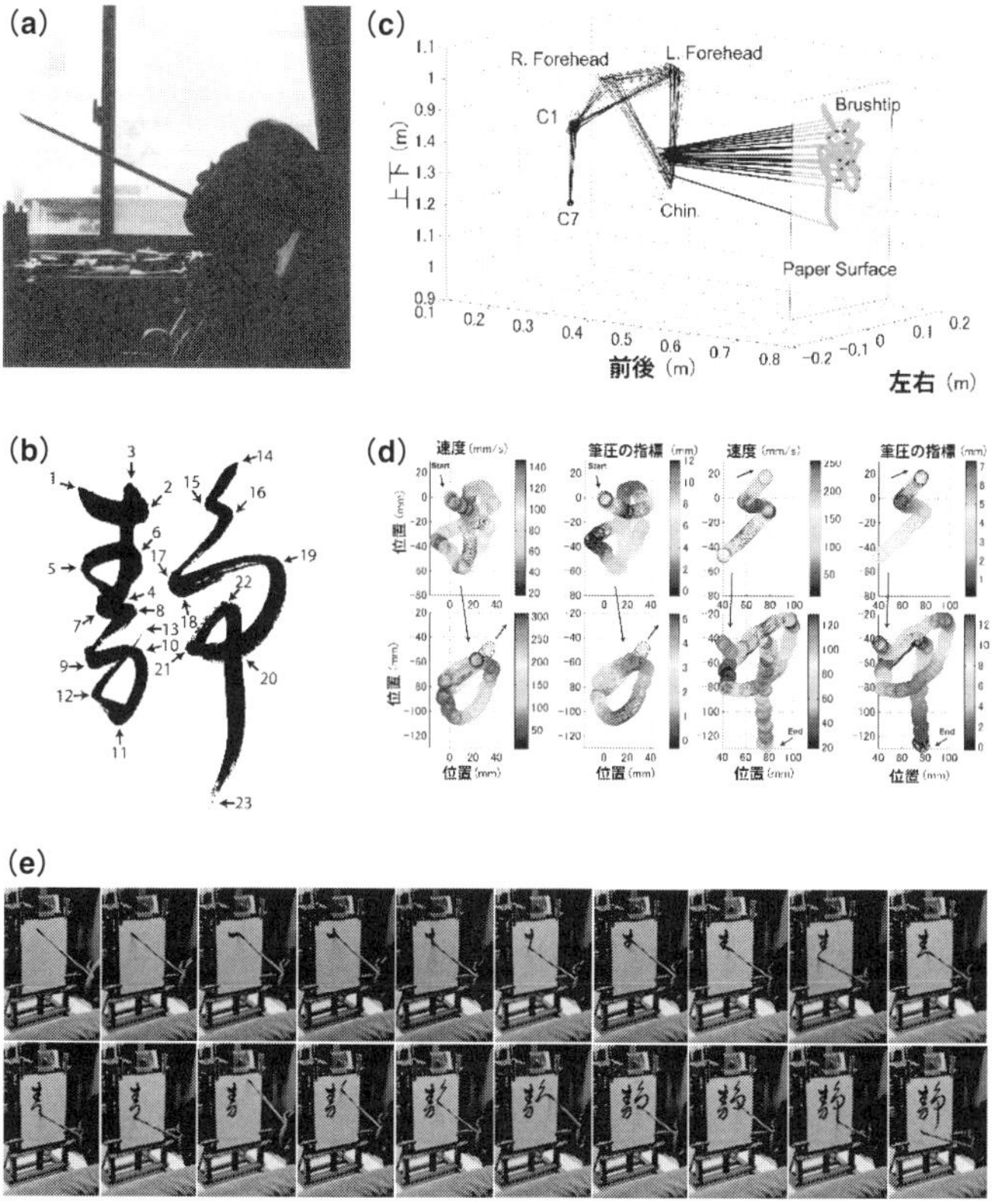

図2 (a) 牧野文幸さん、(b)「静」の書字における23の計測ポイント、(c) 頭部と頸部の動き、(d) 筆の速度(左)と筆圧(右)(黒いほど高値)、(e)「静」と書く牧野さん (Nonaka, 2013)

もし仮に牧野さんが同じ字を何度も書くときのからだの動き方に「原型」のようなものがある場合、二三のそれぞれの局面における六つの角度の組み合わせのばらつきは、「理想の型」のまわりに分布するノイズのような構造を呈することが予想される。

これとは対照的に、もし仮に牧野さんが調整しているのが「運動のかたち」そのものではなくて、書字の各局面に応じた筆圧や筆の角度、頭部の正立といった、なんらかの環境に対してなされるべき関係である場合、六つの角度のばらつきは一定の型のまわりに分布するノイズのようなかたちではなく、そのときどきに要求される一群の環境との関係を安定化させるかたちで、互いの変動を相殺し合うような構造を示すことが予想される。

実際に調べてみたところ、同じ字を何度も書く牧野さんのからだの動きそのものは毎回異なっていた。しかし、そのばらつきには、筆圧、筆の角度、頭部の正立といった環境との関係に影響を与えない試行間のばらつきの量のほうが、これらの関係を揺るがす運動変数群のばらつきの量よりも大きくなるような、独特の構造が見られた（図3）。このことは、繰り返して同一の文字を書く牧野さんの頭と首の運動は毎回変わるけれども、その変化は、筆圧や筆の角度、紙面を見る頭部の姿勢といった環境を組み込んだ環境－からだシステムの安定性には影響を与えていないことを示す。

牧野さんの動きのばらつきは、「覚えた動き」に添加されたノイズのようなものではなかった。それは、書字の各局面において、紙面に対する筆の接し方、また環境と頭部とのあいだのいくつかの

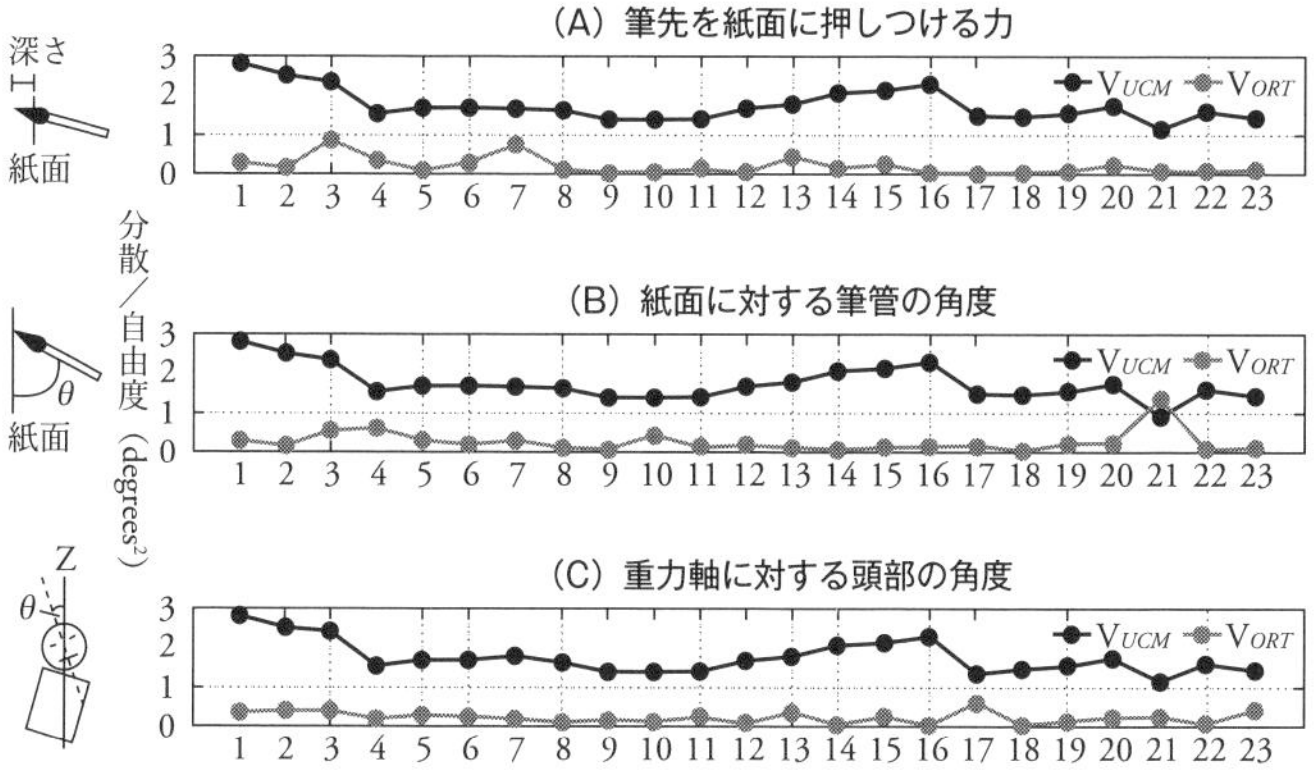

図3 (A) 筆先を紙面に押しつける力、(B) 紙面に対する筆管の角度、(C) 前額面における重力軸に対する頭部の角度のそれぞれを保つからだの動きの変動量 (V_{UCM}／黒) とこれらの関係を揺るがす変動量 (V_{ORT}／灰色) (Nonaka, 2013)

独特な関係を維持するような、独特の構造をともなうものだった。複数の関節角度群のばらつきのあいだに、このような補償的なむすびつきが見られたという事実は、牧野さんのパフォーマンスが内部からの「からだの動かし方の処方」におさまるものではなく、環境との独特な関係の形成プロセスそのものであることをほのめかしている。

ただしこの結果は、紙面に対する筆圧、筆の角度、重力軸に対する頭部の正立という三つの関係だけが、牧野さんの書字においてコントロールされていたということを意味するものでは決してない。また、これらのひとつひとつをとってみても、それぞれが独立しているというわけでは決してなく、すべてがからみあうことで、筆先と紙が触れて痕跡を残すという高次の出来事に参加する不可分な組織をなしていることは言うまでもない。

また、これらの三つの関係が保たれるような運動協調が「つねに」生じていたわけでもない。たとえば局面21では、紙面に対して筆管がなす角度を安定化させる協調に「破れ」が生じている（図3）。図2dを見ると、この直前にぐっと紙に対して筆の先端が押しつけられており、同時に筆の先端の向きが重力と反対方向に急激に変化している。正確な理由はわからないが、これらの状況に直面して、紙面に対する筆管の角度を安定させる協調は一時的に失われている。あるいはもしかすると、ここで調べた三つの関係以外の、なんらかの環境との関係を安定化させるような別の動きの組織が、代わってこの局面で形成されていた可能性もある。

いずれにせよ、右の結果は、牧野さんが字を書くときには「からだの動き」そのものが制御されているのではなくて、むしろ「環境との独特の関係」をむすぶことの結果として、からだの動きが変動しているということを示すものだった。

それぞれの局面に応じて、やわらかい筆先を紙の表面に対して独特の仕方で押しつけ、独特の角度をつくることに向けて、からだの動きの配列は並べ換えられていた。それにくわえて、頭を動かして筆先と紙との接触をコントロールするなか、視界を安定させるようなからだの動きの組織が、牧野さんのからだには生まれていた。

ラシュレー風に言うと、牧野さんのからだの複雑なシステムの配列は、環境内で「なされるべきこと」に向けてリアルタイムに「調律」されていた。

④ 動く理由

わたしたちが環境との「際」で起こることに向けてみずからを「調律」するとき、その先にはなにがあるのだろう。

ためしに、環境のなかで動きまわるわたしたちのさまざまなふるまいを、とりあえずかたっぱしから挙げてみて、それを「動く理由」別に分類してみたらどうなるだろう。

心理学や運動学の教科書には、随意運動か反射運動か、粗大運動か微細運動か、生得的反応か学習された反応か、といった活動の分類は載っている。けれども、わたしたちの動くふるまいがなにに向かうものなのかという、言ってみれば、動きの「行き先」別の分類というのは、あまりお目にかかったことがない。

一九六六年、ギブソンは、『生態学的知覚システム』と題された著作のなかで、そんな分類を試みた (Gibson, 1966b)。ただし、そこで目指されたのは、動物のふるまいをすべて網羅し尽くすことではない。ギブソンが目指したのは、地上環境で暮らす動物が「動く」という出来事がいったいなんのために起こっているのか、おおまかな見取り図を描いたうえで、まわりや自己について感じ、知ろうとする動物の活動をそのなかに位置づけてみることだった。

あくまで予備的な分類にすぎないのだけれども……と控えめに断ったうえで、ギブソンは動物の活動について、それがなんのために組織されたシステムなのかという観点から、次の七つに大別している（Gibson, 1966b, p.57）。

（1）姿勢システム
持続する地上環境の重力の極性に対して、平衡を保つために補償的に結びついた一群の動作の組織。

（2）探索・定位システム
頭、眼、口、手、その他の「動く」身体器官を環境にあるものの特定の部分に差し向けて、外部の環境から情報を獲得することに向けられた一群の動作の組織。

（3）移動システム
好ましい場所にみずからのからだを位置させるといった、外部環境の持続する側面に対して動物のからだがむすぶ相対的な関係の変化をもたらす一群の動作の組織。

（4）摂取欲システム
呼吸したり、食べたり、排出したり、交尾をしたりすることに向けた一群の動作の組織。

（5）実行システム
モノを動かしたり、食べ物を保存したり、シェルターをつくったり、戦ったり、道具を使ったりして、さまざまな益をもたらすように、環境を改変することに参与する一群の動作の組織。

（6）表情システム
姿勢や顔の表情、声によって感情や、それが誰であるかを知らせることにかかわる一群の動作の組織。

（7）意味論システム
コード化された発話といった、信号を伝えることに関わるあらゆる種類の動作の組織。

おおざっぱな分類ではある。けれども、こうしてあらためて「動く理由」別に分けてみると、「なにかに向かう」わたしたち動物のふるまいの組織には、次の共通の特徴があることが浮かび上がってくる。

まずひとつ言えることは、これらのシステムのうちのいずれも、「まわり」と「自分」の両方についての、なんらかの「気づき」を基礎としているということだ。たとえば、表情のコントロールにしても、会話にしても、移動にしても、「まわり」に対するなんらかの関係の調整であって、まわりを度外視した一方的なからだの動きでも、まわりによって無条件に引き起こされる反応でもない。

次に言えるのは、これらのシステムはいずれも、どこか特定の筋肉や身体部位といった解剖学的な分類と、一対一で対応するものではないということである。

からだが傾いたとき、わたしたちは手を上げて重心を変化させることで平衡を保つこともできれば、足を一歩踏みだして踏ん張ることもできる。遠くのものを見ようとして眼球の水晶体の焦点を調節することもできれば、足で歩いていって近寄って見ることもできる。あるいは、なにかを他者に伝えるのに、手話を使うこともできれば、メールでメッセージを送ることも、伝えたい相手に面と向かって、声帯で空気をふるわせて話すこともできる。おなじ「行き先」には、いろいろな動きの組み合わせによって向かうことができる。

これらのシステムの特徴はいずれも、受動的に「動かされるもの」には見られない、みずから動く生きた動物システムに特有のものである。わたしたちの活動が向かうところの「動く理由」を基点としてあらためて眺めてみると、わたしたちのふるまいには、非生物とは異なる「みずから動くもの」としての特徴が顕著に浮かび上がってくる。

わたしたちが暮らす空と地面に包まれた場所は、広がりだけをもつ「空間」のような、匿名的なところではない。そこには、どこに行っても、どちらを向いても、まったく同じところはふたつとして存在しないローカルな個性がある。そこには、近づいても、遠ざかっても、新しいことを発見しつづけることができる無数のスケールの構造がある。つまり、そこには、「動く理由」がある。

環境内の大事なものごとに対してさまざまな活動の組み合わせによって一丸となって向かう、生きたシステムとしての「みずから動くもの」が生息するところとは、どんなところなのだろう。こんな生態学的な問いから、わたしたちははじめる必要があるようだ。

文献

Bernstein, N.A., 2006, Basic methodological positions of the physiology of movements. Journal of Russian and East European Psychology, 44-2, 12-32.

Descartes, R., 1649, Les passions de l'âme.（谷川多佳子（訳）2008『情念論』岩波書店）

Gibson, J.J., 1966a, The problem of temporal order in stimulation and perception. The Journal of Psychology, 62, 141-149.

Gibson, J.J., 1966b, The Senses Considered as Perceptual Systems. Boston : Houghton Mifflin.

Gibson, J.J., 1978, How do we control contacts with the environment? : The problem of foresight. Unpublished manuscript.

Lashley, K.S., 1950, In search of the engram. In : Physiological Mechanisms in Animal Behaviour（Symp. Soc.

Exper. Biol., No.4). New York : Academic Press.

Matthis, J.S. & Fajen, B.R., 2013, Humans exploit the biomechanics of bipedal gait during visually guided walking over complex terrain. Proceedings of the Royal Society B, 280 : 20130700.

Nonaka, T., 2013, Motor variability but functional specificity : The case of a C4 tetraplegic mouth calligrapher. Ecological Psychology, 25-2, 131-154.

Patla, A.E. & Vickers, J.N. 2003, How far ahead do we look when required to step on specific locations in the travel path during locomotion? Experimental Brain Research, 148, 83-96.

「もっと学びたい!」人のための読書案内——Book Review

† 野中哲士（著）2016『具体の知能』金子書房

未来に起こるまわりとの接触がなにをもたらすかを見きわめ、出来事の流れをうかがい、舵をとり、大事なことに向けて動き出すわたしたちのパフォーマンスを可能にする「知能」について、からだのテンセグリティ構造や、地上環境の具体の性質の側面から光をあてる。

† エドワード・S・リード（著）佐々木正人（監修）細田直哉（訳）2000『アフォーダンスの心理学——生体心理学への道』新曜社

日常行為のパフォーマンスについて、生物の進化から乳幼児の発達、さらにヒトの群棲環境における価値の文脈まで視野に入れて論じる著作。リードの行為システム理論は、わたしたちのパフォーマンスを環境の資源利用のモードとしてとらえる。翻訳が素晴らしい。

† ジェームズ・J・ギブソン（著）古崎敬ほか（訳）1986『生態学的視覚論——ヒトの知覚世界を探る』サイエンス社

「見ること」のパフォーマンスを可能にする環境が与える機会について徹底的に論じることで、視知覚の諸問題に対して、ギブソンは従来の方法とはまったく異なる仕方で接近してみせる。心身二元論を超えた「みずから動くもの」の新しい科学の姿を示す名著。

Theory 11

集団の愚かさと賢さ

コミュニケーション／協同

飛田 操 HIDA Misao

「三人寄れば文殊の知恵」、あるいは“Two heads are better than one”という“ことわざ”にあるように、集団によるパフォーマンスの賢さや優位性が称えられることがある。しかし、一方で、「船頭多くして、船、山に登る」、「烏合の衆」、もしくは“A camel is a horse designed by committee”という“ことわざ”もあるように、集団の愚かさや劣位性も同時に指摘されている。

「集団は、賢くも、愚かにもなる」ということであろう。

この優位性と劣位性という2つの相反する方向での働きがあることが、協同に基づく集団によるパフォーマンス、特に集団による問題解決パフォーマンスの特徴であるといえるのではないだろうか。

この章では、協同に基づく集団によるパフォーマンスについて検討する。最初に、協同を支えるコミュニケーションに関する理論について考察する。次に、集団による生産性に関わる理論を検討し、集団はなぜ期待するほどの成果をあげることができないばかりか、時に愚かな決定をしてしまうことがあるのかを考える。そして、協同学習法の理論を取り上げ、協同の経験と個人の学習について検討する。最後に、よりよい協同は、どのようにすれば可能となるのかを考えてみたい。 P

1 協同を支えるコミュニケーション

道をふさぐ倒木がある場合、人々は、力を合わせてそれを取り除こうとするであろう。このような社会的状況が、協同である。協同とは、あることに対して、力を合わせることをいう。協同には、二つの構成要素を考えることができる。すなわち、協同で取り組む必要がある対象と、コミュニケーションにより相互作用する複数の人々である。協同は、人々が社会的生活を営むうえで、なくてはならないものであり、協同が成立するかどうか、あるいは協同が効果的となるかどうかは、私たちの生活に大きな影響を与えている。

1 ニューカムのA-B-X理論

コミュニケーションの定義は多様であり、多くの理論が提唱されている。ここでは、ニューカムのA-B-X理論を紹介する（Newcomb, 1953）。ニューカムは、社会的行動をコミュニケーション行為（communicative act）として捉え、対人関係を維持する手段としてコミュニケーションを位置づけている。

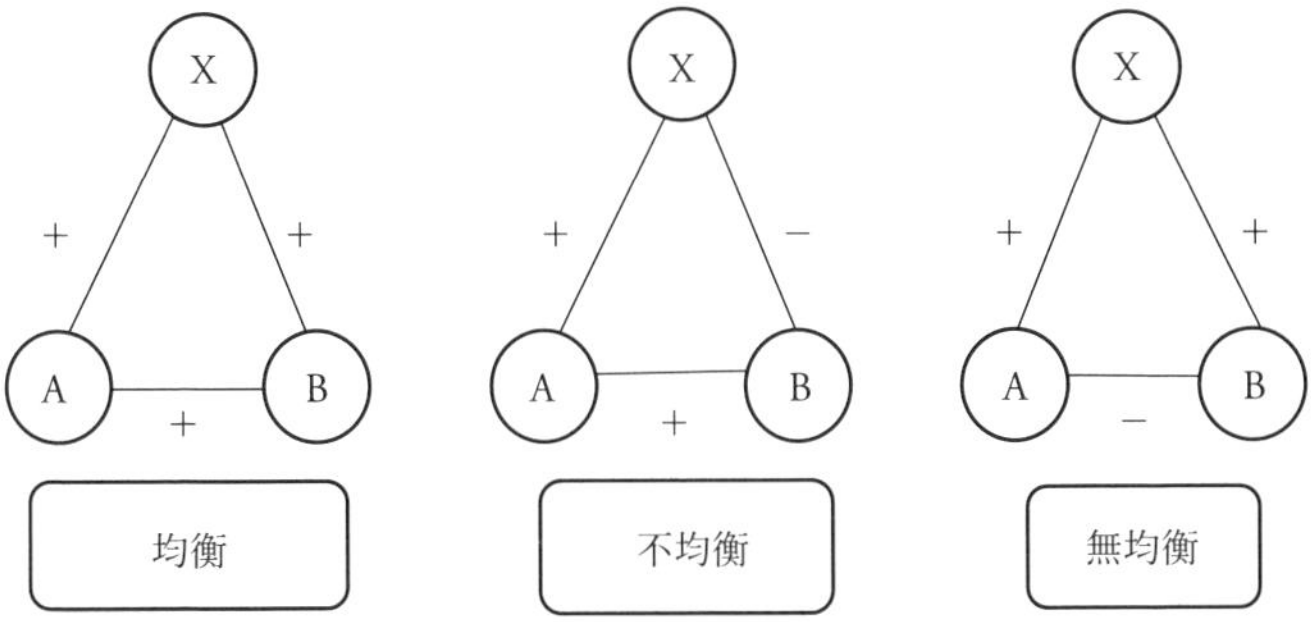

図1　ニューカムのA-B-Xモデル（Newcomb, 1953）

ニューカムは、二人の人物AとBが特定の対象Xに対して、どのような方向づけを有しているかが、二人の関係に大きな影響を与えていることを理論的に考察したA-B-X理論を提唱している（図1）。

このモデルでは、AのXに対する方向づけ（orientation）とBのXに対する方向づけ、そして、AのBに対する方向づけとBのAに対する方向づけという四つの関係が検討される。ニューカムは、AやBのXに対する方向づけをXに対する態度と、AのBに対する方向づけやBのAに対する方向づけをそれぞれBやAに対する魅力と同義とみなしている。これらの方向づけは、肯定的か否定的かにより、正（＋）または負（－）の符号で表記される。

AのXに対する方向づけとBのXに対する方向づけが一致しているときは対称的（symmetry）であり、一致していないときは非対称（asymmetry）である。二人の人物AとBとが継続した関係や親密な関係にある場合（A-B

関係が＋）、対象Ｘに対して、ＡとＢとが共通の方向づけ（態度）を有し、対称的であるとき、このＡ－Ｂ－Ｘシステムは均衡状態にある。

この対称的な関係は、ＡＢ双方にとって利点がある。第一に、対称的な関係においては、相手の行動が正確に予測しやすい。相手の行動が予測可能ならば、相互に罰的な行為を避け、報酬的な関係を構築することが可能となりやすい。第二に、対称的な関係においては、Ｘに対する態度の合意的妥当性（consensual validation）が提供される。Ｘに対する自分の態度の妥当性が他者によって保証され、Ｘに対する自分の態度により確信がもてるようになる。たとえば、ある会合（Ｘ）に出席するとき、「その会合にフォーマルな服で行こう」という方向づけを有しているＡは、仲の良いＢも同じ会合にフォーマルな服で行こうとしていることを知ると、自分の態度の確信度が高まり、態度の妥当性が保証されたように思うであろう。

しかし、ＡとＢとが親密な関係にあるにもかかわらず、対象Ｘに対するＡとＢの方向づけが不一致で非対称である場合、システムは不均衡となり緊張が生じる。この緊張の大きさは、ＡとＢの間の魅力の大きさや親密さ、Ｘに対する方向づけのズレや不一致の程度、Ｘの重要性などによって影響される。

不均衡なシステムにおいては、緊張を低減しようとする力が働くと仮定される。ニューカムは、Ｂに対する魅力を低めたり、Ｘの重要性を低めたりすることによって、システムの緊張を低減しようとするだけでなく、コミュニケーションが生起し、二人の間に一致した方向づけ（共方向づけ／co-orientation）を形成するような圧力が生ずると仮定している。

ここでは、説得的なコミュニケーションを行ったり、あるいは、どちらかがコミュニケーションによって方向づけを変えたりすることにより、Xに対して一致した方向づけ（共方向づけ）を回復するための試みがなされると考えられる。

たとえば、夫（A）は、「休日をゆっくり過ごしたい」と思い、妻（B）は、「せっかくの休日なので夫と一緒に映画を観たい」と思っているとしよう。このとき、「休日の過ごし方（X）」に対して、夫（A）と妻（B）の方向づけは一致しておらず、不均衡な状態であるため、共方向づけを成立させようとするコミュニケーションが生起するであろう。そして、このコミュニケーションにもかかわらず、共方向づけが成立しない場合には、夫と妻の間の親密度が低下することが考えられる。

ただし、ここでの「休日の過ごし方」は、双方にとって重要度の低い対象であるかもしれない。より重要度の高い対象に対しては、共方向づけが成立するか否かが重大な問題となる。たとえば、夫は「健康被害は確認されていないので、避難しないほうがよい」と思い、妻は「健康被害の可能性は不明なので、自主避難したほうがよい」と思っていたとする場合、対象（X）の重要性は大きくなり、夫（A）と妻（B）の間に共方向づけが成立するかどうかは、夫婦関係や家族関係の存続・維持にとってきわめて重大な問題となろう。

また、夫（A）と妻（B）の間の魅力が負（－）の関係にあるときには、相手への関心がなくなり、一致した態度や方向づけを回復しようとする圧力が生じなくなると考えられる。この状態は無均衡と呼ばれ、不均衡とは区別される。

2 A-B-X理論の評価

フェスティンガーの認知的不協和理論（Festinger, 1957）、ハイダーのバランス（認知的均衡）理論（Heider, 1958）など、個人の認知における均衡化に焦点を当てている理論は多い。そのなかで、ニューカムは、個人の認知における均衡の働きだけでなく、二者の関係のレベルでの均衡・不均衡の問題にも焦点を当てている点でユニークである。このことにより、システムの均衡化とコミュニケーションの働きについての理解が可能となり、関係の変化をダイナミックに捉えることができる。またニューカムは、AとBの間の対人魅力の成立や変化について、これを理解するための枠組みを提供している（Newcomb, 1956）。このように、ニューカムのA-B-Xモデルは、親密な二者関係におけるシステムの均衡とコミュニケーションの働きについて理解するための重要な視点を提供している。さらには、この理論は、小集団におけるコミュニケーションやシステムの均衡化に適用することも可能である。

ただし、A–B–X理論は優れた理論であるが、いくつか検討が必要な点が存在する。第一は、ニューカムは、比較的長期に持続する親密な関係における均衡の問題に焦点を当てて検討している点である。AとBの間の魅力が負（－）の関係にあるとき、もしくは、AとBとの間に特定の方向づけが存在しないとき、この理論は十分な予測力をもたない。

第二は、対象（X）が所与のものとして存在している点である。実際には、「道をふさぐ倒木をどうするか」といったように、外部環境によって対象が規定されることが多い。しかし、AとBとの関係の在り方が、何を対象とするかを規定することもあろう。たとえば、親密でない他者との相互作用においては、Xは「その日の天気」といった話題が選ばれるであろう。この話題なら、二人の間で方向づけが異なることはないであろうし、仮に共方向づけが成立しなくても大きな支障はない。親密性が高い関係においても、イデオロギーや性の問題といったような、二人の間に方向づけの不一致がもたらされる可能性があり、かつ、その一致・不一致が重要となるような対象については、これを話題にすることが回避されることがある。このように、何が対象（X）となるかは、環境によって規定されることも、AとBとの関係によって規定されることもあるといえよう。つまり、対象（X）に対する方向づけの一致／不一致が、システムの均衡に影響すると同時に、人物AとBとの関係の在り方が、何を対象として取り上げるのかにも影響すると考えられるのである。

ニューカムはシステムの均衡の問題を、より長期的な視点からも捉えている（Newcomb, 1961）。

すなわち、いったん共方向づけが成立すれば、その関係は安定しつづけるというわけではない。個人も、集団自体も、たえず変化している。そして、個人や集団が変化しているだけでなく、それを取り巻く環境や状況もまたたえず変化しているのである。つまり、関係や集団は、社会的に真空の場面で生じているわけではなく、たえず、外部環境と相互に影響しあうオープン・システムとして捉える視点が必要となるのである（飛田 2012）。

2 集団によるパフォーマンス

協同が成立するのは、すなわち、協同のために集団が形成され、集団での相互作用が行われるのは、このことが何らかの目的に対して役に立つからである。個人レベルでは、他の成員が魅力的だからとか、ヒマだからなど、さまざまな要求の満足のために集団に参加することもある。しかし、協同が成立する最も大きな理由は、集団で取り組まないと課題が達成できない、あるいは、集団で取り組んだほうが効率的に課題が達成できることにある。道をふさぐ倒木も、一人で取り除くことができるのなら協同は必要ない。一人では取り除くことが困難である、あるいは、協同で取り組んだほうが効果的であるからこそ、人々は協同するのである。

1　集団の愚かさと賢さ

時に集団は個人や名ばかりの集団よりも優れたパフォーマンスを示す（Laughlin, et al., 2006参照）。集団により個人の総和以上のパフォーマンスがもたらされる現象、あるいは、集団のパフォーマンスが最も優秀な成員のパフォーマンスを超えたり、成員の組み合わせ以上のパフォーマンスを示す現象は、「集合効果によるボーナス（assembly effect bonus）」（Collins & Guetzkow, 1964）、あるいは、「プロセス・ゲイン」（Steiner, 1972）と呼ばれている。この集合効果によるボーナスやプロセス・ゲインが認められたとする実験結果も報告されている（Tindale & Sheffey, 2002）。

ラフリンたち（Laughlin, VanderStoep & Hollingshead, 1991）は、集団は集団成員のうち少なくとも一名から提案された正解を認識することができ、それを集団の解として採用することができること、さらに、集団は解答の誤りを認識することもでき、その解を棄却することができること、そして、集団はより多くの情報を処理することが可能であることが、集団の優位性をもたらすとしている。原岡（1979）も、集団の問題解決に関する研究をレビューし、集団のパフォーマンスは個人の成果をつねに上回るとはいえないものの、ある条件下では集団のほうが優れているといえそうだと結論している。そして、個人のパフォーマンスより集団のパフォーマンスが一般的に優れている理由として、以下の四点を挙げている。

（1）集団は個々の成員の技術、知識、能力などを合わせることができるために有利である。
（2）集団は誤った方向や回答を引き出そうとする傾向を拒否する可能性が高い。
（3）集団に必要な課題のうち、各成員に最も適したものをやらせることによって、労働の効果的配分をすることができる。
（4）ばらばらな個人では企て得ないような新しい考え方や方策を、お互いが刺激となって作り出すことができる。

このように集団は潜在的には優位な特徴を有していると考えることができよう。しかし、実際には、集団によるパフォーマンスは、集合効果によるボーナスやプロセス・ゲインが認められないばかりか、期待されるほどの成果をもたらさないことも多い。多くの実験結果が、集団は潜在的に保有している資源を有効に活用できないことを示しているのである（例えば、Brown & Paulus, 1996）。

2 スタイナーの集団生産性の理論

では、なぜ集団は期待されるほどのパフォーマンスに到達できないのであろうか。スタイナーは、集団が期待されるほどのパフォーマンスに到達できない理由について、集団の相互作用過程に注目したプロセス・ロスという概念から説明を試みている（Steiner, 1972）。

スタイナーの集団生産性の理論によると、集団によるパフォーマンスは、課題の要求性質と人的な資源、そして、過程という三つの要因に規定される。課題の要求性質とは、その課題を遂行するのに必要な資源や必要条件である。どのような資源が必要なのか、その資源がどのくらいあれば最大のパフォーマンスを発揮できるのか、この資源がどのように組み合わさることが求められるのか、といった課題の遂行に必要な資源の特徴や性質を指す。また、人的資源とは、その課題を解決しようと試みる個人もしくは集団が保有している関連知識、能力、技能、経験などをいう。

この課題の要求と人的資源との対応関係によって、集団の潜在的生産性が規定される。たとえ、どんなに足の速い人が集まっていたとしても、集団の課題が走力を求めるものでない限り、課題の要求と人的資源との対応関係は低いのである。集団の潜在的生産性とは、その集団において利用可能な人的資源が、そこでの課題の要求を満たすことができる程度を意味している。

スタイナーは、実際の集団生産性は潜在的集団生産性と一致しないことを指摘し、次の公式を主張している。

実際の集団生産性 ＝ 潜在的集団生産性 ― プロセス・ロス

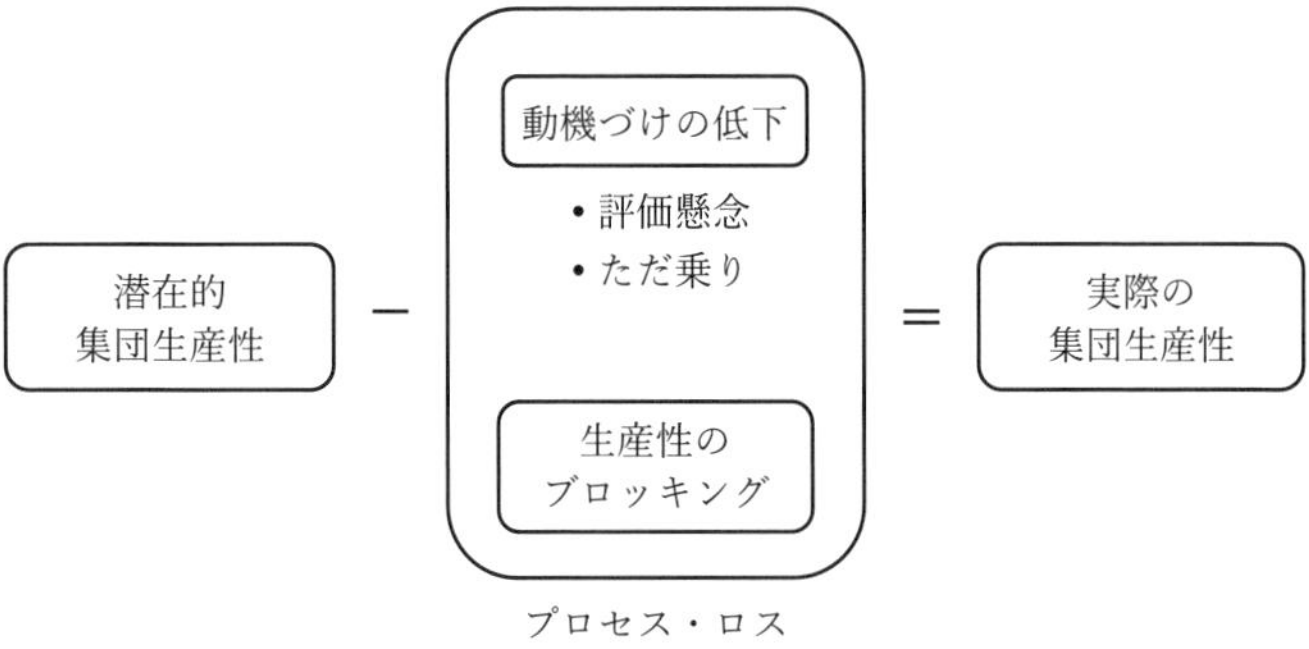

図2　スタイナーのプロセス・ロス（Diehl & Stroebe（1987）を参考に作成）

スタイナーは、プロセス・ゲインが生ずる可能性、すなわち、集団過程により実際の集団生産性が増大する可能性については言及していない。つまり、実際にはプロセス・ゲインが生じず、プロセス・ロスが生じるため、実際の集団生産性は潜在的集団生産性を下回ると考えているのである。

スタイナーは、集団相互作用のプロセスによるロスが生じる理由として、集団成員の動機づけの低下と、相互調整の失敗という二つを挙げている（図2）。すなわち、集団状況では、責任が分散し、自分の存在や貢献が必要不可欠であるという認知が成員の間に起こりにくいので、「社会的手抜き（social loafing）」（Latané, Williams & Harkins, 1979）や「ただ乗り（free riding）」が生じ（Harkins & Petty, 1982 ; Kerr & Brunn, 1983）、個々の成員の課題への動機づけが低下してしまう可能性が高まる。また、自分の発想やアイディアが他の成員から批判されるのではないかという評価懸念により、発言をためらったり見合わせてしまったりすることが、集団によるパフォーマンスを低下させる可能性もある（Harkins & Jackson, 1985）。

さらに、集団においては、一人の成員が発言しているときには、他の成員はその話を聞いているだけとなってしまい、その間の思考が妨げられたり、自分の発言の順番を待っている間にアイディアを忘れたり、言いよどんでしまったりする可能性も高まり、アイディアを生成してから、それを言語化するまで待たなければならないことになる。これは生産性（発話）のブロッキングと呼ばれ（Lamm & Trommsdorff, 1973）、集団生産性を妨げる最大の要因であると指摘されている（Diehl & Stroebe, 1987）。

3　スタイナーの集団生産性理論の評価

スタイナーによる集団生産性理論は、実際の集団生産性が潜在的集団生産性に及ばない理由について、プロセス・ロスという概念により、明快な説明をしている。このプロセス・ロスが生じる理由も、動機づけの低下という成員の個人レベルでの問題と、相互調整の失敗という集団レベルでの問題を取り上げており、複合的な視点に立っている。また、プロセス・ロスを防ぐための介入方法について検討するための方向性を示唆している点で実用性も高い。

ただし、集団によるパフォーマンスは、成員の特徴、課題の特徴や、集団を取り巻く環境や状況など、多くの複雑な要因によって規定されているため、多くの現象や効果が報告されており、これらの知見と、プロセス・ロスとの関係をどのように説明できるか検討する必要があろう。

たとえば、ジャニスは、たとえアメリカ大統領とそのブレーンといった非常に優秀な成員から構成された集団でも、とても愚かな決定をしてしまうことがあることを指摘し、この現象を「集団思考・集団浅慮（groupthink）」と名づけている（Janis, 1972）。また、ステイサーたち（例えば、Stasser & Titus, 1985）は、集団成員の間で共有されている情報や知識だけが、集団討議の間にやりとりされる傾向（共通知識効果／common knowledge effect）があり、特定の成員だけが保有している非共有情報や知識が集団討議の場に提出されないことが、集団の判断を低下させていると指摘している。これらの現象や効果とスタイナーの集団生産性理論との関連を検討することが求められる。

スタイナーの集団生産性理論の最も大きな問題点は、集団による優れたパフォーマンスについて、ほとんど考慮していないことである。集団は期待されるほどのパフォーマンスを示さないのも確かである。しかし、時として、集団は極めて優れたパフォーマンスを示すこともある。実際、多くの研究が集団による優れたパフォーマンスが発揮されることを実験的に示している（例えば、Tindale & Sheffey, 2002）。このような集団過程により実際の集団生産性が潜在的集団生産性を上回る現象（プロセス・ゲイン）や、「集合効果によるボーナス」をもたらすメカニズムの解明や、これに影響している要因を特定する研究の必要性は高いと言えよう。

3 協同学習

学習者の間の相互作用を通して、学習者一人ひとりの学力と学習意欲の向上を図ろうとする取り組みを協同学習（cooperative learning）という。協同学習は、他者との相互作用、すなわち協同により、学習者個人のパフォーマンスが向上することを目的とした学習方法であり、学校教育現場などで、積極的に導入されている。

1 アロンソンたちのジグソー学習法

協同学習にはメリットも多いが、デメリットもある。特に、単純な協同学習では、積極的な成員や課題関連能力の高い成員だけが活動の中心となり、消極的な成員や能力の低い成員が活躍できないことがある。また、個々の成員の責任や貢献度が不明になりやすく、フリーライダーが生じる可能性もある。

これらの問題を解消し、成員全員の積極的な参加と相互依存性を高めることで、学習の達成だけでなく、他者への尊重を図ろうとする学習方法が開発されている。そのひとつが、ジグソー学習法である。ジグソー学習法は、一九七〇年代にアメリカのエリオット・アロンソンたちによって考案された学習法で、「競争」する学習集団から、「協同」する学習集団への変化を目的としている(Aronson et al., 1978)。

アロンソンたちは、従来の伝統的な学級での学習は、「競争」に基づくものであったとしている。すなわち、学級成員に報酬が与えられるのは、その成員が他の成員より優れていたときであるとしている。つまり、報酬が競争原理に従っていて、そこでは、他の学級成員は自分の競争相手として位置づけられる。

これに対して、協同的学級では、学級成員が、互いに教え合い、助け合い、教えるのを助け合うことで、成功がもたらされることになる。そこでは、成功体験が他の成員との協同によりはじめてもたらされる。ジグソー学習法は、(1)個人間の競争によっては、成功がもたらされない学習過程を構成し、(2)学級成員相互の協同によってのみ成功がもたらされる仕組みを導入することで、協同する学級を構築しようとする試みである。

2 ジグソー学習法の実際

ジグソー学習法は、基本的には、次の三つのセッションから構成される。まず、集団をいくつかの小集団に分ける。次に、それぞれの小集団の成員は、それぞれ異なった教材を分担して学習する。そして、最終的には元の集団に戻り、それぞれの成員が学習した内容を他の成員に教え合う。

模式的に八名から構成される学級での、LOVEという単元についての学習を想定してみる（図3）。この単元では、L・O・V・Eという四つの学習内容のそれぞれを理解し、そして、これらを統合することが求められている。

八名は、四名ずつ二つのグループに分割される。この最初のグループをジグゾー・グループと呼ぶ。ここで、学習単元の確認と、LOVEのどの内容を学習するのかについての役割分担がなされる。続いて、学習内容ごとにグループが構成され、固有の内容について学習する。このグループをカウンターパートグループと呼ぶ。このセッションでは、固有の内容を学習すると同時に、その内容をどのように他の成員に教えたらよいのかについても学習する。

そして、最後に、それぞれの成員は、当初のジグソー・グループに戻り、カウンターパート・グループセッションで学習した内容を、他の成員たちに教え合う。

ジグソー学習法において、カウンターパート・グループセッションで学習した内容は、ジグソー・

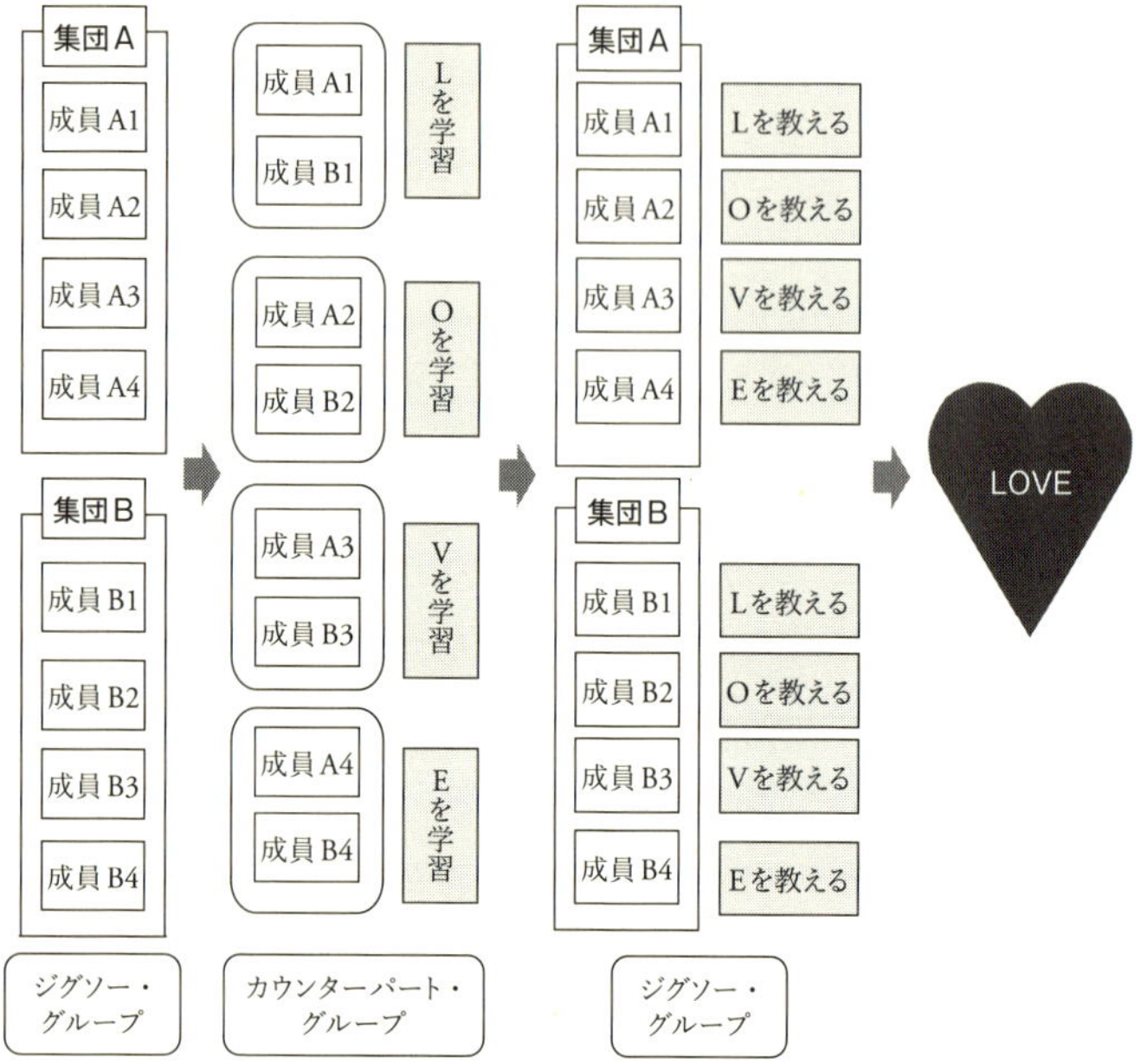

図3　ジグソー学習法の実際（模式図）

グループの他の成員は学習していない。すなわち、ジグソー・グループにおいては、すべての成員が、それぞれの学習内容のエキスパートとして位置づけられる。

3 ジグソー学習方法の評価

ジグソー学習法の大きな利点は、主体性や学習に対する責任性が向上することである。成員全員がそれぞれの学習内容のエキスパートとなることが必要であるため、責任をもって学習しようとし、能力の高い成員や積極的な成員だけでなく、すべての成員が積極的にグループでの活動に取り組むことになる。そのため、フリーライダーも発現しにくくなる。

また、学習の完成のためには、他の成員の働きが必要となるため、集団内で相互に尊重するようになることも期待される。この相互依存性の高さが、自他の尊重をもたらすと考えられるのである。

このように、ジグソー学習法は、よりよい学習を促進し、学習に対する動機づけを高める方法として、有効性が高い。また、相互尊重や自尊心・自己肯定感をもたらすことも期待され、多くの実践がなされている（https://www.jigsaw.org/）。

ただし、集団成員の誰か一名でも学習に失敗すると、集団全体が学習に失敗してしまう可能性が高まるため、教師による適切な介入が大切である。また、ジグソー学習法は、必然的に「集団内協力」が促進される構造をなしているが、最後のセッションで、グループ間での競争、すなわち、「集団間競争」が生起する可能性がある。学習が達成できたグループとできなかったグループといった、ジグソー・グループの間での優劣や序列が生じかねないのである。

このように、ジグソー学習は、潜在的には効果が期待できる学習法ではあるが、実施上の負担や教師の力量を必要とするため、実施が制限されることが多い。

このほか、バズ学習（塩田・石田 1986）など多くの協同学習の方法が考案されている。また、インターネットなどの情報通信技術を利用し、コンピューターを介して協同学習を支援する試み（Computer Supported Collaborative Learning：CSCL）もなされている。協同学習は、理論的にも、実践的にも、さらに発展が期待される研究領域である。

④ よりよい協同を目指して

最後に、協同をよりよいものとするために何が必要なのか考えてみよう。

第一は、個人の課題関連能力に関わる問題である。集団によるパフォーマンスは、成員の個人的な能力に強く規定されていると考えられ（Laughlin et al., 1975）、実際、多くの研究が、高い能力を有する成員からなる集団のほうが優れたパフォーマンスを上げることを示している（例えば、Goldman, 1965）。つまり、よりよい協同を実現するためには、集団成員個々人が高い能力を有することが求められるのである。

第二は、集団成員の個性に関わる問題である。個性的な成員から集団が構成されること、すなわち、成員の多様性や成員相互の異質性も協同や集団過程に大きな影響を与えると考えられる（飛田 2014）。

集団が多様で相互に異質な成員から構成されていると、そのメリットも多くなる。山口（1997）は、多様な成員から構成される異質性の高い集団においては、相互の認知的葛藤などを引き起こす可能性も一方ではあるものの、活用できる情報資源が豊かになり、視野が拡がり、選択肢が多様になることなどにより、集団の問題解決パフォーマンスを高める場合があると指摘している。多様な成員からなる異質性の高い集団は、等質性の高い集団よりも、課題の遂行のために必要とされる資源や属性をもつ成員を含む可能性が高く、集団によるパフォーマンスや協同も、より効果的となりやすいと考えることができる。

第三は、異質性がもたらす危険性である。成員の間の異質性の高さは価値があるとはいえ、集団における対人関係の調整にかかわる問題を通して、集団によるパフォーマンスを抑制する可能性も高めるのである。ここでは、飛田（2014）の理論をもとに、成員相互の類似性・異質性が対人関係や集団過程に及ぼす影響について考察してみよう。

相互の類似性は、社会現実性（social reality）の根拠を提供する（Festinger, 1954）。また、類似した他者との相互作用は、相手の行動の予測や統制がしやすいため、相互に報酬的となることが多く、対人魅力の重要な規定因となる（Byrne & Nelson, 1965）。そして、類似した他者とは、コミュニケーションや合意形成がしやすい（Newcomb, 1953）。

一方、成員の間の異質性の高さは、成員相互のコミュニケーションや合意形成の困難さや、集団成員の間に対人葛藤の生起をもたらす可能性も高めるであろう（Newcomb, 1953）。あるいは、成員の間の異質性は、成員間の情緒的魅力の低減を通して、集団凝集性が低減する可能性もあろう。このように、成員の間の異質性は、成員の間の対人関係にかかわる問題を通して、集団のパフォーマンスを抑制する方向で機能する場合もあると考えられる。

つまり、異質性の高い集団において、その異質性の価値を充分に発揮し、効果的に集団のパフォーマンスに結びつけ、よりよい協同を実現するためには、成員相互の異質性に基づくコミュニケーションや共通理解の困難さや情緒的魅力の低減を克服し、対人葛藤を効果的に解決することが求められることになる。そのためには、成員相互の相違を尊重する温かい雰囲気が集団に生まれること、そして、成員相互が協力することによってはじめて集団の目標の達成や課題の解決が可能となるという認識が共通に生まれること（永田 2003）によって、集団は対人葛藤を解決し、成員の異質性や多様性をパフォーマンスの向上に効果的に活用することが可能となるのではないだろうか。すなわち、よりよい協同が可能となるためには、（1）成員が相互の異質性について理解していること、（2）成員の個々のレベルではたとえ意見や考え方の相違がみられたとしても、集団の目標やその集団目標の達成の必要性をすべての成員が共有していること、そして、（3）集団目標の達成には、成員相互の協力が必要であると認識していること、すなわち、相互依存性について成員相互に共通の認知が成立していることが必要となると考えられるのである（飛田 2014）。

文献

Aronson, E., Blaney, N., Stephin, C., Sikes, J. & Snapp, M., 1978, The Jigsaw Classroom. CA : Sage.（松山安雄（訳）1986『ジグソー学級――生徒と教師の心を開く協同学習法の教え方と学び方』原書房）

Brown, V. & Paulus, P., 1996, A simple dynamic model of social factors in group brainstorming. Small Group Research, 27, 91-114.

Byrne, D. & Nelson, D., 1965, Attraction as a linear function of proportion of positive reinforcements. Journal of Personality and Social Psychology, 1, 659-663.

Collins, B.E. & Guetzkow, H., 1964, A Social Psychology of Group Processes for Decision-Making. NY : Wiley.

Diehl, M. & Stroebe, W., 1987, Productivity loss in brainstorming groups : Toward the solution of a riddle. Journal of Personality and Social Psychology, 53, 497-509.

Festinger, L., 1954, A theory of social comparison processes. Human Relations, 7, 117-140.

Festinger, L., 1957, A Theory of Cognitive Dissonance. CA : Stanford University Press.（末永俊郎（監訳）1965『認知的不協和の理論――社会心理学序説』誠信書房）

Goldman, M., 1965, A comparison of individual and group performance for varying combination of initial ability. Journal of Personality and Social Psychology, 1, 210-216.

原岡一馬 1979「個人と集団」原岡一馬（編）『人間探求の社会心理学 3――人間と集団』朝倉書店 pp.8-33.

Harkins, S.G. & Jackson, J.M., 1985, The role of evaluation in eliminating social loafing. Personality and Social Psychology Bulletin, 11, 457-465.

Harkins, S.G. & Petty, R.E., 1982, Effects of task difficulty and task uniqueness on social loafing. Journal of Personality and Social Psychology, 43, 1214-1229.

Heider, F., 1958, The Psychology of Interpersonal Relations. NY : Wiley.（大橋正夫（訳）1978『対人関係の心理学』誠信書房）

飛田 操 2012「親密な関係におけるミス・コミュニケーション」岡本真一郎（編）『ミス・コミュニケーション――なぜ生ずるか どう防ぐか』ナカニシヤ出版 pp.67-82.

飛田 操 2014「成員の間の等質性・異質性と集団による問題解決パフォーマンス」『実験社会心理学研究』54, 55-67

Janis, I.L., 1972, Victims of Groupthink : A Psychological Study of Foreign-policy Decisions and Fiascoes. Boston : Houghton-Mifflin.

Kerr, N.L. & Bruun, S.E., 1983, The dispensability of member effort and group motivation losses : Free rider effects. Journal of Personality and Social Psychology, 44, 78-94.

Lamm, H. & Trommsdorff, G., 1973, Group versus individual performance on tasks requiring ideational proficiency（brainstorming）: A review. European Journal of Social Psychology, 3, 361-388.

Latané, B., Williams, K. & Harkins, S., 1979, Many hands make light the work : The causes and consequences of social loafing. Journal of Personality and Social Psychology, 37, 822-832.

Laughlin, P,R., Hatch, E.C., Silver, J.S. & Boh, L., 2006, Groups perform better than the best individuals on letters-to-numbers problems : Effects of group size. Journal of Personality and Social Psychology, 90, 644-651.

Laughlin, P.R., Kerr, N.L., Davis, J.H., Halff, H.M. & Marciniak, K.A., 1975, Group size, member ability, and social decision schemes on an intellective task. Journal of Personality and Social Psychology, 31, 522-535.

Laughlin, P.R., VanderStoep, S.W. & Hollingshead, A.B., 1991, Collective versus individual induction : Recognition of truth, rejection of error, and collective information processing. Journal of Personality and Social Psychology, 61, 50-67.

永田良昭2003『人の社会性とは何か――社会心理学からの接近』ミネルヴァ書房

Newcomb, T.M., 1953, An approach to the study of communicative acts. Psychological Review, 60, 393-404.

Newcomb, T.M., 1956, The prediction of interpersonal attraction. American Psychologist, 11, 575-586.

Newcomb, T.M., 1961, The Acquaintance Process. New York : Holt.

塩田芳久・石田裕久 1986「バズ学習」佐々木薫・永田良昭（編）『集団行動の心理学』有斐閣 pp.338-350.

Stasser, G. & Titus, W., 1985, Pooling of unshared information in group decision making : Biased information sampling during discussion. Journal of Personality and Social Psychology, 48, 1467-1478.

Steiner, I.D., 1972, Group Process and Productivity. New York : Academic Press.

Tindale, R.S. & Sheffey, S., 2002, Shared information, cognitive load, and group memory. Group Processes and Intergroup Relations, 5, 5-18.

山口裕幸 1997「メンバーの多様性が集団創造性に及ぼす影響」『九州大学教育学部紀要（教育心理学部門）』42, 9-19.

「もっと学びたい!」人のための読書案内——Book Review

† 釘原直樹（著）2013『人はなぜ集団になると怠けるのか——「社会的手抜き」の心理学』中央公論新社（中公新書）

国家レベルの政策決定の問題からスポーツにみられる手抜きまで、さまざまな集団によるパフォーマンスの特徴を「社会的手抜き」という視点からまとめている。社会的手抜きの悪影響を示すだけでなく、社会的手抜きにどのように対処したらよいのかまで示唆している。「集団」の問題を考える際の入門書として最適。

† 亀田達也（著）1997『合議の知を求めて』共立出版

日本を代表する社会心理学者による専門書。集団意思決定の特徴と課題がコンパクトに整理されている。集団のパフォーマンスが最も優秀な成員のパフォーマンスよりも劣ることが事実であるとするならば、集団での意思決定の意義はどこにあるのだろうか、そして、合議をよりよいものとするためのエンジニアリングの可能性はあるのだろうか、といった問題に鋭い考察を加えている。

† 蜂屋良彦（著）1999『集団の賢さと愚かさ——小集団リーダーシップ研究』ミネルヴァ書房

1960年代から、長きにわたって日本の社会心理学に貢献してきた著者の研究の集大成ともいえる著書。前半は、リーダーシップ研究に関する著者の研究がまとめられており、後半は、グループ・シンクをめぐる問題やその防止策が検討されている。

Theory 12

リーダーシップをどのように発揮すればよいのか

リーダーシップ

蔡 芢錫 CHAE In-Seok

リーダーシップと聞くと、多くの人々が強い興味を示す。その背景には、次のような疑問があるのではなかろうか。第1は、「はたして自分に、リーダーとして資質・素質があるのだろうか」という疑問である。第2は、「何らかの理由でリーダーとなった場合、リーダーとしてどのように振る舞えばいいのか」という疑問である。第3は、「過去に非常にうまくいったリーダーシップが、今回はうまくいかない。なぜだろうか」という疑問である。最後は、「多くの人々がリーダーシップは重要だと決めつけているが、本当にそうであろうか。リーダーが替わってもあまり変わらないのではないか」という疑問である。この章では、これらの4つの疑問に対して、リーダーシップ論がどのような答えを用意しているのかを検討する。

1 組織とリーダーシップ

オルフェウス室内管弦楽団のように、世の中にはリーダー（指揮者）のいない組織がたしかに存在する。しかし、このような組織はむしろ稀で、ほぼすべての組織は、誰かしらリーダーを置いている。そして、我々は、リーダーのリーダーシップの在り方によって、個人・グループ・組織・社会・国・世界は大きく変わると信じている。

リーダーシップをどのように定義するかをめぐっては、たしかに議論の余地が多い。しかし、経営学のテキストで共通にみられる定義をまとめてみると、おおむね次のようになるのではなかろうか（代表的に、Jones & George, 2016 ; Robbinson, Judge & Campbell, 2010）。リーダーシップとは、（1）暴力や威嚇、脅しといった強制的な手段・方法ではなく、説得や模範を示すなど非強制的・合法的な手段・方法を用いて、（2）周りの人々（具体的には、メンバー、フォロワー、部下など）に「影響（influence）」を与え、（3）その人々のパフォーマンスを高める一連のプロセスである。

一般に、経営学でいうパフォーマンスとは、組織で働く人々が職場で普段取っているさまざまな行動のなかで、組織の目標達成に貢献する行動の合計のことである（蔡 2010 ; Motowidlo, 2003）。上述したリーダーシップの定義をよく吟味してみると、なぜ多くの人々がリーダーシップに熱い思いを寄せているのか、なんとなくわかってくる。何より、リーダーシップは、やる気のない人々からやる気を引き出したり、組織を嫌がる人々の考え方を変えたり、仕事にあまり精を出さない人々から最大限の努力や貢献を引き出したりするなど、個人のパフォーマンスを高めることができるのである。

個人だけではない。リーダーシップは、グループのパフォーマンスも高められる。グループ・マネジメントの重要な課題としては、(1) グループのメンバーたちからいかに協力・協働を引き出すか、(2) メンバーたちの「社会的な手抜き (social loafing)」や「ただ乗り (free riding)」(本書第11章参照) をいかに防ぐか、という二つがある (馬塲ほか 2015, p.96)。有能なリーダーの下では、メンバー同士の協力・協働は活発に行われる一方で、社会的な手抜きやただ乗りは少なくなり、グループのパフォーマンスが高くなる可能性がある。

さらに、リーダーシップには、組織・社会・国・世界さえも変える力がある。トップ・マネジメントのリーダーシップによって、破綻寸前までいった企業が見事に復活を成し遂げたという話は、よく耳にする話である。また、有能な指導者の下では内戦や戦争が終わり、平和が訪れ、経済が飛躍的に発展し、多くの人々が貧困から抜け出したりする。要するに、リーダーシップは組織・社会・国・世界にとっても非常に重要な事柄なのだ。

リーダーシップにこれほど多くの可能性があるとすれば、リーダーシップに関する研究が膨大に蓄積されていることは決して不思議な現象ではなかろう（例えば、Bass, 1990 ; Burns, 1978 ; Yukl, 2013）。実際、リーダーシップの場合、あまりにも多くの研究が存在しており、そのすべてを取り上げることは至難の業だ。そこで、ここでは、特に重要と思われる六つの議論、具体的に、特性論・行動論・状況論・幻想論・無効論・代替論を取り上げる。ちなみに、この六つの議論、リード文で書いた我々の素朴な疑問と密接に関わっていることを予め断っておく。

2 リーダーは生まれつき？――特性論

まず、我々を最も不安がらせる、「はたして私にはリーダーとしての資質・素質があるのか」、という問いから始めよう。実はこの問い、「特性論（trait theories）」と呼ばれているリーダーシップ論が解明しようとした最重要課題のひとつである。

この問いに対する答えを見つけるために、次のような世の中を想像してみよう。この世の中には、二つのタイプの人間しか存在しない。ひとつは、リーダーとしての「特性（trait）」や素質・資質を全くといっていいほど持たずに生まれた、いわゆる「凡人」の人々である。もうひとつは、リーダーとして素晴らしい特性・資質・素質を持って生まれた人々である。例えば、凡人とは桁外れのやる気や勇気、正直さ、誠実さ、自信、知性を持って生まれた人々で、周りの人々が心から尊敬する人々である。

特に後者の人々に対して、「まさかそんな人、いるはずないでしょう」と言いたくなる気持ちはわからなくはない。しかし、よく考えてみると、世の中、このような人々は存在している。「偉人（great man）」と呼ばれている人々である。政治の世界だと、カエサル、ナポレオン、ガンディー、ルーズベルト、チャーチル、田中角栄、マンデラなどの人々である。ビジネス界では、松下幸之助、本田宗一郎、スティーブ・ジョブス、ビル・ゲイツなどの人々である。

問題はここからだ。もし、世の中がこのように偉人と凡人とできれいに分かれているとすれば、どのような世界が我々を待ち受けているのだろうか。想像してみてほしい。きっとバラ色の世界ではなかろうか。なぜなら、生まれつきリーダーとしての特性を持っている人々（偉人たち）が、間違いを犯しやすい我々凡人たちをつねに正しい道へと導いてくれるに違いないからだ。個人のやる気も、グループの結束力も、業績不振や経営破綻も、戦争やテロも心配する必要のない、そのような世界である。このような世界では、凡人の任務は単純極まりないであろう。リーダーとしての特性を持って生まれた人々を我々のリーダーとして選び、その指示に従えばよいだけだろう。

当然、リーダーシップ研究の最大の課題は、リーダーと凡人とを見分ける、個人的・人間的な「特性」を見つけ出すことであろう。問題は、両者の違いをどのように見つけ出すかである。二つの方法がある。ひとつは、偉人研究である。具体的に、偉人伝をはじめ、偉人たちが残しているさまざまな書物や記録を綿密に分析し、偉人たちの間では共通して見られるものの、凡人たちには見られない特性を特定する方法である。もうひとつは、ゼミ長・部活のリーダー・監督・課長・社長など、リーダーとして活躍している人々と、そのリーダーの下でフォロワーとして活動している人々とを比較し、両者の違いを見つけ出す方法である。

だが、リーダーとフォロワー、あるいは、偉人と凡人とを区分する個人的な特性は本当にあるのだろうか。答えは、そのような特性はなかなか見つからない、ということだ（Bass, 1990 ; Burns, 1978）。考えてみてほしい。偉人と呼ばれている人々同士であっても、共通点を見つけることはなかなか難しい。良い例は、スティーブ・ジョブスとビル・ゲイツであろう。この二人は、凡人たちがなかなか成し遂げられないことを成し遂げた人々である。しかし、二人は成長背景も、性格も、考え方も、組織の運営スタイルもかなり違う。日本の松下幸之助と本田宗一郎にも同じことが言えるかもしれない。二人が偉大なリーダーであることには、反論の余地はないであろう。しかし、この二人に対する世間のイメージはかなり違っており、共通点はなかなか思い浮かばない。要するに、同じく偉人と呼ばれていても、共通点はなかなかないのである。

一方、リーダーとフォロワーとの間でも明確な違いがあるわけではない。例えば、リーダーとフォロワーとの違いを調べた研究によると（Geier, 1967）、両者を区別できそうな約八〇個の個人的な特性を調べたところ、明確な違いが現れた特性はたったの五つにすぎなかった。これは、リーダーとフォロワーとでは、ほとんど違いがないことを意味する根拠にほかならない。しかも、違いが現れた五つの特性についても、因果関係は必ずしも明確ではなかった。例えば、偉人やリーダーたちは、凡人やフォロワーたちに比べ、桁外れの勇気と強い自信を持っていることがわかったとしよう。しかし、これだけでは、偉人やリーダーになるために桁外れの勇気や強い自信が必要不可欠だとは言い切れない。なぜなら、勇気と自信は、リーダーになってから形成された「後天的」な特性かもしれないからだ。

みなも経験があると思うが、これまでやったことのない仕事を任されると、誰だって最初はうまくやり遂げられるかと不安を感じる。リーダーの役割も同じであろう。リーダーとして選ばれたものの、自分がうまくやり遂げられるか、あまり自信がない。しかし、リーダーになったとたん、周りの人々が誰よりも自分の意見に耳を傾けてくれるし、自分の命令・指揮通りに動いてくれる。その結果、グループのパフォーマンスも高くなる。その結果、自分にはリーダーとしての才能があるに違いないという強い自信が後でついてくるかもしれない。要するに、リーダーとフォロワーとを区別する特性といっても、それは生まれつきというよりは、経験を通じて後天的に形成された可能性が高いのである。これは、凡人であっても、経験さえ積めば、偉人やリーダーが持っている特性を十分身につけられることを意味している。

リーダーと凡人とを見分ける特性はほとんど存在せず、たとえ存在したとしても後天的に形成された可能性が高いという特性論の研究結果をどのように受け止めるかは、人それぞれであろう。しかし私は、この結果、大変喜ばしいことだと思っている。なぜなら、いくら凡人の私であっても、「あなたは生まれつきリーダーとしての特性・資質・素質がないですね」と言われると、がっかりすると思う。このように考えるのは、私だけだろうか。特性論の結果は、「自分にリーダーとしての資質・素質があるのか」という問いは、それほど深刻に悩む必要のない問いであることを強く示唆している。

3 リーダーとしてどのように振る舞えばいい?——行動論

次は、「リーダーとしてどのように振る舞えばいいのか」という問いである。これは「行動論(behavioral theories)」と呼ばれているリーダーシップ論で活発に議論されてきた問いである。

百歩譲って、リーダーは生まれつきだと仮定しよう。その場合であっても、凡人はリーダーシップと無縁ではない。なぜなら、リーダーとしての特性を持って生まれなかったとしても、我々は長い人生でリーダーとしての役割を引き受けざるをえない場合が多々あるからである。クラス・部活・

体育会・ゼミ・バイト先での責任者、主任・係長・課長・部長など、凡人であってもリーダーに選ばれ、リーダーの役割を演じなければならない場合は多くある。その際、我々を不安にさせることは、次の一点に尽きるのではなかろうか。「リーダーとしてどのように振る舞い、どのようなリーダーシップを発揮すればいいのか」という問いである。「行動論」が解明しようとしているのは、まさにこの問いだ。

行動論は、アメリカと日本でともに注目された理論である。まず、アメリカでは一九四〇年代に行われたオハイオ州立大学とミシガン大学の研究がある。一方、日本では、一九六〇年代に（三隅 1978 ; Misumi & Peterson, 1985）を中心に行われたＰＭ理論がある。国も違えば、研究を行った大学も違っているので、三つの研究の中身や結果は微妙に違っている。しかし、基本的な問題意識やリーダー行動の分類などの面においては、共通点が非常に多い。そこで、ここでは、三つの研究のなかで最も多く取り上げられているオハイオ州立大学の研究を中心に、行動論の中身を紹介する。

オハイオ州立大学の研究者たちは、アメリカのさまざまな組織で活躍しているリーダーが職場で取っている行動を綿密に調査・分析し、リーダーが職場で取る行動を、次の二つに大きく分類している。ひとつは、「構造づくり（initiating structure）」と名付けられたリーダー行動で、もうひとつは、「配慮（consideration）」と名付けられたリーダー行動である（Fleishman, 1973）。

前者の構造づくりの行動とは、仕事に密接に関わるリーダーの行動で、具体的には、部門の目標を決めてその目標を効率的に達成するために必要な構造や枠組みを作ったり、部下たちに仕事や役割を割り当てたり、それぞれの仕事がうまくいくように調整したり、部下の目標達成の程度をチェックしたりする行動のことである。俗にいう、「仕事にきびしい」上司・リーダーのことである。一方、後者の配慮行動とは、部下のアイデアや考え方を尊重したり、部下の気持ちや感情を配慮したり、部下の相談に乗ったり、部下のキャリアに関してアドバイスしたり、部下との信頼関係を築いたりする行動をいう。俗にいう、「面倒見のいい」上司・リーダーのことである。

行動論では、二つのリーダー行動はともに高いリーダーシップが最も有効で、「理想」のリーダーシップだと想定している。行動論のこのような考え方は、ブレイクとモートン (Blake & Mouton, 1975) の「マネジアル・グリッド」でより鮮明となる。二人は、行動論の二つのリーダー行動を組み合わせると、計八一個のリーダーシップ・スタイルがありうるという (図1)。

図1の横軸には「生産への関心 (concern for production)」の高低が、縦軸には「人間への関心 (concern for people)」の高低が、それぞれ1から9まで書かれている。ここで、前者の「生産への関心」は、オハイオ州立大学の研究で明らかになった「構造づくり」のリーダー行動とほぼ一致しており、後者の「人間への関心」は、「配慮」のリーダー行動とほぼ一致している。数字については、両方とも9に近いほど、それぞれの関心度が高いことを意味する。そして、この「生産」と「人間」という二つの軸を組み合わせると、計算上では9×9＝81の異なるマネジメント・スタイル、ある

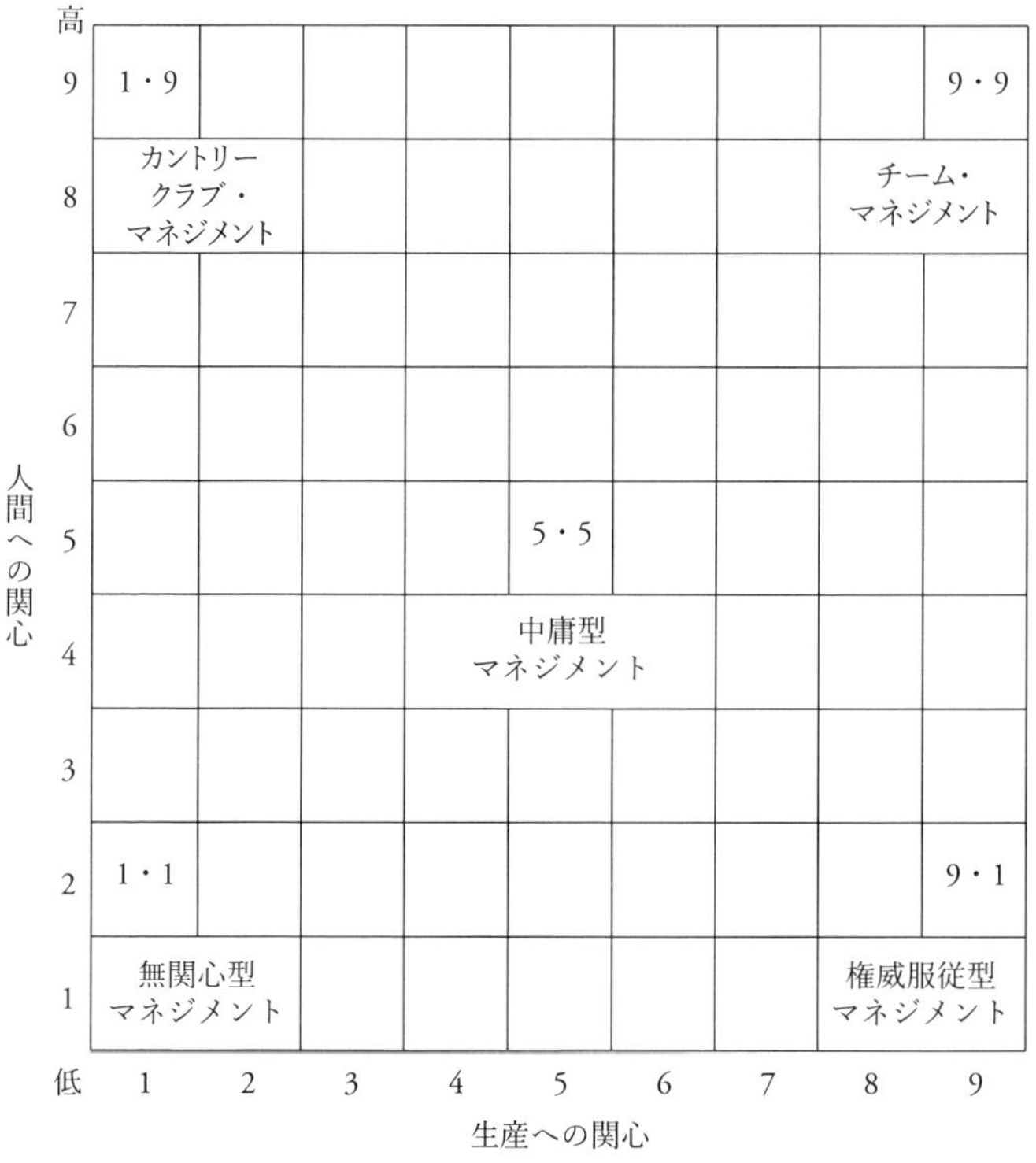

図1　マネジアル・グリッド（Blake & Mouton（1975, p.10）をもとに作成）

いはリーダーシップ・スタイルが存在することとなる。なかでも、二人が代表的なリーダーシップ・スタイルとして挙げているのは、次の五つである。

第一は、仕事と人間、両方にともに強い関心を寄せる「チーム・マネジメント（Team management／9・9型）」のスタイルである。第二は、面倒見は非常に良いのだが、仕事に関してはほとんど関心を示さない「カントリークラブ・マネジメント（Country club management／1・9型）」のスタイルである。第三は、逆に、仕事に関しては非常にきびしいが、面倒見はきわめて悪い「権威服従型マネジメント（Authority-compliance management／9・1型）」のスタイルである。第四は、仕事も面倒見もほどほどの「中庸型マネジメント（Middle-of-the road management／5・5型）」のスタイルである。最後は、仕事にも全くきびしくないし、面倒見もきわめて悪い「無関心型マネジメント（Impoverished management／1・1型）」のスタイルである。

ここで、一つ、クイズを出したい。あなたは、自分好みのリーダーを自由に選択できるとする。そして、上述した五人のリーダーが、自分がどのようなリーダーシップ・スタイルを得意としているのかを大きく書いた紙を首にかけて、今あなたの前に立っていて、あなたの選択を待っている。あなたなら、誰を選択するだろうか。人それぞれかもしれない。しかし、多くの人々が9・9型のチーム・マネジメントのリーダーを選ぶのではなかろうか。

あなたの選択は十分、理にかなっている。直感的に考えても、9・9型のリーダーが最も理想的に見える。仕事についてよく指示をしてくれるので、このリーダーの下では早く一人前になれるに違いない。しかも、このリーダーは面倒見もいいので、何か困ったことがあればすぐ相談できるし、自分の将来のキャリアや成長についても真剣に考えてくれるに違いない。さらに、理想型のリーダーなので、きっと職場の雰囲気もよく、みながのびのびと、楽しく仕事ができ、グループのパフォーマンスも高いはずである。選ばないわけがない。

しかし残念ながら、世の中は我々の思う通りにはいかない。しかも、時には我々の期待を見事に裏切ったりもする。たしかに、理想型のリーダーシップが良い場合もある。しかし、理想型のリーダーの下で必ずしもパフォーマンスが高くなるとは限らないし、驚くべきことにリーダーシップを発揮しているとはとても思えない無関心型マネジメント（1・1型）のほうがうまくいく場合もある。要するに、直感的にも論理的にも最も理想と思われるチーム・マネジメントのスタイルが、必ずしも高いパフォーマンスを上げるとは限らないのである。なぜだろうか。

この謎は次の節で解くこととして、ここでは「行動論」の意義を整理してみたい。行動論のおかげで、我々はリーダーとしてどのように振る舞えばいいのかについて悩む必要はなくなった。リーダー行動といっても難しく考える必要はない。自分が責任を取っているグループや部門の目標達成・仕事に関わる行動と、自分の下で働いている人々への配慮に関わる行動の二つを念頭にリーダーシップを発揮すればいい。また、行動論は、我々が選択できるリーダーシップ・スタイルがさまざまにありうることを示してくれている。しかし、行動論は、どのような基準で自分に合ったスタイルを選択すればいいのかまでは教えてくれない。次の状況論へと進まなければならない所以だ。

④ 理想のリーダーシップってあるの？——状況論

次は、「過去に非常にうまくいったリーダーシップが、今回はうまくいかない。なぜだろうか」という問いである。この問い、実は「状況論」、あるいは「コンティンジェンシー論（contingency theories）」と呼ばれているリーダーシップ論が解明しようとした最大課題のひとつである。

この問いに対する答えを見つけるために、しばらく私が置かれている「状況」について少しだけご紹介したい。私は大学教員なので、学部生と大学院生を対象にさまざまな科目を教えている。なかでも学部生を対象とする科目は多く、それらは大型講義科目とゼミなどの少人数科目に分類できる。前者の大型講義科目は、年によっては履修者が二〇〇名を超える場合もある。それに対して、後者の少人数科目は、三〇名を超えることはほとんどない。大学院生となるとさらに少なく、修士と博士課程の学生が一名ずついる。これが、私が置かれている「状況」だ。

前述した行動論に従えば、私は、置かれている状況には構わず、理想型のチーム・マネジメントのリーダーシップを発揮すればいいとされている。しかし、本当にそうであろうか。例えば、学部生と大学院生とでは、人数も違っているし、年も違っているし、勉強に対する意欲もかなり違っている。これらの違いを無視し、同じリーダーシップ・スタイルを貫けばよいのだろうか。また、同じ学部生を対象とした科目であっても、大型講義と少人数授業とでは発揮すべきリーダーシップも違って当然ではなかろうか。何より、大型講義の場合、週一回、たったの九〇分の講義を行っているだけの私が、受講者一人一人の面倒を見てあげることはほぼ不可能に近い。受講者も私にそこまで期待しているとは思えない。ここで言いたいことは、状況が違ってくると、私が発揮すべきリーダーシップも違って当然だ、ということだ。

問題は、それぞれの状況において、最もふさわしいリーダーシップはどのようなものなのか、ということであろう。この問いに答えを出そうとしているのが、「状況論」である。状況論となると、リーダーシップに関する考えが行動論とはがらっと変わってくる。もはや、理想のリーダーシップなど存在しない。その代わりに、リーダーが置かれている状況が非常に重要な変数として加わる。そして、リーダーシップ論の最大の課題は、リーダーが置かれている「状況」とリーダーの「行動」とをいかにフィットさせるかである。なぜなら、リーダーシップは、両者がお互いに整合性が取れているとき、はじめてその効果が表れるからだ。要するに、状況が違ってくると、リーダーに求められる行動も違って当然で、リーダーシップの有効性はこの両者の整合性にある。状況論のエッセンスは、この一点に尽きる。

状況論だが、実は数多くの理論が打ち出されている。状況をどのように把握し、分類するかは、研究者によってまちまちだからであろう。あまりにも多くの理論が存在しているが故に、そのすべてを取り上げることは不可能だ。そこでここでは、状況論の元祖とも言える理論で、以降のさまざまな状況論に大きな影響を与えたフィードラー（Fiedler, 1967）の理論を紹介する。

図2はフィードラーの理論を簡潔にまとめたものである。この図、かなり癖のある図となっている。まず、下段部を見てほしい。ここには、フィードラーの状況区分が圧縮されている。彼は、次の三つの基準を用いて、リーダーが置かれている状況を区分する。第一は、リーダーとメンバーの関係で、具体的には、両者の関係が「良い」か「悪い」かである。両者の関係が良好で、信頼しあっていれば、リーダーにとっては有利な状況となる。第二は、仕事が「構造化されている（高い）」か「構造化されていない（低い）」かである。ここで、構造化とはマニュアル化と理解すればよい。部品の組み立ての仕事のようにマニュアル化されていると、リーダーは仕事のことで部下たちにいちいち口出す必要がないので、リーダーにとっては有利な状況となる。最後は、リーダーの権限・パワーが「強い」か「弱い」かである。リーダーに多くの権限・パワーが与えられているほど、リーダーにとって有利な状況であることは言うまでもない。

これらの三つの状況を組み合わせてリーダーが置かれている状況を分類してみると、ⅠからⅧま

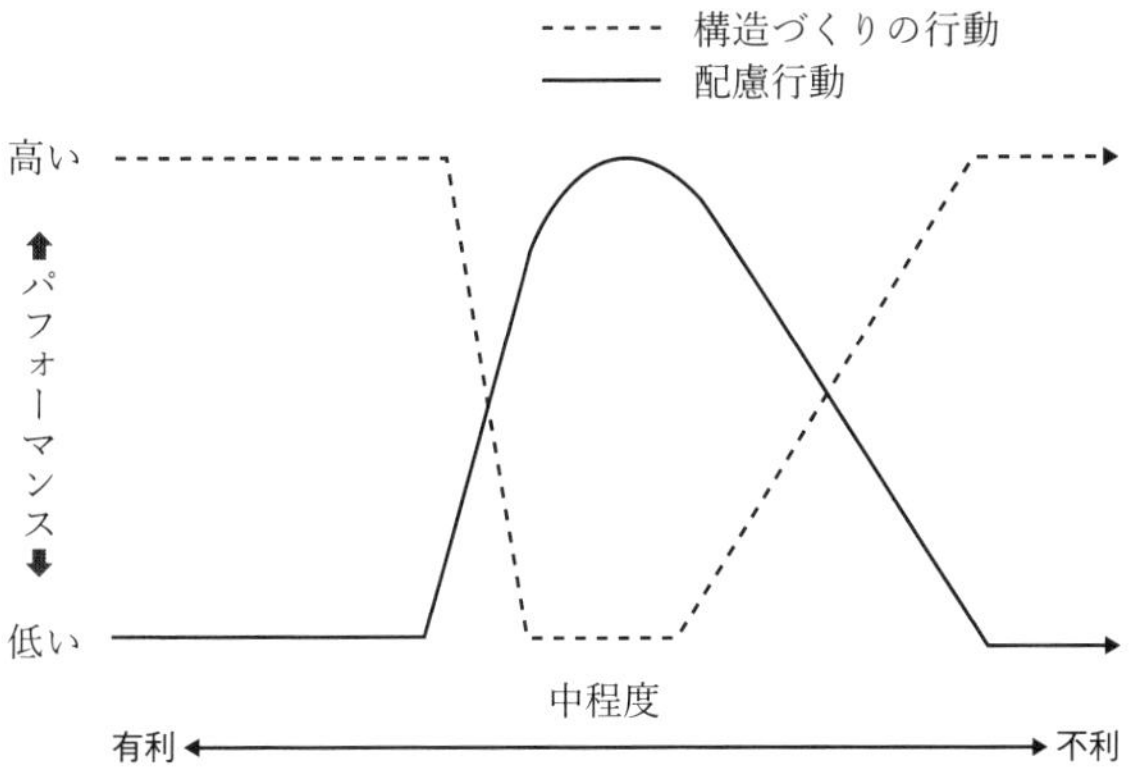

状況	I	II	III	IV	V	VI	VII	VIII
リーダーとメンバーの関係	良い	良い	良い	良い	悪い	悪い	悪い	悪い
仕事の構造化	高い	高い	低い	低い	高い	高い	低い	低い
リーダーの権限・パワー	強い	強い	強い	弱い	強い	弱い	強い	弱い

図2　フィードラーの状況論（Robbinson et al.（2010, p.323）をもとに作成）

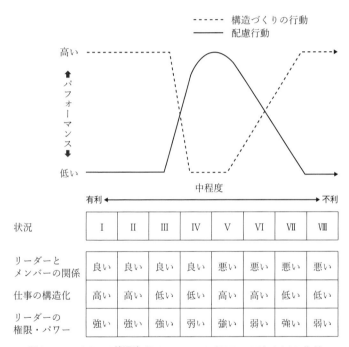

で計八つの異なる「状況」（図2中部）が存在しうる。そして、彼は、この八つの状況をリーダーにとって「有利な状況（Ⅰ〜Ⅱ）」「中程度の状況（Ⅲ〜Ⅵ）」「不利な状況（Ⅶ〜Ⅷ）」の三つで大まかに区分する。問題は、このような三つの異なる状況でそれぞれ求められている、最も整合性の取れたリーダー行動は何かということであろう。この問いに対する彼の答えが、図2上部の曲線である。

図2で描かれている曲線のなかで破線は、行動論でいう「構造づくり」のリーダー行動を示す。この破線は、両端で高く、真ん中が低い。一方で、実線は、行動論でいう「配慮」のリーダー行動を示す。構造づくりとは真逆で、両端は低く、真ん中が高い。

次は、この二つの曲線の解釈だ。図2の左側の縦軸を見てほしい。そこには、「パフォーマンス」とあり、「高い」と「低い」と書かれている。当然、曲線が高いリーダー行動がメンバーたちのパフォーマンスを高められる、状況適合的な行動だ。ふたたび図2を見てほしい。破線の「構造づくり」の線を見ると、リーダーにとって「有利な状況」と「不利な状況」とで高い。つまり、リーダーにとって有利か不利な状況においては、「構造づくり」のリーダー行動が状況適合的なのである。一方で、リーダーにとって中程度の状況においては、実線の「配慮」の曲線が高い。つまり、中程度の状況においては、配慮的なリーダーシップが状況適合的なのだ。

フィードラーの理論を、私が置かれている状況に当てはめてみると、たしかに納得できる側面が多い。例えば、大型講義は私にとって不利な状況で、ここでは個々人に対する配慮よりは、学生たちの学習を促す構造づくりがより状況適合的であろう。一方、ゼミなどの少人数授業は、毎回の授業内容が決まっておらず（つまり、構造化されておらず）、集まった人々のニーズに合わせて授業内容を変える必要があるという面で、私にとっては中程度の状況である。この場合は、授業に出席する人々の意見に耳を傾けたり、相談に乗ってあげたりするなどの、配慮行動が状況適合的であろう。しかし、フィードラーの理論には、首をかしげるところもある。例えば、リーダーにとって有利な状況である。フィードラーは構造づくりが状況適合的だと主張しているが、本当にそうだろうか。この場合は、むしろ、無関心型でよいのではなかろうか。このような疑問はあるものの、フィードラーが状況という新たな変数を取り入れることによって、リーダーシップに関する我々の考え方を大きく変えてくれたことは間違いない。「状況適合的なリーダーシップ」という考え方である。

リーダーシップとなると、過去の経験があまり役に立たない理由はここにある。何といっても、リーダーが置かれている状況が違ってくるからである。昔のメンバーと現在のメンバーとでは成熟度が違うし、リーダーの権限・パワーも違うし、掲げている目標も違う。昔うまくいったからといって、今回もうまくいくとは限らない。状況が違うのだ。リーダーシップを考えるときに、リーダーの行動だけではなく、リーダーが置かれている状況、ひいてはメンバー一人ひとりが置かれている状況のことをよく把握しないといけない所以だ。

5 リーダーシップって本当に重要？――幻想論・無効論・代替論

ここでは、「多くの人々がリーダーシップは重要だと決めつけているが、本当にそうだろうか」という問いを検討する。実は、この問い、これまで検討した三つの問いとは根本的に違う問いかけである。なぜなら、これまで紹介してきた特性論・行動論・状況論はすべて、「リーダーシップは必要不可欠で、リーダーシップによってパフォーマンスは大きく変わる」という大前提を少しも疑わないからだ。しかし、この問いは全く逆で、「リーダーシップは重要だ」という大前提に真っ向から疑問符を投げかけており、その意味でリーダーシップの力に強い信念を持っている人々から見れば、不謹慎極まりない問いかけとなっている。

ところで、この不謹慎な問いかけには、実は、次の三つのより具体的な問いが隠れている。第一は、リーダーシップが本当に重要だとすれば、リーダーが替わると大きな変化があって当然である。しかし、「リーダーが鈴木課長から加藤課長へと替わっても、あまり変わらないのはなぜか」という問いである。第二は、「状況論の考えに従えば、リーダーシップが全く要らない状況も十分ありうるのではないか」という問いである。第三は、「リーダーシップによってころころ変わる組織は本当にいい組織なのか、そのような組織で本当に働きたいのか」という問いである。これらの三つの問いは、その順にリーダーシップの「幻想論（romance of leadership）」・「無効論」・「代替論」が究明しようとするテーマになっている。以下では、我々の常識を根底から揺るがす、これら不謹慎極まりない考え方について検討してみよう。

1 リーダー交代はなぜうまくいかないの？――幻想論

まず、「リーダーが鈴木課長から加藤課長へと替わっても、あまり変わらないのはなぜか」という問いから始めよう。この問い、我々の直感に反する気がする。なぜなら、我々は素晴らしいリーダーシップを発揮している人々を何人かは覚えているからだ。直近のビジネス界を思い出しても、GEのジャック・ウェルチと日産のゴーン社長とがいる。この二人は、見事なリーダーシップを発揮し、苦境に立たされていた組織を見事に立て直したことで有名である。実際、この二人は変革型リーダーシップ（transformational leadership）（Conger, 1999）を発揮したとして、多くの注目を浴びたリーダーである。

このような人々をすぐ思い出せるからであろうか、我々は、リーダーを交代すればうまくいく組織が世の中にはあふれていると思いがちである。しかし、現実は違う。リーダーの交代でうまくいく組織は実はわずかで、リーダーが替わっても何も変わらないケースがより一般的だ。実際、みなのこれまでの経験をよく思い出してみてほしい。我々の周りには交代するリーダーであふれている。部活・ゼミのリーダーは一年ごとに替わるし、監督・コーチ・課長・部長・社長・会長も替わるし、社会・国・世界のリーダーも替わる。しかし、リーダーが替わっても、我々の日常はさほど変わらないし、変化を実感するのは非常に稀と言わざるをえない。何か大きな変化があった場合は、それがあまりにも稀なケースなので、我々の注目を引き付けるのだ。

これが事実だとすれば、我々の疑問は次の二点に尽きる。ひとつは、リーダー交代の成功率はなぜ低いのかという疑問で、もうひとつは、なぜ我々はリーダー交代の成功率を高く見積もるのかという疑問だ。この二つの疑問に対して、面白い答えを提示しているのが「幻想論」だ。

幻想論（Meindl, Ehrlich & Dukerich, 1985 ; Meindl, 1993）によると、我々はリーダーシップに幻想・憧れを持っているという。言い換えれば、我々は、リーダーシップが大好きで、リーダーシップと恋に落ちており、つねにリーダーシップについて語りたがっているというのだ。そして、このようなリーダーシップへの幻想が、特に鮮明に表れるときがあるという。我々がなかなか理解できない、不可解な事実に遭遇したときだ。例えば、ＧＥや日産が見事な復活劇を成し遂げたり、最優良企業と思っていた企業が破綻してしまったりするときである。我々は、このような不可解な事件に遭遇すると、その本当の原因を究明しようとはせず、リーダーシップに幻想を抱いているため、その成功はリーダーのおかげであると、すぐ結論づけてしまう。これこそ、ＧＥのジャック・ウェルチや日産のゴーン社長が注目された理由である。一方で、業績が低迷したり、不祥事を起こしたりする場合、その本当の原因を究明しようとはせず、失敗の原因はリーダーにあると、すぐ結論づけてしまう。これこそ、リーダーの交代の始まりである。

幻想論の主張が正しければ、リーダーを交代してもあまり変わらないはずなのに、我々はリーダー交代の成功率をかなり高く見積もることとなる。なぜなら、我々は業績不振や不祥事の本当の原因を究明しようともせず、リーダー交代に走ってしまうからだ。原因究明がなされない状態でリーダーを交代しても、パフォーマンスの改善はなかなか見込めない。リーダー交代の成功率が低い所以である。しかし、世の中にはリーダー交代がうまくいく場合もたまにはある。そのとき、我々はこの成功はきっとリーダーの交代にあるに違いないと信じてしまう。さらに、成功は珍しいケースなので、成功したリーダーはマスコミや雑誌など、さまざまな媒体で大きく取り上げられ、我々の頭に強烈な印象を残す。我々がリーダー交代の成功率を高く見積もる所以である。

リーダーシップの力に強い信念を持っている人々にとっては、不謹慎極まりない考え方だが、幻想論の意義や貢献は非常に大きい。幻想論の最大の貢献は、何といってもリーダーシップに潜んでいる落とし穴を明らかにし、我々に警鐘を鳴らしているという点であろう。「組織運営の際に、リーダーシップより重要なことがある。それは、他ならぬ原因究明だ」という警鐘だ。

2 リーダーシップって本当に必要？——無効論

次に、「状況論の考えに従えば、リーダーシップが全く要らない状況もありうるのではないか」という問いを検討してみよう。つまり、リーダーシップを発揮すれば、部下のパフォーマンスが高くなるどころか、むしろ低くなる状況もあるのではないかという問いかけだ。リーダーシップの無効論である（蔡 2004）。

リーダーシップの無効論が説得力をもつ状況がたしかに存在する。例えば、企業のR＆D研究所や大学、病院といったプロフェッショナル組織である（蔡 2004；Howell & Dorfman, 1986）。これらの組織で働いている人々である科学者・研究者、教授、医師などは、長い教育を通じて、仕事に必要な専門知識やスキルを身に付けている。組織の命令系統から考えると、学部長や病院長などはたしかにこれらの人々のリーダーである。しかし、病院長は内科専門医であっても、現場で診療にあたる医師のほとんどは、内科専門医ではない。その際、病院長といっても、構造づくりのリーダー行動はかなり制約を受けざるをえず、場合によってはせっかくの構造づくりの行動が現場の反発を招く恐れさえもある。

プロフェッショナルの場合、独立性や自律性を非常に重んじる傾向がある（蔡 2007；Van Maanen & Barley, 1984）。プライドが非常に高く、ちょっと癖があり、一匹狼的なところがある人々である。

それが故に、これらの人々は、命令されたり、干渉されたりすることを非常に嫌がる傾向がある。プロフェッショナルが持っているこのような特徴は、上司の配慮行動を自律性や独立性を脅かす脅威やプライバシーへの干渉として受け止められる可能性がある。

要するに、仕事に関する知識・スキルが非常に高く、しかも自律性・独立性を重んじる人々には、上司のリーダーシップがむしろ逆効果になる危険性があるのである。これは、リーダーシップが要らない場面も十分ありうることを意味する。無効論のエッセンスである。

3 リーダーによって大きく変わる組織っていい組織？——代替論

最後に、「リーダーシップによってころころ変わる組織は本当にいい組織なのか、そのような組織で本当に働きたいのか」という代替論による問題提起である。ここでいう代替とは、ご飯とパンとの関係を考えればよい。ご飯の代わりにパンを食べても構わないように、組織運営をする際に、リーダーシップを代替できる要因はいくらでもありうる（蔡 2004；Kerr & Jermier, 1978；Jermier & Kerr, 1997）。

代替論を理解するためには、次のような組織を想像すればよい。監督・店長・ゼミ長・課長・社長が替わったとたん、個人・集団・組織のパフォーマンスが激しく変動する組織があるとしよう。このような組織は、まさにリーダーシップの影響をまともに受けている組織と言えよう。しかし、このようにリーダーシップの影響をまともに受ける組織よりは、リーダーの影響力を最小限にとどめ、例えば監督が替わってもつねに優勝できるチーム、社長が替わってもつねに高いパフォーマンスを維持する組織のほうが、よりよい組織ではなかろうか。

実際、マネジメントの歴史を振り返ってみると、リーダーシップに対して我々が持っている考え方は見事に裏切られることがわかる。なぜなら、これまでのマネジメントの歴史は、リーダーシップが個人・集団・組織のパフォーマンスに及ぼす影響を最小限にとどめようとしてきた歴史に他ならなかったからだ（蔡 2004）。仕事のマニュアル化と組織構造、命令・指揮系統はそのよい例である。いずれも、リーダーの構造づくりを代替し、誰がリーダーになっても安定的で予測可能なパフォーマンスを確保するために工夫されたものである。

一方、組織の人事・労務管理システムは、リーダーの配慮行動を代替している。上司の気まぐれによる部下の扱いは、部下のパフォーマンスに悪影響を及ぼすだけではなく、チームの結束力も阻害する可能性がある。その際は、リーダーが個々人に及ぼす影響を可能な限り防ぎ、組織の決めたルールや原則に従い、人々の採用・賃金・昇進・昇格・キャリア・解雇を決めたほうがより望ましい。要するに、人事・労務システムはリーダーの配慮行動を代替しているのである。

代替論の最大の意義は、組織運営においてリーダーシップより組織システムの設計のほうが重要であることを強く示唆しているという点にある。言い換えれば、組織にとって最大の課題は、リーダーシップそのものではなく、たとえリーダーが替わってもいかに安定的な組織運営ができるのか、いかに持続的で安定的に高いパフォーマンスを確保するかにあるのである。リーダーシップも重要だが、しっかりとした組織システムの設計や組織力が求められている所以だ。

6 結論——リーダーシップを賢く使いこなそう！

ここでは、多くの人々が、個人・集団・組織のパフォーマンスに強い影響を与えていると信じているリーダーシップを取り上げた。具体的に、リーダーシップに関わる四つの素朴な問いを立て、その問いに対してリーダーシップ論がどのような答えを打ち出しているのかを吟味した。要約すると、次の通りである。

まず、自分にリーダーとしての素質・資質があるのかについては、悩む必要がないことがわかった。なぜなら、リーダーと凡人との間には大した違いがなく、誰でもリーダーになれるからである。第二に、リーダーとなった場合、どのように振る舞えばいいのかである。これについては、仕事に関わる行動と、配慮に関わる行動の二つに注目すればいい。そして、この二つの行動を組み合わせ、自分のリーダーシップ・スタイルを選択すればいい。第三は、リーダーシップを発揮する場合は、状況をよく吟味しなければならない。なぜなら、リーダーシップの効果は、状況適合的な行動を取るときに最大限になるからだ。

リーダーシップ論の主流ではないものの、幻想論・無効論・代替論は非常に重要だ。幻想論は我々に、「リーダーシップとある程度距離を置くように、また原因究明がより重要である」という警鐘を鳴らしている。無効論は、リーダーシップが要らない状況もありうること、時には部下を信頼し、部下たちに任せたほうがよい状況もありうることを強く示唆している。最後に、代替論は、個人・集団・組織のパフォーマンスを上げるためには、組織力や組織のシステムづくりのほうがより重要である可能性を強く示唆している。

文献

馬場杉夫・蔡芢錫・福原康司・伊藤真一・奥村経世・矢澤清明 2015『マネジメントの航海図』中央経済社

Bass, B.M., 1990, Bass & Stogdill's Handbook of Leadership : Theory, Research, & Managerial Applications. 3rd. New York : The Free Press.

Blake, R. & Mouton, J., 1975, The Managerial Grid : Key Orientations for Achieving Production through People. Houston : Gulf Publishing Co.

Burns, J.M., 1978, Leadership. New York : Harper & Row.

蔡 芒錫 2004「研究開発組織におけるリーダーシップの代替要因に関する研究」『専修経営学論集』79, 69-90

蔡 芒錫 2007「専門職集団と組織――科学者・技術者の組織への包摂と役割コンフリクトを中心として」『日本労働研究雑誌』565, 21-32

蔡 芒錫 2010「パフォーマンスに関する研究の現状と課題」『産業・組織心理学研究』23-2, 117-128

Conger, J.A., 1999, Charismatic and transformational leadership in organizations : An insider's perspective on these developing streams of research. Leadership Quarterly, 10, 145-170.

Fiedler, F.E., 1967, A Theory of Leadership Effectiveness. New York : McGaw-Hill.

Fleishman, E.A., 1973, Twenty years of consideration and structure. In : E.A. Fleishman & J.G. Hunt (Eds.) Current Development in the Study of Leadership. Illinois : Southern Illinois University Press, pp.1-38.

Geier, J.G., 1967, A trait approach to the study of leadership in small groups. Journal of Communication, 17-4, 316-323.

Howell, J.P. & Dorfman, P.W., 1986, Leadership and substitutes for leadership among professional and nonprofessional workers. Journal of Applied Behavioral Science, 22, 29-46.

Jermier, J.M. & Kerr. S., 1997, Substitutes for leadership : Their meaning and measurement-contextual recollections and current observations. Leadership Quarterly, 8, 95-101.

Jones, G. & George, J., 2016, Contemporary Management. 9th. New York : McGraw-Hill Education.

Kerr, S. & Jermier, J.M., 1978, Substitutes for leadership : Their meaning and measurement. Organizational Behavior and Human Performance, 22, 375-403.

Meindl, J.R., 1993, Reinventing leadership : A radical, social psychological approach. In : J.K. Murnighan (Ed.) Social Psychology in Organizations : Advances in Theory and Research. New Jersey : Prentice-Hall, Inc., pp.89-118.

Meindl, J.R., Ehrlich, S.B. & Dukerich, J.M., 1985, The romance of leadership. Administrative Science Quarterly, 30, 78-102.

三隅二不二 1978『リーダーシップ行動の科学』有斐閣

Misumi, J. & Peterson, M.F., 1985, The performance-maintenance (PM) theory of leadership : Review of a japanese research program. Administrative Science Quarterly, 30, 198-223.

Motowidlo, S.J., 2003, Job performance. In : W.C. Borman., D.R. Ilgen & R.J. Klimoski (Eds.) Handbook of Psychology : Industrial and Organizational Psychology. Vol.12. New Jersey : John Wiley & Sons, pp.39-54.

Robbinson, S.P., Judge, T.A. & Campbell, T.T., 2010, Organizational Behavior. Harlow, England : Pearson.

Van Maanen, J. & Barley, S.R., 1984, Occupational communities : Culture and control in organizations. Research in Organizational Behavior, 6, 287-365.

Yukl, G., 2013, Leadership in Organization. 8th. Boston : Pearson.

「もっと学びたい!」人のための読書案内——Book Review

† 日本経済新聞社(編)2015『リーダーシップの名著を読む』日本経済新聞出版社(日経文庫)

リーダーシップに関連して、ぜひとも読んでほしい11冊の名著を紹介している。ほとんどの著作を、学者ではなく、実務経験豊かなコンサルタントたちが書いている。

† ロバート・B・チャルディーニ(著)社会行動研究会(訳)2014『影響力の武器——なぜ、人は動かされるのか(第3版)』誠信書房

リーダーシップのエッセンスとも言える「影響力」について考えさせられる本である。読みやすく、さまざまな事例や実験などで影響力の本質に迫っている。全世界で読まれている名著である。

† ジョン・P・コッター(著)DIAMONDハーバード・ビジネス・レビュー編集部ほか(訳)2012『リーダーシップ論——いま何をすべきか(第2版)』ダイヤモンド社

まさに変革の時代だ。このような変革の時代に必要なリーダーシップの在り方や変革への抵抗勢力に対する対処の方法などが興味深く書かれている。

あとがき

われわれの身の回りには外来語＝カタカナ語が満ちあふれています。それらの多くは日本語の一部として定着し、違和感なくわれわれに受け入れられています。

カタカナ語は便利です。例えば、「設計」を「デザイン」と言いかえることで、語感が微妙に変化し、インパクトが強まったり、イメージが広がったりします。このようにカタカナ語には和語や漢語とは異なるレトリック上の効果があるようです。一方で、直観的な感覚が優先されて意味理解が曖昧になってしまいがちだというのもカタカナ語の特徴であるように感じます。「設計」と「デザイン」は決して同義ではなく、両者の意味は微妙に異なっていながらも、われわれはそのズレを自覚せずにコミュニケーションしているわけです。カタカナ語はそもそも外国語ですので、母語やその文化的背景の異なるわれわれがそれらの真の意味を理解することなど、原理的にほぼ不可能なのだとさえいえるかもしれません。

本書は、そのような実のところ理解が困難なカタカナ語のひとつである「パフォーマンス」を取り上げ、心理学の観点からその意味を明確化しようというひとつの試みです。達成、成果、業績などと訳されるこの語は、近年、われわれの日常生活に身近な言葉として定着しつつあり、特に、仕事、学業、芸術といった分野ではすでに頻繁に用いられています。そこで本書では、心理学という学問を拠り所とし、12の理論という複数の光を当てることによって「パフォーマンス」という語の意味を照らし出すことを目指しました。本書によって、パフォーマンスに向き合う読者の皆様の日常生活にささやかな一石を投じることになるのであれば幸甚です。12の理論は相互に独立しているので、必ずしも初めから順に読み進める必要はありません。興味の赴くままに新書を読むような感覚で気楽にお読みください。なお、本書は『モティベーションがわかる12の理論――ゼロからわかる「やる気の心理学」入門!』の姉妹書として企画されました。パフォーマンスと密接にかかわる「モティベーション」について、本書と同様に12の理論という切り口によって論じたこちらの本も併せてお読みいただければ幸いに存じます。

本書の各章は当該分野の第一人者の先生方に執筆をお願いし、その結果として個性的な論考が揃いました。前書に引き続き執筆をお引き受けくださいました村山航先生、外山美樹先生、及川昌典先生（執筆順）はじめ、ご多用のなか、ご執筆いただいた先生方に心より御礼申し上げます。特に第11章につきましては、企画当初、三宅なほみ先生（元東京大学教授・故人）に執筆をお願いし、認知科学、学習科学の観点から先生ご自身の研究成果をわかりやすく論じてくださるという大変前向きなお返事を頂戴していたのですが、その道半ばでご逝去されました。そこで急遽、飛田操先生に執筆をお願いしたところ、ご快諾をいただいて今日に至った次第です。三宅先生のご冥福をお祈りするとともに、ご専門の社会心理学の観点からユニークな論考を執筆してくださった飛田先生に心より御礼申し上げます。また、第12章も当初、ご執筆のお約束をいただいた先生のご都合が悪くなったため、大変急なお願いにもかかわらず蔡芒錫先生に快くお引き受けいただきました。蔡先生には編者としてのこのような窮地を救っていただいたばかりでなく、常識外れの短期間で素晴らしい論考を仕上げていただきました。先生のご厚意に心より感謝申し上げる次第です。最後になりますが、金剛出版編集部の藤井裕二さんには、本書を姉妹書として企画していただくとともに、前回同様、精度の高いきめ細やかなお仕事をしていただきました。藤井さんの存在なしに二種類の『12の理論』が世に出ることはありませんでした。編集のプロフェッショナルとして敬意を表するとともに、この場を借りて心より御礼申し上げます。

二〇一七年四月
鹿毛雅治

▶索引

A

A-B-X理論 330, 331, 334, 335
BIS（生物学的に重要な刺激）
.... 277-282

あ

アブセンティーズム ..266-268［▶プレゼンティーズム］
アンカリング効果 082
意志 021, 024, 035, 036, 039-041, 043-045, 057, 058, 212-219, 222-224, 228, 230, 231, 235, 236
意識モード .... 232［▶無意識モード］
意思決定 064, 065, 074, 082, 098, 100, 101, 117
意志力（willpower）......................... 043
遺伝 045, 117, 275, 276
意図 043, 044, 108, 188, 219, 220, 226, 233
意欲 030, 055, 057, 095, 096, 165, 203, 204, 343, 371
——特性 021
運 044, 045, 084
運動協調 320
演繹 .... 073, 074［▶帰納］
——推論 075
エンゲージメント ... 052, 053, 055, 056
援助要請 192
オペラント条件づけ278, 279, 281, 283, 288, 293［▶レスポンデント条件づけ］
弁別—— 281-283, 289

か

外向性 021
解釈段階 026
ガイダンス仮説 155
回避動機 038
学習 014, 030, 045, 050, 053, 063, 064, 113, 125-131, 133-139, 141-148, 153-155, 157, 158, 164-166, 177-184, 186-189, 191-194, 200-206, 248, 250, 291, 294, 305-308, 329, 343-348, 375
運動—— 130, 135, 138-140, 142, 155, 305
過—— 134, 135, 143, 147
——比較 166, 167
——方略 167, 187, 188, 204
ジグソー——法 343-347
分散—— 130, 131, 144
覚醒水準 249, 250

確率判断……071
学力……178, 179, 343
課題
——外生的価値……048
——関与状態……051
——内生的価値……048, 050
価値…048-051, 096, 258, 301, 349, 350
環境……017, 019, 023, 025, 026, 030, 036, 038, 039, 043, 045, 054-056, 112, 113, 183, 193, 205, 206, 232, 233, 241, 248, 251, 253, 254, 259, 262, 263, 273-276, 278, 298, 299, 301, 309, 310, 314-316, 318-323, 325, 335, 336, 342
——調整……184, 186, 189, 191
感情……024, 028, 030, 038, 039, 044, 053, 093-102, 104-119, 165, 182, 186, 187, 189, 215, 219, 220, 222-224, 247, 264, 276, 323, 366
——人……109
——知性……115-118
——特性……021
社会的——……102, 104-106
ネガティヴ——……111, 112
ポジティヴ——…096, 111, 112, 114
記憶……098, 112, 125, 127, 130, 133-139, 146, 147, 157, 158, 178, 188, 189, 192, 225, 227, 249, 276, 305, 308-310, 313, 314
——の取り出し……136, 137［▶検索］
期待……047, 066, 182, 211, 213-215, 235, 237
帰納……072, 074［▶演繹］
——推理……072, 074, 075
教訓——……191
基本状態……026
義務目標……160
ギャンブラーの誤信……069, 070, 082
強化……279, 286
強化子……279, 281, 282, 286-288, 290-295, 297-299
共通知識効果……342
協同…329, 330, 336, 343, 344, 348-351
——学習……329, 343, 348
興味……021, 022, 028, 050, 096, 111, 113, 182, 186, 189, 204
内発的——……184
際（きわ）……315
緊急反応……243
緊張……017, 221, 243, 248, 260, 332
グループ・マネジメント……359
経験への開放性……021
経済人……109
検索……136［▶記憶の取り出し］
恒常性……246
構造づくり……365, 366, 374, 375, 380, 382
行動……014, 023, 024, 033, 036, 038-041, 045, 047, 048, 050-053, 058, 094-096, 098, 100, 103-106, 108, 110, 112, 114, 117, 139-141, 165, 180, 186-188, 192, 201, 212, 223, 225, 229, 231, 233, 247, 257, 258, 273-277, 288-292, 294-299, 313, 330, 332, 350, 358, 360, 365, 366, 369, 371, 374, 375, 380-384
互恵性……103-106
個人主義的傾向……114
コスト・パフォーマンス……009［▶費用対効果］
固着……078, 081
コミットメント……028, 105, 106, 258

根気強さ……022
コンティンジェンシー論……370

さ

最後通牒ゲーム……108, 109
才能……084, 178, 212, 363
再勉強……136-138, 143
自我関与状態……051
自我枯渇理論……216
刺激……023, 024, 030, 111, 274, 276, 278-282, 284, 285, 287-290, 292, 297
　中性──……280-282, 285, 287, 288, 290, 292
　弁別──……282, 283, 289, 294, 295, 297, 298
思考……017, 030, 063-065, 072, 075, 076, 079-081, 083, 084, 088, 098, 106, 110, 112, 116, 117, 168-170, 172, 188, 219, 220, 222-225, 227, 341
　集団──……342
　創造的──……077, 078, 083-085, 088
自己決定理論……054
自己効力（感）……047, 048, 058, 182, 184, 187, 258, 265
自己調整……030, 041, 180, 192
　──学習……177, 180, 181, 183-187, 189-193, 195, 198, 200, 206
仕事の要求度－コントロール・モデル……259
自己内省段階……182, 183, 186, 191, 206
自己評価……041, 154, 156-158, 211, 215
四枝モデル……116
自制心……022, 212, 217
持続……191, 308-310, 314
実現段階……026
実行意図……233
しっぺ返しの戦略……104, 105
　改悛型──……104, 105
社会的強化子……292
社会的手抜き……340
社会的比較……163-167
弱化……279, 286
弱化子……279, 286-288, 299
習慣……023, 045, 086, 201, 226
　──化……023, 024, 041
　心理的──……023
集合効果によるボーナス……337, 338, 342［▶プロセス・ゲイン］
自由接近事態……284-287, 289, 296
集団主義的傾向……114
集団浅慮……342
素人理論……081
心配の時間……223, 224
心理状態……017, 025, 041, 052, 058, 172
遂行段階……181-184, 186, 191, 206
遂行比較……166
随伴性……273, 275, 277, 283, 284, 287-294, 296-298
　三項強化──……282, 289, 294, 297, 298
スキル……021, 024, 025, 126, 127, 139, 148, 154, 155, 157, 158, 178, 193, 195, 203, 204, 237, 261, 380, 381
ストレス……022, 030, 095, 217, 219, 220, 222-224, 226, 236, 241-251, 253-259, 261-267
　快──……247, 248, 250

——ケア……263, 268
——・コーピング……256, 257
——刺激……244-247
——反応……254, 258, 259, 262
制御焦点理論……159, 160
生産性……028, 030, 113, 114, 260, 262, 263, 266, 268, 329, 339, 341
集団——……338-342
誠実性……021, 022
成績……010, 021, 022, 133, 135-142, 146, 147, 153, 163-167, 178, 179, 214, 274, 294, 298, 299
整置……275, 298
セルフコントロール……021, 030, 041, 212, 215-218, 221-224, 226, 235, 236
相互教授法……202
創造性……028, 083, 112, 117, 162
ソーシャル・サポート……262
即自的増幅効果……220
促進焦点……159-162
ソマティック・マーカー……099, 100

た

態度……023, 024, 045, 084, 085, 088, 117, 193, 331, 332, 334
ただ乗り……340, 359
達成目標理論……050
外発的目標……050, 051
パフォーマンス目標……050, 051
マスタリー目標……050, 051
知識……019, 021, 024, 025, 063, 076, 079, 081, 085, 112, 113, 116, 145, 179, 186, 193-195, 199, 201, 202, 205, 253, 338, 339, 342, 380, 381
知能……021-023, 116, 276
注意……043, 050, 051, 112, 158, 182, 218, 219, 224, 228, 229, 233, 236
調律……307, 308, 321
適性……019, 021, 023-025, 030
動機……038-041, 043, 051, 057, 096
欠乏——……096
接近——……038, 040
——づけ……033, 035, 094, 096, 113, 159, 163, 164, 166, 168, 180, 192, 248, 249, 276, 340, 341, 347
［▶モティベーション］
洞察……077
闘争か逃走か（fight or flight）反応……243, 245
淘汰……278, 279, 281, 283, 284, 288
道徳性……098, 106, 107, 110
同僚性……028
特性……017, 019, 022, 045, 047, 159, 161, 257, 258, 265, 276, 360-364
やる気——……036, 037, 058
読解方略……194-196, 199, 201, 202, 204
努力……017, 022, 024, 025, 033, 034, 044, 045, 052, 055, 057, 084, 114, 135, 137, 138, 145, 147, 165, 169, 173, 212, 228, 233, 257, 359

な

認知……026, 038, 039, 043, 048, 050, 063, 081, 107, 145, 166, 167, 178, 334, 340, 351
——的評価……254-256, 258
——的方略……168, 189

——特性……021
熱意……022
能力……014, 017, 019, 044, 045, 047, 051, 107, 113, 116, 117, 163, 186, 211, 212, 237, 260, 263-266, 268, 338, 339, 343, 347-349
望ましい負荷……143

は

パーソナリティ（性格）……017
ハーディネス……258
バイアス……064, 081, 082, 088
利用可能性——……067, 068, 082
配慮……193, 365, 366, 369, 374, 375, 381-383
パフォーマンス……009-019, 021-028, 030, 031, 033-035, 037, 038, 043-047, 050-055, 057, 063-065, 079, 081, 088, 093, 094, 096, 097, 101, 102, 106, 111-115, 118, 125-127, 130-137, 139-141, 143-148, 153-159, 161-173, 177-179, 182, 184, 186, 187, 193, 205, 206, 211-215, 217-219, 221, 223-237, 241, 243, 246-250, 253, 254, 258, 259, 262, 263, 265, 266, 273-276, 289, 294, 298, 301, 304, 305, 307, 315, 319, 329, 336-339, 341-343, 348-351, 358, 359, 363, 369, 374, 376, 379-384
汎適応症候群……244
反応……023, 024, 030, 083, 087, 220-222, 224, 243-247, 256, 259, 264, 265, 274, 276-280, 282, 284-291, 293-297, 299, 321, 324
——形成……288, 293, 294, 297
——連鎖……297, 298
反応遮断化……289, 296
——理論……284, 286
皮肉過程理論……221
費用対効果……009
［▶コスト・パフォーマンス］
不安……017, 111, 169, 172, 186, 219-221, 229, 256, 264
フィードバック……132, 137, 140-143, 154-158, 221
——産出依存性……155, 157, 158
フォロワー……358, 362, 363［▶リーダー］
符号化プロセス……188
プッシュ要因……036, 038, 053, 057
プル要因……036, 038, 054, 057
ブレインストーミング……086, 087
フレーミング……160-162
プレゼンティーズム……266, 268
［▶アブセンティーズム］
プロセス・ゲイン……337, 338, 340, 342［▶集合効果によるボーナス］
ブロック化……128-131, 143, 145, 146
プロフェッショナル……380, 381
ペン・レジリエンシー・プログラム……264
防衛的悲観主義……168-172
防止焦点……159-162
方略……088, 104, 159, 162, 166, 167, 170, 172, 173, 177, 180, 187-189, 191-195, 197-206, 221
ポジティヴ心理学……096, 263-265
本能……094, 243

ま

マシュマロ・テスト……022, 213-215
マルチタスキング……218, 219, 222, 223
見込み判断……064, 065, 067, 068, 079
無意識……030, 211, 225-237
　――思考理論……229
　――モード……232［▶意識モード］
メタ認知……030, 063, 064, 079-081, 088, 143, 145-147, 180, 187
　――的活動……079, 081
　――的知識……063, 079, 081-083, 085, 088
　――的方略……189
　――的モニタリング……063
メンタルブロック……083, 085
メンタルヘルス……030, 263, 264, 266-268
目標意図……233
モティベーション……028, 033-036, 044, 045, 047, 051-055, 057, 169［▶動機づけ］
モニタリング……182-184, 199, 234
問題解決……063, 064, 075, 076, 078, 079, 083, 087, 088, 113, 117, 178, 205, 257, 329, 337, 349

や

やる気状態……037, 057［▶動機］
有能感……164-167
要求－コントロール－社会的支援モデル……262
予見段階……025, 026, 182-184, 191, 206
欲求……038, 039, 054, 055, 057, 096
　関係性への――……054
　コンピテンスへの――……054
　自律性への――……054

ら

ライフイベント……251, 253, 259
リーダー……202, 357-366, 368, 369, 371, 372, 374-383［▶フォロワー］
リーダーシップ……030, 357-361, 364-366, 368-371, 374-384
理想目標……160
リバウンド効果……221
ルビコンモデル……041, 042
レジリエンス……052, 263-265
レスポンデント条件づけ……280, 283, 287［▶オペラント条件づけ］
連言錯誤……068, 069, 082
練習……030, 036, 125, 127-135, 138-141, 143-146, 148, 169, 186, 200, 202-204
論理判断……064, 072, 074, 079

わ

ワークライフバランス……218

▸**飛田 操**
福島大学人間発達文化学類
主著 『ミス・コミュニケーション』（分担執筆｜ナカニシヤ出版｜2011）、『コミュニケーションと対人関係』（分担執筆｜誠信書房｜2010）ほか。

▸**蔡 芢錫**
専修大学経営学部
主著 『マネジメントの航海図』（共著｜中央経済社｜2015）、『産業・組織心理学ハンドブック』（分担執筆｜丸善｜2009）、『企業組織とグローバル化――株主・経営者・従業員の視点』（世界思想社｜分担執筆｜2006）ほか。

▸外山美樹

筑波大学人間系

主著 『行動を起こし、持続する力──モチベーションの心理学』(単著|新曜社|2011)、『やさしい発達と学習』(共著|有斐閣|2010)、『ポジティブマインド──スポーツと健康、積極的な生き方の心理学』(共編著|新曜社|2010) ほか。

▸犬塚美輪

東京学芸大学総合教育科学系

主著 『論理的読み書きの理論と実践──知識基盤社会を生きる力の育成に向けて』(共著|北大路書房|2014)、『ピア・ラーニング──学びあいの心理学』(分担執筆|金子書房|2013)、『現代の認知心理学5 発達と学習』(分担執筆|北大路書房|2010) ほか。

▸及川昌典

同志社大学心理学部

主著 『社会心理学概論』(共著|ナカニシヤ出版|2016)、『ふと浮かぶ記憶と思考の心理学──無意図的な心的活動の基礎と臨床』(共著|北大路書房|2014)、『自己制御における意識と非意識の役割』(単著|風間書房|2011) ほか。

▸田上明日香

SOMPOリスケアマネジメント(株)

主著 『ストレス科学事典』(共著|実務教育出版|2011)、『60のケースから学ぶ認知行動療法』(共著|北大路書房|2012) ほか。

▸鈴木伸一

早稲田大学人間科学学術院

主著 『レベルアップしたい実践家のための事例で学ぶ認知行動療法テクニックガイド』(共著|北大路書房|2013)、『からだの病気のこころのケア』(編著|北大路書房|2016)、『がん患者の認知行動療法』(監訳|北大路書房|2016) ほか。

▸坂上貴之

慶應義塾大学文学部

主著 『リスクの誘惑』(共編著|慶應義塾大学出版会|2011)、『意思決定と経済の心理学』(編著|朝倉書店|2009)、『心理学が描くリスクの世界［改訂版］──行動的意思決定入門』(共編著|慶應義塾大学出版会|2006) ほか。

▸野中哲士

神戸大学大学院人間発達環境学研究科

主著 『具体の知能』(単著|金子書房|2016)、『知の生態学的転回1 身体──環境とのエンカウンター』(分担執筆|東京大学出版会|2013) ほか。

P—著者一覧［執筆順］

▸鹿毛雅治

奥付に記載

▸三宮真智子

大阪大学大学院人間科学研究科

主著　『誤解の心理学——コミュニケーションのメタ認知』（単著｜ナカニシヤ出版｜2017）、『教育心理学』（編著｜学文社｜2010）、『メタ認知——学習力を支える高次認知機能』（編著｜北大路書房｜2008）ほか。

▸山口洋介

大阪大学大学院人間科学研究科

主著　「タイピング思考法の開発とその有効性の検討」『日本教育工学会論文誌』37（suppl.）（共著｜2013）、Beliefs and attitudes about creativity among Japanese university students. Creativity & Human Development, 14-9（共著｜2012）ほか。

▸遠藤利彦

東京大学大学院教育学研究科

主著　『よくわかる情動発達』（共編著｜ミネルヴァ書房｜2014）、『「情の理」論——情動の合理性をめぐる心理学的考究』（単著｜東京大学出版会｜2013）、『乳幼児のこころ——子育ち・子育ての発達心理学』（共著｜有斐閣｜2011）ほか。

▸村山 航

School of Psychology and Clinical Language Sciences, University of Reading

主著　Achievement goals and approach-avoidance motivation. In : R.M. Ryan（Ed.）The Oxford Handbook of Human Motivation（分担執筆｜Oxford University Press｜2012）、"Your choice" motivates you in the brain : The emergence of autonomy neuroscience. In : S. Kim, J. Reeve, & M. Bong（Eds.）Advances in Motivation and Achievement（Vol.19 Recent Developments in Neuroscience Research on Human Motivation）（分担執筆｜Emerald Group Publishing Limited｜in press）、『現代の認知心理学——発達と教育』（分担執筆｜北大路書房｜2011）ほか。

編者略歴

鹿毛雅治

（かげ・まさはる）

慶應義塾大学教職課程センター教授・同大学院社会学研究科委員（教育学専攻）。1986年横浜国立大学教育学部心理学専攻卒業、1991年慶應義塾大学社会学研究科博士課程（教育学専攻）単位取得退学、1995年博士（教育学）取得。1992年慶應義塾大学教職課程センター助手、1997年同助教授等を経て、現職。

主著　『学習意欲の理論――動機づけの教育心理学』（単著｜金子書房｜2013）、『モティベーションをまなぶ12の理論――ゼロからわかる「やる気の心理学」入門！』（編著｜金剛出版｜2012）、『子どもの姿に学ぶ教師――「学ぶ意欲」と「教育的瞬間」』（単著｜教育出版｜2007）、『教育心理学（朝倉心理学講座第8巻）』（編著｜朝倉書店｜2006）、『教育心理学の新しいかたち』（編著｜誠信書房｜2005）、『学ぶこと・教えること――学校教育の心理学』（共編著｜金子書房｜1997）、『内発的動機づけと教育評価』（単著｜風間書房｜1996）ほか多数。

パフォーマンスがわかる12の理論《りろん》

「クリエイティヴに生《い》きるための心理学《しんりがく》」入門《にゅうもん》！

印　刷……2017年4月10日
発　行……2017年4月20日
編　者……鹿毛雅治
発行者……立石正信
発行所……株式会社 金剛出版（〒112-0005　東京都文京区水道1-5-16）
電話03-3815-6661　振替00120-6-34848
装　幀……永松大剛
組　版……石倉康次
印刷・製本……シナノ印刷

ISBN978-4-7724-1548-4　C3011　©2017　Printed in Japan

あなたの自己回復力を育てる

認知行動療法とレジリエンス

マイケル・ニーナン 著
石垣琢麿 監訳　柳沢圭子 訳

●A5判 ●並製 ●272頁 ●本体 3,400円＋税

心は折れても大丈夫！

リジリエンス

喪失と悲嘆についての新たな視点

ジョージ・A・ボナーノ 著
高橋祥友 監訳

●四六判 ●上製 ●304頁 ●本体 2,800円＋税

困難に打ち克つ力を探る！

自尊心を育てる ワークブック

グレン・R・シラルディ 著
高山 巖 監訳

●B5判 ●並製 ●230頁 ●本体 3,000円+税

どう健全な自尊心を築くか?

幸せは あなたのまわりにある

ポジティブ思考のための実践ガイドブック

須賀英道 著

●四六判　●並製　●200頁　●本体 2,000円+税

人生をポジティブに考えよう!

モティベーションをまなぶ 12の理論

ゼロからわかる「やる気の心理学」入門！

鹿毛雅治 編

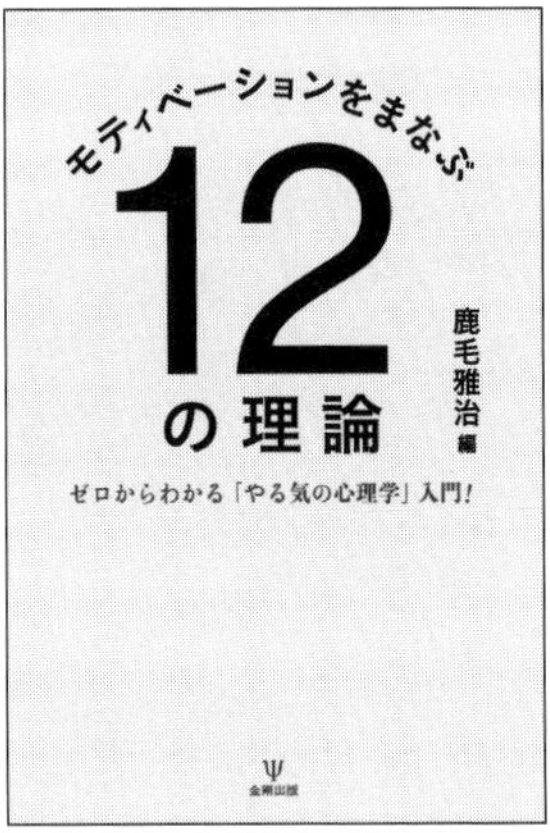

●四六判　●並製　●384頁　●本体 3,200円＋税

あなたのやる気、何％？